人民教育出版社　课程教材研究所
历史课程教材研究开发中心 | 编著

普通高中历史

教学设计丛书

必 修

中外历史纲要（上）

人民教育出版社
·北京·

图书在版编目（CIP）数据

中外历史纲要：必修. 上/人民教育出版社课程教材研究所历史课程教材研究开发中心编著. —北京：人民教育出版社，2019.9

（普通高中历史教学设计丛书）

ISBN 978-7-107-34062-8

Ⅰ. ①中… Ⅱ. ①人… Ⅲ. ①中学历史课—教学设计—高中 Ⅳ. ①G633.512

中国版本图书馆 CIP 数据核字（2019）第 234634 号

普通高中历史教学设计丛书　必修　中外历史纲要（上）

出版发行	人民教育出版社
	（北京市海淀区中关村南大街 17 号院 1 号楼　邮编：100081）
网　　址	http://www.pep.com.cn
经　　销	全国新华书店
印　　刷	唐山市润丰印务有限公司
版　　次	2019 年 9 月第 1 版
印　　次	2019 年 12 月第 1 次印刷
开　　本	890 毫米×1240 毫米　1/16
印　　张	14.5
字　　数	373 千字
定　　价	34.10 元

版权所有·未经许可不得采用任何方式擅自复制或使用本产品任何部分·违者必究
如发现内容质量问题、印装质量问题，请与本社联系。电话：400-810-5788

主　　编：李　卿　张振海

编写人员：郑小丹　赵素芹　姜佳曦　孙宜强　高耀敏　王彬彬　王兴华
　　　　　王和河　张　凯　史景娴　蒋丹怡　鲍　音　沈淑雅　李会婷
　　　　　邢恩进　罗宁城　宋　华　史俊伟　单静燕　吴树文　叶秋鸳
　　　　　郑婷婷　刘扬帆　郑志成　邓琳琛　林　明　徐学进　郭振豪
　　　　　陈长锁　张秋萍　黄文增

责任编辑：冯　良　赵万东

美术编辑：史　越

说 明

以《普通高中历史课程标准（2017年版）》为依据，由教育部组织编写的《普通高中教科书 历史》于2019年9月在部分省市投入使用。人民教育出版社历史编辑室向各试教地区教研员、一线教师征集统编高中历史教学设计，从中选取优秀设计，汇编成《普通高中历史教学设计丛书》。

丛书力求结合普通高中历史课程标准的新理念，紧扣统编高中历史教科书内容，反映其在实际教学中的使用情况，展现一线教师在使用过程中的深入思考，为广大教师提供多样的教学思路，推动历史学科核心素养的落实。

丛书坚持以下指导思想：

1. 落实历史学科核心素养。教学设计思路、教学目标、教学过程、教学方式、评价方式等都始终围绕培育学生历史学科核心素养来展开，强调培育学科核心素养的可操作性。

2. 整合教科书内容。教学设计抓住教学内容的主题，突出教学内容的重难点。

3. 以学生为主，师生互动。教学设计从高中生的心理特征和认知水平出发，倡导以学生自主探究为主，师生间积极互动。

丛书每课教学设计分教科书内容分析、学情分析、教学目标、教学重难点、教学设计思路、教学过程、教学评价设计、板书设计、教学反思、点评等栏目。

教科书内容分析：对本课内容进行简单梳理。

学情分析：对学生学习能力、认知水平进行分析，以便在教学过程中做到有的放矢。

教学目标：确定本课教学所要达成的素养目标。

教学重难点：指出本课教学的重点、难点，以便在教学中突出强化。

教学设计思路：简要介绍本课的设计理念和结构框架。

教学过程：详细设计课堂教学过程，充分体现师生互动，落实核心素养。

教学评价设计：列出思考题或评价表格，以便对本课教学成果进行评测。

板书设计：简要列出本课主要内容结构。

教学反思：教师指出自身教学设计中的可取之处和不足之处，提升教学效果。

点评：专家对教学进行点评。

丛书教学设计的评选，得到了各评审专家的大力帮助。本册书主要汇集《普通高中教科书 历史 必修 中外历史纲要（上）》的优秀教学设计，后续册次会陆续出版。在本册书的整理过程中，王怀兴、王耘、王俊昌、吴永清、李静、於以传、郭井生、戴晓萍等人对书稿进行了认真审读，在此深表谢意。

欢迎广大读者对本书进行批评指正！

编者
2019年9月

目 录

第一单元　从中华文明起源到秦汉统一多民族封建国家的建立与巩固 / 1

第1课　中华文明的起源与早期国家 / 1
第2课　诸侯纷争与变法运动 / 7
第3课　秦统一多民族封建国家的建立 / 15
第4课　西汉与东汉——统一多民族封建国家的巩固 / 23

第二单元　三国两晋南北朝的民族交融与隋唐统一多民族封建国家的发展 / 28

第5课　三国两晋南北朝的政权更迭与民族交融 / 28
第6课　从隋唐盛世到五代十国 / 34
第7课　隋唐制度的变化与创新 / 46
第8课　三国至隋唐的文化 / 54

第三单元　辽宋夏金多民族政权的并立与元朝的统一 / 61

第9课　两宋的政治和军事 / 61
第10课　辽夏金元的统治 / 68
第11课　辽宋夏金元的经济与社会 / 74
第12课　辽宋夏金元的文化 / 81

第四单元　明清中国版图的奠定与面临的挑战 / 85

第13课　从明朝建立到清军入关 / 85
第14课　清朝前中期的鼎盛与危机 / 92
第15课　明至清中叶的经济与文化 / 99

第五单元　晚清时期的内忧外患与救亡图存 / 106

第16课　两次鸦片战争 / 106
第17课　国家出路的探索与列强侵略的加剧 / 114
第18课　挽救民族危亡的斗争 / 122

第六单元　辛亥革命与中华民国的建立 / 129

第19课　辛亥革命 / 129
第20课　北洋军阀统治时期的政治、经济与文化 / 140

第七单元　中国共产党成立与新民主主义革命兴起 / 149

第21课　五四运动与中国共产党的诞生 / 149

第22课　南京国民政府的统治和中国共产党开辟革命新道路 / 158

第八单元　中华民族的抗日战争和人民解放战争 / 164

第23课　从局部抗战到全面抗战 / 164

第24课　全民族浴血奋战与抗日战争的胜利 / 172

第25课　人民解放战争 / 183

第九单元　中华人民共和国成立和社会主义革命与建设 / 188

第26课　中华人民共和国成立和向社会主义的过渡 / 188

第27课　社会主义建设在探索中曲折发展 / 198

第十单元　改革开放与社会主义现代化建设新时期 / 205

第28课　中国特色社会主义道路的开辟与发展 / 205

第29课　改革开放以来的巨大成就 / 214

活动课 / 220

家国情怀与统一多民族国家的演进 / 220

第一单元 从中华文明起源到秦汉统一多民族封建国家的建立与巩固

第1课 中华文明的起源与早期国家

一、教科书内容分析

本课以"中华文明的起源与早期国家"为题,其中"中华文明的起源"部分勾画了中华大地早期人类进化的轮廓,呈现了多元发展、互相渗透、融聚一体的特点。"早期国家"部分缕析了夏商西周国家机构的完善和社会结构的变革。

二、学情分析

高一学生富于理想、乐于开拓、敢于创新、积极向上。但是,一些学生对中华文化的认识不深,因此应该有意识地引导学生了解中华文化的特点及其内在力量,培养热爱中华文化的情感,增强对民族文化的自尊心、自信心和自豪感。

本课内容量大,时空跨度大,从史前文明一直讲到西周灭亡,这对缺乏相应知识储备的高一学生来说难度较大,所以有必要确定课题主旨,围绕核心概念搭建历史学习能力框架。

三、教学目标

1. 全面了解我国原始社会历史。通过观察《中国新石器时代文化遗存分布图》,从地理分布和经济发展特征等入手,分析并论证中华文明起源多元一体的特点。
2. 对比新石器时代的姜寨聚落遗址和陶寺遗址,掌握早期国家产生的一般条件。
3. 通过甲骨文、青铜铭文及文献记载等内容,概括早期国家的特征。知道考古材料与传世文献在历史研究中的不同作用,了解史料实证的基本原则,为高中的历史学习奠定初步基础。
4. 了解华夏民族共同体的形成与发展,认识中华文明从古至今绵延不绝,产生对中华文明的高度认同感。

四、教学重难点

重点: 早期国家的特征。
难点: 中华文明的起源。

五、教学设计思路

主题聚焦——科学取舍，引领深度学习；

时空建构——自我探究，理顺历史逻辑；

比较论证——同读共研，侧重问题解决；

情感浸润——文明为线，涵养家国情怀。

具体教学内容：以文明为主线，展开三个话题：大河源头，文明曙光（回顾史前历史的分期，了解中华文明起源的多元一体）；走出蛮荒，迈向文明（重点分析中华文明起源与早期国家之间的关系）；王朝时代，千古回响（概括早期国家的基本特征）。

六、教学过程

环节一　大河源头，文明曙光

（视频展示中华文明的起源）我国是远古人类起源的重要地区，境内分布着丰富的古人类遗址和文化遗存。石器时代因制作石器的技术不同，被分为旧石器时代和新石器时代；因社会组织形式的不同，被分为原始人群、母系氏族社会和父系氏族社会三个阶段。

时期	时间	重要人类遗址或文化遗存
旧石器时代 （旧时器时代晚期出现母系氏族社会）	距今约170万年 距今约70万—20万年	元谋人 北京人
新石器时代 （新石器时代晚期出现父系氏族社会）	距今约7000—5000年	黄河流域——仰韶文化、大汶口文化 长江下游——河姆渡文化
	距今约5000年	辽河上游——红山文化 黄河流域——龙山文化 长江下游——良渚文化

我国已发现的旧石器时代人类化石点遗址有数百处。距今约1万年前，我国进入新石器时代。我国已发现的新石器时代文化遗存有1万多处。参考教科书中《中国旧石器时代重要人类遗址分布图》和《中国新石器时代文化遗存分布图》回答：

①从地理分布来看，旧石器时代到新石器时代各种人类遗址、文化遗址主要集中在哪些地区，有何特点？

②你能分别概括旧石器时代和新石器时代的主要经济发展状况吗？

【设计意图】学生进行梳理总结，了解到石器时代文化遗址的空间分布特点是集中在黄河、长江、辽河等流域，这奠定了中华文明多元一体的发展基础。

文明的源头，点亮了中华文明的最初火光，勾勒出中华文明的最初模样。

环节二　走出蛮荒，迈向文明

问题一

关于中华文明的起源有很多传说，比如盘古，古书上说他和天地开辟共生，还有的古书说他死后身体变化为日月山河。在盘古之后，人们习惯上会接着说三皇五帝，你知道我们通常所说的三皇五帝都有谁吗？

黄帝至禹，为世三十。

——《竹书纪年》

"炎黄"被称为华夏族的始祖。你能算出黄帝生活的年代大概距今多少年吗？

问题二

中华文明上下五千年，这一提法已被考古所证实。根据中华文明探源工程成果，距今5300年左右，中华大地各地区陆续进入了文明阶段。阅读教科书中姜寨聚落遗址简介和陶寺遗址简介，我们可以发现新石器时代社会组织形式有哪些变化？

提示：家族——聚落——都邑——国家。

问题三

禹建立夏朝，大禹治水与夏国家的产生有着紧密的因果关系。治理水患需要集中全社会的能力，要调动全社会的人力、物力、财力来治理，在这一过程中出现集权，然后产生一种管理机构。在夏后氏活动的中心地区，发现了代表夏文化的二里头遗址。遗址的中心地带是宫殿所在地，还发现了宫城城墙，这些可以表明社会财富的集中和权力中心的形成。遗址出土了青铜器，有鼎、爵等礼器和刀、戈等兵器，此外还出土了玉器等象征王权的礼器。

——摘编自杜勇《中国早期国家的形成与国家结构》

本课标题中的"早期国家"是特定的学术用语，涉及国家的产生问题。在中国几千年的文明发展史中，我们的国家是怎样产生的？

问题四

国家和旧的氏族组织不同的地方，第一点就是它按地区来划分它的国民……第二个不同点，是公共权力的设立……它同时又是在这些阶级的冲突中产生的。

——［德］恩格斯《家庭、私有制和国家的起源》

根据材料分析，在恩格斯看来，国家与旧的氏族组织有哪些不同？

提示：国家按地区来划分它的国民，是阶级矛盾不可调和的产物。

由"野蛮"到"文明"，乃是一个社会形态的整体性转变。在考古学上，我们可以对青铜器、城址、墓葬规模、婚姻等方面进行研究，由此看出大约自公元前5000年起，社会分化显现，文明的诸多因素不断产生，开始了文明起源的进程。夏朝是我国最早的奴隶制国家，二里头遗址有可能证明了夏朝的真实存在。但是，二里头遗址与夏文明的时期、范围是否完全吻合，目前还存在争议。主要问题就是古代文献中关于夏朝的记载多集中于《尚书》《诗经》和《史记·夏本纪》中，至今尚未发现像商周那样用甲骨文和金文来记载当时史实的相关材料。

【设计意图】厘清历史发展脉络，对学生了解史实，理解历史事件的前后联系，进而发表自己的见解，实现能力迁移等有着非常重要的作用。

禹死后，其子启继位，世袭制取代禅让制，这向人们传递着一个强烈信号：中华文明迈入"王朝时代"！

环节三　王朝时代，千古回响

问题一

材料一　禹为姒姓，其后分封，用国为姓，故有夏后氏、有扈氏、有男氏、斟寻氏、彤城氏、褒氏、费氏、杞氏、缯氏、辛氏、冥氏、斟戈氏。

——［西汉］司马迁《史记·夏本纪》

材料二　殷道衰，诸侯或不至……殷复兴，诸侯归之。

——［西汉］司马迁《史记·殷本纪》

材料三　天子建国，诸侯立家，卿置侧室，大夫有贰宗，士有隶子弟，庶人工商各有分亲，皆有等衰。

——《左传·桓公二年》

材料四　我将我享（祭献），维羊维牛，维天其右（保佑）之。仪式刑（效法）文王之典，日靖四方。伊嘏（伟大）文王，既右飨（祭献）之。我其夙夜，畏天之威，于时保之。

——《诗经·周颂·我将》

阅读材料，概括中国早期国家政治方面的特点。

提示：上古时代是中国的国家形成期。夏是我国最早的奴隶制国家，夏朝社会仍然是聚族而居。商实行内外服制，内服是商王直接控制的王畿之地，外服是商王间接控制的方国和部族。西周则采用分封制，周天子把王畿以外的土地分封给诸侯，双方规定一定的权利义务关系，形成了"天子—诸侯—卿大夫—士"的等级结构，加强了周天子对地方的政治统治。

早期国家政治特点是以血缘关系为纽带形成国家政治结构；神权与王权相结合；有一定的连续性。

问题二

材料一　王大令众人曰：协田，其受年。

——《甲骨文合集》

材料二

　　商朝青铜铲　　　　　　商朝石镰

阅读材料并思考："田"指的是什么土地制度？商周耕作为何需要"众人"？概括中国早期国家在经济方面的发展状况。

提示：商周时期是我国奴隶制社会经济不断发展并走向繁荣时期。农业上，使用石、木、骨等材质工具锄耕，出现少量青铜农具。土地制度上，实行井田制，集体耕作。手工业上，青铜铸造是主要部门。

问题三

你能说出考古材料和传世文献在历史研究中可以起到什么作用吗？了解上古历史的基本途径是什么？

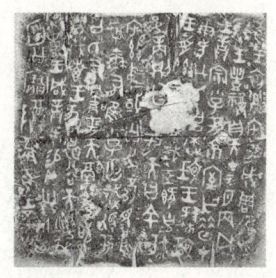

| 二里头文化刻画符号 | 刻有甲骨文的龟甲 | 金文（何尊铭文） |

【设计意图】本课的重点是早期国家的特征，学生从对考古发现的了解到对传世文献的解读，按图索骥，层层推进，以突破这一重点，提升史料实证核心素养。

循着文明的源头，我们一路向前，从家族、聚落、都邑到国家的形成，当我们回眸历史向前的印记，那一个个鲜活的传承故事展现在我们面前。文明的源头启示方向，文明的进程照亮未来！

七、教学评价设计

"中华文明探源工程"是以考古调查发掘为获取相关资料的主要手段，以现代科学技术为支撑，采取多学科交叉研究的方式，揭示中华民族五千年文明起源与早期发展的重大科研项目。

在具体研究中，研究人员以田野考古为中心，围绕距今5500年到3500年，聚焦良渚、陶寺、石峁、二里头等都邑性遗址开展考古发掘、调查和研究，研究遍布黄河上中下游、长江上下游、辽西地区、河套地区，研究最后归纳出符合中国历史情况的文明形成标志，首先是农业和手工业的显著发展，出现明确的社会分工，这也是文明发生的基础；其次是社会显著的阶层分化，高等级的手工业生产和分配为贵族所控制；再次是出现了这些权贵阶层生前居住的大型的建筑，就是后来所谓的宫殿，以及需要动用大量劳动力来兴建的公共设施，都邑成为当时政治经济文化的中心；最后出现了王权管辖的区域性的政体和其具有的公共权力——国家。

在浙江良渚遗址，发现了建于距今约5000年前，面积近300万平方米的内城和更大规模的外城。在山西陶寺遗址和陕西石峁遗址分别发现了面积在280万乃至400万平方米的巨型城址。这一时期，墓葬中反映的阶级分化非常明显，小墓一无所有，或者仅有一两件武器或陶器；大型墓葬随葬品可达到上百件，不仅制作精美，而且表明等级身份。像这样的社会，显然不再是原来我们认为的部落联盟。

——摘编自官小淮《"中华文明探源工程"成果公布 5800年前已有文明起源迹象》

结合材料分析研究人员确定我国5000多年前已经进入文明社会的依据是什么？

【解析】本题主要是为考查学生是否理解早期国家形成的表现。一方面引导学生回顾所学知识，加深对所学知识的掌握；另一方面进一步强调本节课教学的重点，在学生熟练掌握已学内容的基础上，将所讲授的内容进行延伸和拓展，让学生更多地领会新知识，拓宽学生视野，学以致用。

【答案提示】依据：农业和手工业显著发展，出现明确的社会分工；社会阶层分化显著；出现宫殿、公共设施和都邑（城市）；出现阶级和国家。

八、板书设计

第1课　中华文明的起源与早期国家

（主板书）　　　　　　　　　　　　　　　　　　（副板书）

文明曙光　多元一体　　　　　　　　　　　家族——聚落——都邑——国家
迈向文明　阶级分化
王朝时代　从松散到紧密
　　　　　集体劳作
　　　　　农具锄耕
　　　　　青铜时代

九、教学反思

中华文明的起源和形成过程是学生感兴趣并且想要探寻的问题。但是本课时间跨度大，内容多，如果深度挖掘，自身能力不够；如果浅尝辄止，面面俱到，又难以调动学生的学习兴趣与注意力；如果两者都想兼顾，可能又都做不好。因此，上课时需要根据新课标确立重点，做到以点带面，重点突出，这样才能层次清晰。本课以"文明"为主线，展开三个话题：大河源头，文明曙光；走出蛮荒，迈向文明；王朝时代，千古回响。在教学过程中，通过还原历史发展脉络，引导学生研读历史材料，培养学生的历史意识。

本课亮点在于引导学生进行史料实证的初步尝试，强化对史实的认知，启迪思维，学会分析问题和解决问题的方法。亚里士多德曾说："思维从对问题的惊讶开始。"把课堂教学内容问题化，使学生在迫切解决问题的要求下去求知，这是本课设计的出发点。本课不足之处在于，因为时间关系，对商周时期的历史信息没有深入挖掘，不能更好地让学生体会早期国家的特征。

（天津市滨海新区大港第一中学　郑小丹）

十、点评

本课主要介绍了中华文明的起源与早期国家的特征。学生对中华文明的起源很感兴趣，但是本课头绪众多、知识繁杂，若教师面面俱到、逐一讲解知识点的话，是很难完成课时任务的。这就需要教师转变传统的教学观、教科书观，立足课标，将教学的重点定位在历史认识上。本课设计体现了这些转变，准确地把握了"早期国家的特征"这一关键知识，依托核心素养的相关要求，以唯物史观为指导，引导学生在历史时空中研习史料，理解并解释历史，进而涵养家国情怀，增强民族认同感与自豪感，取得了较好的教学效果，为一线教师探索核心素养立意的课堂提供了参考。

（天津市滨海新区大港教师进修学校　李淑义）

第2课 诸侯纷争与变法运动

一、教科书内容分析

本课涉及春秋战国时期的历史，时间范围是公元前770年至公元前221年。这是中国历史上大动荡、大变革、大发展的时期。本课分为四个子目，从政治、经济、思想等方面展现了这一时期的时代特征。

第一子目"列国纷争与华夏认同"，讲述了这一时期政治上礼崩乐坏、分封制解体和华夏认同观念增强的史实。春秋时期，诸侯相互攻伐，出现"春秋五霸"。经过春秋时期的无数次战争，到战国时期，实力最强的七个诸侯国被称作"战国七雄"。从春秋五霸到战国七雄的变化，反映了从列国纷争到逐渐趋向统一的态势。

第二子目"经济发展与变法运动"，介绍了这一时期经济的变动及其产生的社会影响。战国时期，农业和手工业的发展，大大提高了生产力水平。新兴地主阶级力量壮大，要求开展变法。变法运动成为潮流，其中，秦国的商鞅变法是最成功、最彻底的一次。通过变法，秦国废除了旧的制度，创立了适应社会发展的新制度，推动了秦国社会的进步，促进了经济的发展，壮大了国力，实现了富国强兵，为以后秦统一全国奠定了基础。

第三子目"孔子和老子"，介绍了面对春秋时期王室衰弱、诸侯崛起的社会现实，思想家提出了不同的思想主张。孔子的"仁""礼"，老子的"道""无为"，都是对社会现实的反映。学习孔子、老子的思想，重在掌握其中与时代变革相关的内容，了解他们的思想是如何针对社会现实问题"有的放矢"的，并理解一定时期的思想是一定时期社会的反映。

第四子目"百家争鸣"，从背景、学派、代表人物、思想主张等方面介绍了百家争鸣的局面。学生应当在初中学习的基础上进一步提炼各派代表的思想主张，比较各派思想的异同；联系孔子、老子的思想认识儒家、道家的发展；认识百家争鸣是一次思想解放运动，蕴含着传统文化的精华，值得我们从中汲取智慧。

二、学情分析

本课的施教对象是高一年级学生，他们思维活跃，对新事物接受快，大多数学生喜欢历史。但学生刚进入高中，对高中历史的学习方法尚未掌握，尤其是自主、合作、探究学习的能力还需要进一步提升。

学生在初中已经学习过本课涉及的主要内容，对春秋战国的时代特征、商鞅变法、孔子、老子及百家争鸣等已经有了一定认识，但还缺乏对这些内容的深度探究。

三、教学目标

1. 自主研读教科书和学案中提供的史料及问题，能够绘制思维导图，从政治、经济、思想等方面理解春秋战国的相关史事（时空观念、史料实证、历史解释）。

2. 以小组为单位搜集资料，用实例说出诸侯兼并争霸、经济发展、变法运动、思想繁荣的内在联系，提高搜集、整理、组织资料的能力，增强文字表达与合作交流的能力（唯物史观、史料实证、历史解释）。

3. 能够概括出商鞅变法的主要内容和特点，探讨商鞅变法的历史作用，学习商鞅不畏强权、勇于变革的大无畏精神（历史解释、家国情怀）。

4. 独立搜集并整理资料，创编词条，全面认识孔子、老子、墨子、韩非等思想家的贡献及其对中华优秀传统文化的影响（唯物史观、史料实证、历史解释、家国情怀）。

5. 结合教科书内容，运用材料，探究百家争鸣的背景、表现及影响，理解一定时期的思想是一定时期社会的反映（唯物史观、史料实证、历史解释）。

四、教学重难点

重点：列国纷争对传统秩序的破坏，经济发展与变法运动之间的关系，百家争鸣的原因、意义及其对后世的影响。

难点：诸侯争霸、变法运动、经济发展、思想繁荣之间的内在逻辑关系，春秋战国时期社会转型的特点。

五、教学设计思路

1. 基于学科核心素养设计学习目标

本课在设计时力求将学生发展、核心内容、学习过程、学习评价等结合起来，设计具体、可操作、可评价的学习目标。

（1）自主研读教科书，用思维导图呈现出对春秋战国时代特征的理解，能体现出诸侯兼并争霸、经济发展、变法运动、思想繁荣的内在联系。

（2）搜集资料，选取春秋战国时期的历史事件或历史人物创编词条。

（3）在班级内分享词条，全面认识春秋战国时期在中国历史上的重要地位及其博大精深的文化对后世的影响。

上列三个学习目标，将学习的核心内容、学习任务、学习过程、学习评价与五大核心素养的发展有机地结合起来，指向学生的拓展学习、深度学习。

2. 以大概念为抓手合理选取学习内容

统编高中历史教科书必修上册的内容覆盖面广，而历史课的课时较紧，如何选取更有价值的教学内容是教师在教学设计时要精心思考的。本课的教学设计在内容选取时重视以学科大概念为核心。由于春秋战国是中国历史上的大动荡、大发展、大变革、大转折的时期，因此本课教学的大概念是"变"，以此引导学生认识这一时期政治、经济和思想文化等方面的变化。

为便于学生对这一时期历史深入理解，教师运用一些史料作为学习内容，引导学生搜集、整理、辨析史料，并运用史料对历史问题进行探究，培养学生依据史料讲述历史的史料实证意识。

3. 从学生学习和认识历史的角度设计学习过程

学生认识历史不是要记住现成的历史结论，而是要学会解决历史学习中的问题。教师要在分析学生认知特点的基础上设计以学生为中心的学习过程。教师通过努力创设各种问题情境，设计以学生为主体的探究活动，让学生在发现问题、研究问题、解决问题的过程中发展核心素养。

（1）设计大任务带动学习过程

任务的设计要具有挑战性，能激发学生的学习欲望并引起思维碰撞；也要具有实践性，能让学生通过自主研究、合作探究形成自己的学习成果；还应有整体性，将学习内容、学习过程、学习评价囊括在大任务中。本课设计的任务是学生搜集并研究史料，选取喜欢的春秋战国时期的历史事件或历史人物创编词条。

（2）创设历史情境，为学生搭建学习平台，提供探究学习的环境

在本节课的学习中，教师设计的情境，一是学生以小组为单位搜集春秋战国时期的史料；二是教师提供史料和问题引导学生思考；三是通过设计大任务提供探究的大情境；四是在学习过程中学生利用小组的学习氛围与情境展开合作学习。

（3）以问题为引领，将学生的探究引向深度思考

本课设计的思考问题有：

①从春秋五霸到战国七雄的历史发展呈现出怎样的趋势？

②你知道华夏族的来历吗？请独立搜集资料说明华夏族的发展历程。

③你认为应该如何评价商鞅变法？判断这次变法成败的依据是什么？

④假如孔子和老子争论起来，你会支持哪一方？请说明你的理由。

⑤郭沫若把春秋战国时代比拟为"第一次五四运动"，指出是"社会的转变""促成春秋战国时代的百家争鸣、群花怒放"。请用具体的史实说明郭沫若的观点。

以上问题的设计，一是在教科书中找不到现成的答案；二是需要学生全面了解史实并进行独立思考，进而形成自己对历史问题的认识；三是激发学生的深度探究，促进学生深入思考后理性判断；四是使学生认识到对问题的看法有多种意见，能独立提出观点并进行历史解释；五是培养学生用史实说明历史现象和历史观点。

（4）开展基于史料研习的学习探究活动

探究历史问题靠的是对有价值的史料进行分析，以可靠的史料作为证据来说明自己对问题的看法。因此，教师要引导学生搜集、整理、辨析史料，运用史料对历史问题进行探究。例如，在探究春秋战国的时代特征时，选取以下材料供学生阅读：

楚人献鼋于郑灵公。公子宋（郑国大夫，姬姓，名宋，字子公）与子家（郑国执政大臣，姬姓，名归生，字子家）将见。子公之食指动，以示子家，曰："他日我如此，必尝异味。"及入，宰夫将解鼋，相视而笑。公问之，子家以告，及食大夫鼋，召子公而弗与也。子公怒，染指于鼎，尝之而出。公怒，欲杀子公。子公与子家谋先。子家曰："畜老，犹惮杀之，而况君乎？"反谮子家，子家惧而从之。夏，弑灵公。

——《左传·宣公四年》

提出问题："联系春秋战国的史实，说出材料所反映的时代特征。"引导学生进行探究。

以上史料研习的教学过程，需要教师明确史料在学生学习中的价值，知道史料对认识历史的重要意义，并将史料的解读与具体问题相结合。

六、教学过程

自主研习

为引导学生了解和初步把握教科书内容,教师设计了自主研习学案。其内容主要有四部分。

1. 课程标准及学习目标。学生明确本节课要学什么?学习的重点是什么?怎样去学习?学习的过程中要做什么?学习的结果是什么?如何呈现?

2. 设计问题,引导学生研读教科书。这些问题或是学生能够从教科书中分析出来,帮助学生加深理解,引导学生建立起教科书内容之间的联系;或是能与生活建立联系,起到以史鉴今的作用。同时,在研习学案中也可以拓展史料,帮助学生进一步理解教科书内容。

3. 在研习学案中留出空白区域,让学生在研读教科书之后,按照自己的理解用思维导图绘制出学习内容的体系。

4. 鼓励学生在预习中提出自己的疑问。教师在正式上课之前,应认真了解学生的预习情况,依据研习学案分析学生预习中的难点和疑点、共性与个性问题,做好学情调研,以便在课堂教学中更加有的放矢。

本课的学生自主研习学案如下:

第2课 诸侯纷争与变法运动

【课程标准】

通过了解春秋战国时期的经济发展和政治变动,理解战国时期变法运动的必然性;了解老子、孔子学说;通过孟子、荀子、庄子等了解"百家争鸣"的局面及其意义。

【学习目标】

1. 自主研读教科书,用思维导图呈现出你对春秋战国时代特征的理解,能体现出诸侯兼并争霸、经济发展、变法运动、思想繁荣的内在联系。

2. 搜集史料,选取你喜欢的春秋战国时期的历史事件或历史人物,创编一则词条。

3. 在班级内分享你编写的词条,全面认识春秋战国时期在中国历史上的重要地位及其博大精深的文化对后世的影响。

【学习任务】

以小组为单位搜集春秋战国时期的史料,结合老师提供的阅读史料,选取你喜欢的春秋战国时期的历史事件或历史人物,创编一则词条。

【自主学习】

请带着下列问题仔细阅读教科书,并在教科书中勾画标注。

一、列国纷争与华夏认同

1. 春秋五霸的出现说明了什么?

2. 在地图中找出战国七雄的地理位置。

3. 华夏族是如何形成的?

二、经济发展与变法运动

1. 说出战国时期经济发展的表现。
2. 以商鞅变法为例，说明战国时期各国变法的背景、内容。

三、孔子和老子

孔子、老子的思想主张及影响是什么？

四、社会变革与百家争鸣

1. "百家争鸣"局面出现的经济、政治变化是什么？产生这些变化的根本原因是什么？
2. 概括百家争鸣的具体表现及其影响。

【思维导图】

请按照自己的理解画出本节课的思维导图。

【我的疑问】

学贵有疑，请将预习中的疑问写在下边，我们共同解决。

深度探究

在学生自主研习的基础上，教师再引导学生对本课进行深度探究。

1. 导入新课

春秋战国是我国历史上一个重要的转型时期。你了解这一时期的历史吗？你眼中的春秋战国是什么样的局面？

教师呈现漫画中的春秋战国和春秋战国时期的成语，激起学生的学习兴趣。

2. 解读学习目标及学习任务

教师解读学习目标，调动学生的学习情绪，让目标引导学生的课堂学习。教师的解读要有力度，使学生明确本课学习的重难点，同时也要注意课标内容的外延，重点解读本节课的学习任务，让学生明确学什么、怎么学，增强学习的针对性。

3. 小组讨论

针对自主研习学案上的问题，以小组为单位进行探究，在此基础上小组成员讨论所选取创编的词条，并在学案上作答。

4. 成果分享

在成果分享中，每一则词条的内容都建立在对史料的分析、问题的解决上，都是学生集思广益、共同智慧的结晶。学生自编的词条，有春秋五霸、商鞅变法、孔子、老子、百家争鸣等。通过这一活动，学生加深了对历史概念、历史现象、历史人物的认识，提升了历史学科核心素养。

七、教学评价设计

指向学科核心素养的"教—学—评"一体化是新课改的特点。这就要求教师改变在教学中过分关注知识和标准答案的习惯,注重过程性评价和学生发展的评价;改变单一的教师评价和纸笔评价,实施多元的评价方式。本课设计了两个评价量规,一是通过学习过程评价量规指导学生全员、全过程参与和掌握科学的学习方法,实现过程评价和结果评价的结合;二是依据学科核心素养制定学业质量水平标准,帮助师生把握学习的广度和深度,为阶段性评价提供依据。

学习过程评价量规

评价要素	主要指标		评价标准描述	个人评价	小组评价	教师评价
学习过程	参与学习的态度		学习态度端正,有充足的信心;能认识到本单元的学习价值;有很强的自主学习、合作探究的意识			
	资料的收集和整理		根据学习内容,能从不同角度搜集不同类型的资料,并能按照学习任务对搜集到的资料进行分类整理			
	学习实施阶段	资料的利用	能根据学习任务,比较分析不同来源、不同观点的史料;能够利用不同史料,对所研究的问题进行互证,形成对该问题更全面、丰富的解释			
		合作与交流	采取分小组、合作探究的方式;小组成员的分工明确、团结互助;组员学习积极性高,能全员参与,积极发表自己的看法,小组合作氛围轻松愉快			
		创新意识和创造能力	小组课堂展示的学习任务,条理清晰,逻辑性强,价值较高;小组汇报研究成果的活动方式有新意,条理清楚,紧扣主题,有创造性和吸引力			
		唯物史观	能够在学习过程中运用唯物史观辩证地分析春秋战国时期的历史现象、历史事件、历史人物,理解一定时期的思想是一定时期政治、经济的反映			
学习成果	思维导图构建		能形成知识间的逻辑关系,以知识树、时间轴、图表或思维导图等形式呈现,将春秋战国时期的特征置于具体的时空框架下,体现历史发展的时序性和联系性			
	研究性学习		将搜集的资料进行分类整理,按任务要求选取你喜欢的春秋战国时期的历史事件或历史人物创编词条,在编写中能够做到立意明确,解释准确全面,表达清晰、逻辑性强			

学业质量水平标准

水平	质量描述
1	研读教科书，能够从政治、经济、思想三个方面概括出春秋战国的时代特征；知道春秋五霸、战国七雄、民族交融、商鞅变法、百家争鸣的基本史实；理解一定时期的政治、经济、文化是一定时期社会的反映
2	能结合时代背景分析诸侯争霸、华夏认同、变法运动、百家争鸣的原因及影响；列举史事说明诸侯兼并争霸、经济发展、变法运动、思想繁荣的内在联系；用相关史事解释生产力与生产关系、经济基础与上层建筑之间的关系
3	能运用史料具体分析诸侯争霸、变法运动、百家争鸣的时代特征、主要内容、特点，探讨其历史作用，能够在运用史料的过程中分析、批判、质疑，提出自己的观点；全面认识孔子、老子、墨子、韩非等思想家的贡献及其对传统文化的影响，利用唯物史观对历史现象、历史事件、历史人物等作出自己的解释；具有搜集、整理、组织资料，以及文字表达和合作交流的能力
4	能够利用唯物史观理解诸侯争霸、变法运动、百家争鸣与时代的关系，能将其置于具体的时空框架下；能够选择恰当的主题对其进行分析、综合、比较，在此基础上作出合理的解释；能够在尽可能占有史料的基础上，对春秋战国的时代特征、历史现象、人物作出自己的理解和解释，增强对祖国的认同、对中华民族的认同、对中华文化的认同

八、板书设计

第2课　诸侯纷争与变法运动

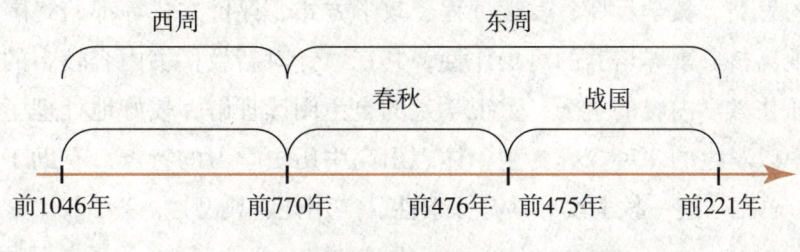

春秋战国阶段特征

1. 政治：王室衰微，诸侯争霸，分封制瓦解。
2. 经济：铁器和牛耕的使用，井田制逐步瓦解，土地私有制逐步确立。 ⎫
3. 阶级：新兴地主阶级崛起，各国变法运动。　　　　　　　　　　　　⎬　大动荡，大发展
4. 思想：孔子、老子和百家争鸣。　　　　　　　　　　　　　　　　　⎭

九、教学反思

1. 教学中的优点

（1）学生先预习并了解学情后，师生再进行探讨。在这一过程中，学生自主学习、自由展示，提升了学科核心素养。

（2）任务设计调动了学生的学习积极性，在完成任务的过程中，学生以小组为单位，围绕目标搜集资料，通过小组讨论表达个人观点，提升了学习力、思维力、表达力。

（3）自主研习学案的辅助作用发挥较好，学生在自主学习、合作学习、探究学习、成果表达中都能利用学案作为学习工具。

（4）发挥了评价在学习中的反馈、诊断、激励、发展作用。采用自主评价、小组评价、老师评价等多元评价方式；利用思维导图、问题研究、任务实施等多种途径进行过程性评价；运用评价量规和质量水平标准使评价有的放矢。

2. 教学中存在的问题

（1）由于采用自主学习、小组学习的方式，教师对每一个组员的指导不够精细，有的学生出现注意力不集中的情况。

（2）学生围绕任务进行学习，导致一些小问题、边缘问题未能全面解决。

（3）课堂由学生的学习进程决定，需要在时间上作好调控。

3. 未来解决思路

（1）深入研究新课标、新教科书，进一步明确新课标的理念，建立起新教科书的学科体系，牢牢把握学科的核心知识、核心问题，将教学过程聚焦于培养学生的历史学科核心素养上。

（2）了解学生，充分调动学生学习的积极性、主动性、参与性，培养学生自主学习、合作学习、探究学习的能力。

（3）研究课堂，以学生为中心设计学习过程，针对具体任务和情境，帮助学生实现真实学习。

（山东省昌乐二中　赵素芹）

十、点评

本节课的教学设计具有以下特点：其一，以新的教学理念为指导，并将新理念落实到教学设计中，如以学生为本而不是以知识为本的观念、大概念的思路、学生在学习中主体地位的体现、"教—学—评"一体化等；其二，将课标提出的历史学科核心素养的培养落实在教学的实际中，教学设计的思路、教学目标、教学过程、教学方式、评价方式等都始终围绕着学生核心素养的发展，显现出核心素养培养的可操作性；其三，针对新教科书内容较多的问题，采取有效的整合方式，抓住教学内容的主干，重视学生的自主阅读理解，较好地处理了教科书内容；其四，教学设计中以学生的深度探究为主，体现出高中历史学习的特点，有助于学生历史学科核心素养的发展。总之，这一教学设计具有探索性、实用性、典型性。

（首都师范大学　叶小兵）

第 3 课　秦统一多民族封建国家的建立

一、教科书内容分析

本课讲述的是中国统一多民族国家波澜壮阔的奠基时代。短短十年间，秦王扫六合，偏居西北边疆的秦国到底蕴含着怎样的力量？区区十四载，强秦大厦骤然倾圮，秦国的制度建设与政治生态孰优孰劣？秦国的成功既顺应了时代呼唤统一的潮流，又以人和之力抓住了统一大业的天时与地利。秦朝的短命对嬴氏家族而言的确是一种失败，秦文化中的功利、急躁可能要为此承担很大的责任。但是，正是秦文化中的这种功利，让秦朝有能力、有胆量开创并推广新制度、新经济、新文化，这些新举措此后被证明对中华民族大一统格局大有裨益，它们共同构成了中华民族制度、货币、文字的基石。

本课包括"秦的统一""秦朝的暴政""秦末农民起义与秦的速亡"三个子目。其中，"秦的统一"是本课叙述的重点，这一子目的内容包括统一原因、巩固统一措施、统一影响等方面的内容。这些内容逻辑上前后相连，比如统一原因与巩固统一的措施都折射出秦文化中功利的倾向，而这样的倾向既是秦急速统一的原因，也是秦大规模制度更新的文化支撑，更是秦速亡的内在因素。本课主题蕴藏于三个子目的字里行间，不管是统一的条件，还是巩固统一的措施，以及速亡的教训，都是中华民族大一统格局起步时代的遗产。

二、学情分析

本课属于高中历史教学的起步课程，对学生历史学科核心素养的培养尚处于起步阶段，故教学速度不宜太快，教学深度不宜太难，教学广度不宜太宽。经过初中阶段的系统学习，学生对秦开创大一统局面以及秦亡的基本史实有所了解。因此，为了避免与初中课程知识雷同，契合入学伊始的高中学生认知水平，提升学生高中段整体学习能力，本课的设计比较注重方法的指导和史观的引领：方法上具体表现为地图的识读、史料的分类与概括、时间轴的绘制、故事情节的分析、历史解释的区分等多个方面；引领上包括统一多民族国家观念的认同、国家兴亡规律的探究、唯物史观的初步掌握等多个领域。

三、教学目标

1. 能够从历史发展规律的角度认识秦统一的条件，能够结合地图描述秦统一的时空顺序，感知秦朝是我国第一个统一的多民族封建国家（唯物史观、时空观念）。

2. 能够解读材料，梳理秦朝巩固统一的措施，绘制秦朝开创的中央集权制度的示意图；能够结合并运用相关史料，从当时的情境和历史的角度论述秦始皇建立统一多民族封建国家的重要意义（史料实证、历史解释、家国情怀）。

3. 探讨秦朝速亡的多方面原因，尝试总结历史的经验教训，并从秦末农民起义中认识人民群众对历史发展的重要作用（唯物史观、历史解释）。

4. 运用多种史料，探究秦之兴的原因，秦之统的过程，秦之固的措施与意义，总结秦之亡的经验与教训，认识考古材料与文献史料的互为补充作用，学会用史料解释历史现象（史料实证、历史解释）。

四、教学重难点

重点： 秦统一多民族封建国家建立的意义、影响。

难点： 秦统一多民族封建国家建立后施行的一系列措施。

五、教学设计思路

本课的教学设计思路是以李斯的视角探究秦王朝的兴起、统一霸业与速亡。一方面，李斯从公元前247年进入秦国到秦亡前一年被处死，近40年间，见证了秦帝国大厦的建立与倾圮。青年李斯学成之后选择前往秦国，反映的是秦国所具有的统一天下的天时、地利、人和。李斯来到秦国之后，为秦的统一霸业及巩固举措出谋划策，作出了卓越的贡献。秦始皇死后，李斯在定立太子上的选择客观上加速了秦朝的灭亡。李斯也是秦末暴政、起义、各方势力争权夺利的见证者。另一方面，李斯身上所体现出来的功利倾向也是秦文化功利的写照，这种功利既是秦王朝迅速崛起、急速统一、快速建制的内在驱动力，也是秦王朝短命而亡的外在推动力。

六、教学过程

课堂导入

引导学生谈谈对秦朝的印象。

【设计意图】 在初中阶段相关教学内容中，学生已经对秦朝的基本史实有所了解。故以师生互动作为导入，锁定"统一""强大""暴政""短命"等几个关键字，可以让学生迅速掌握本课学习的中心任务，对秦朝的大致面貌有一个简要认识，为即将开展的课堂教学营造氛围。

课堂讲解

学习任务一 秦之兴，为什么是它来统一？

展示秦兴亡时间轴，呈现秦国统一天下、巩固统治并迅速灭亡的时间。补充完善内容，找准时间节点，概括时代特征。

材料一 秦兴亡时间轴

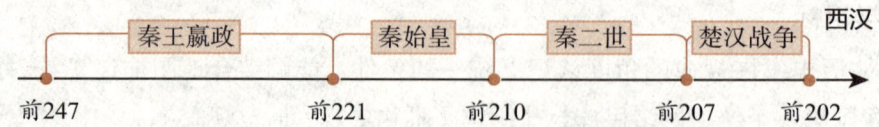

【设计意图】 引导学生阅读教科书，对秦王朝兴亡的史实进行简单梳理。

展示秦始皇与李斯图片，提出问题：在秦兴亡起伏的几十年间，有一个人，他直接参与了秦兴亡的各个重大的事件，对秦的统一作出了卓越的贡献，也对秦的灭亡负有不可推卸的责任，他是谁呢？

【设计意图】 按照思维惯性，学生会认为这个人是秦始皇，但其实是李斯，他见证秦王扫六合、秦末农民起义与秦二世时代的败局。设计悬念，活跃课堂气氛。

材料二　斯闻得时无怠，今万乘方争时，游者主事。今秦王欲吞天下，称帝而治，此布衣驰骛之时而游说者之秋也。……故斯将西说秦王矣。

——［西汉］司马迁《史记·李斯列传》

材料三　视频《郑国渠事件》

引导学生分析材料，并提问：李斯如何看待当时的形势？李斯为何选择秦国？通过郑国渠事件，你认为秦的统一还有哪些条件？

【设计意图】对教科书内容进行适当补充，尤其是以李斯的生平为线索，从李斯之言分析秦优于六国的历史条件。李斯选择秦国说明秦国具有统一的天时、地利。郑国渠事件的发生，李斯身为客卿上《谏逐客书》，也说明了以广纳贤才为代表的人和因素与秦国天时、地利的完美统一。视频简单生动，可以活跃课堂气氛，聚焦关键问题。

学习任务二　秦之统，它的措施与意义安在？

1. 秦的统一

材料一　《秦朝形势图》

材料二　秦时常頞略通五尺道，诸此国颇置吏焉。十余岁，秦灭。

——［西汉］司马迁《史记·西南夷列传》

材料三　燕人卢生使入海还，以鬼神事，因奏录图书，曰"亡秦者胡也"。始皇乃使将军蒙恬发兵三十万人北击胡，略取河南地。

——［西汉］司马迁《史记·秦始皇本纪》

引导学生阅读材料和教科书相关内容，对"六王毕，四海一"的过程进行排序。

【设计意图】有一分材料说一分话。在排序的过程中，学生一般会按照教科书阐述的前后顺序主观揣测排列，然而在高中阶段的教学过程中必须引导学生养成"材料—结论"这样的思维模式。通过五尺道的修筑时间与公元前215年"亡秦者胡也"的故事，教师指导学生从材料中推断事件发生的前后逻辑关系。在教学过程中，必须把文本解读与地图时空的转换相结合，培养学生的时空观念。

2. 巩固统一的措施

材料一　《秦朝形势图》（教师事先重点突出地图中的郡级驻所、长城、驰道等）

引导学生读图并阅读教科书相关内容，列举秦朝巩固统一的相关举措。

材料二　《李斯评传》目录（部分摘录）

………… 第六章　佐秦王统一六国 　一　在统一六国中的主导作用 　二　取韩 　三　灭赵 　四　并燕 　五　吞魏	六　夷楚 　七　平齐 　八　秦的统一是客观形势发展的结果 第七章　建立君主专制的封建帝国 　一　上尊号 　二　议封建，行郡县 第八章　建设帝国的九大业绩

一　管制反秦残余势力，销毁天下兵器 二　明法度，定律令 三　统一度量衡、车轨和钱币 四　修驰道，使交通网络化 五　夷城郭、通川防，平复地形 六　尊大臣、盛爵禄，加强朝廷团结 七　作小篆，为汉字规范提出准则 八　金石篆刻影响深远 第九章　任相时间及其治国方略	一　任职丞相时间的探讨 二　治国方略 第十章　始皇暴政 一　暴政爆发 二　攻匈奴、征百越的扩张战争 三　修长城、筑离宫、作骊山墓的苦民工程 四　焚书 五　坑儒 …………

引导学生阅读材料，分析李斯还在哪些方面为秦巩固统一出谋划策。

【设计意图】史学著作是教学中最主要的材料来源之一。引导学生去阅读一些可读性较强的史学著作也是培养材料研读能力的一种方法。著作的目录能起到提纲挈领作用。从《李斯评传》的目录中，学生可以看到李斯为巩固统一开创大一统局面作出多方面的贡献，如确立制度、统一货币、车轨、文字、度量衡等，大体可以分为制度建设、经济巩固、文化强化等几个方面。

3. 秦统一的意义

材料一　明法度，定律令，皆以始皇起。

——［西汉］司马迁《史记·李斯列传》

材料二　并吞战国，海内为一，功齐三代。

——［东汉］班固《汉书·主父偃传》

材料三　秦王扫六合，虎视何雄哉。

——［唐］李白《古风·其三》

材料四　秦之所以革之者，其为制，公之大者也；公天下之端自秦始。非圣人意也，势也。

——［唐］柳宗元《封建论》

材料五　始皇帝，自是千古一帝也。

——［明］李贽《藏书》

引导学生阅读史料，指出这些史料是从哪些方面对秦统一与秦制进行评价。

【设计意图】课标指出，学生在高一阶段应该能够辨别教科书与教学中的历史解释，能够在历史叙述中将史实描述与历史解释相结合。教科书所选取的这五则史料，从统一六国、统一思想、郡县制的创立等多方面肯定秦朝的功绩。学生对这些史料进行分析，区分不同的解释，力争把解释与史实相结合。

材料六　自秦制既行，而皇族之贵，下沦匹夫，庶孽之徒，无爵于国，为古今一大变局也……偶语者弃市，不举者同罪……此君权之重也。取南越之地，以置三郡，收河南地为四十四县，益以发兵三十万，北逐匈奴……此民族之移也。……冀民各崇其业，竭意经营，为久安计，于是保以鄙人牧长，富拟王侯，清以穷乡寡妇，礼抗万乘，此社会之变也。……筑长城，除直道，造阿房之宫，则皆建筑之宏也。

——金兆丰《中国通史·秦之关系》

引导学生根据材料归纳，在金兆丰看来，秦一统天下的意义表现在哪些方面？

【设计意图】对史学著作中的材料加以分析，可强化历史解释素养。在解读这则材料、探究秦统一意义的过程中，学生深化对秦统一多民族封建国家建立的认识，了解秦朝实施一系列措施中潜伏的危机。

学习任务三　秦之亡，它犯了什么错？

以学习任务二中的"秦之固"为学习基础，引导学生探究秦统一措施中潜伏的危机，分析秦朝速亡的原因。

材料一

秦始皇后期及以后大事年表

时间	事件
公元前213年（秦始皇三十四年）	秦始皇下令"焚书"
公元前212年（秦始皇三十五年）	秦营建阿房宫，修造骊山陵； 秦始皇下令"坑儒"
公元前211年（秦始皇三十六年）	有人刻"始皇帝死而地分"于东郡陨石上，秦始皇将陨石周边百姓尽皆杀死
公元前210年（秦始皇三十七年）	秦始皇病死； 赵高、李斯矫诏立胡亥为太子，赐死扶苏； 胡亥即位，是为秦二世皇帝，杀蒙恬、蒙毅
公元前209年（秦二世元年）	秦二世杀诸公子、公主，继续大兴土木； 陈胜、吴广大泽乡起义，建立"张楚"政权； 刘邦起兵于沛，项梁、项羽起兵于吴
公元前208年（秦二世二年）	各地义军蜂起； 赵高害死李斯，独专朝政
公元前207年（秦二世三年）	项羽于巨鹿击败秦军主力； 秦二世自杀，赵高立子婴为秦王； 刘邦攻入咸阳，秦王子婴投降，秦亡

引导学生结合材料分析，秦始皇后期的政治局势呈现出怎样的特点。

【设计意图】通过对大事年表的解读，了解秦始皇统治后期，暴政与反抗相交织，贵族复起与平民起义相叠加，秦王朝被汉王朝所取代。一方面使学生感悟唯物史观关于"历史合力"的概念，另一方面为学生从王朝兴替中找寻背后原因作铺垫。

材料二　"赵高劝说李斯参与改立太子"的故事。

引导学生结合材料分析，赵高以什么理由诱惑李斯同流合污？李斯为何自哀结怨于天下？

材料三

秦半两钱

始皇诏铜方升诏书铭文拓本（局部）

【设计意图】 讲故事是历史教学活动中不可缺少的环节，因其生动性较强而容易吸引学生注意。材料二中的故事展示李斯性格中过于注重功利的因素，这种功利既表现在对权力的渴望，也表现在制定政策过程过于急躁。这就是李斯结怨于天下的原因。在秦统一政策推进的过程中，无论是郡县制的推广，还是货币与小篆的强行使用，虽功在千秋，但在当时的确过于急躁，引发民众不安，而这种不安情绪被六国旧贵族点燃，变成反秦的熊熊烈焰。材料三选择了考古材料。学生通过对考古材料的探究，区分不同性质的史料在功能、使用方法和效果上的不同，涵养史料实证素养。

学习任务四　秦兴秦亡的教训

再次呈现《秦始皇后期及以后大事年表》，对秦朝的暴政增加更多的解释。暴，意为残暴，也有暴烈急躁的意思。秦朝维护和巩固统一局面采取的多方面措施，既有划时代意义，又危机四伏。

此亦当时得失之林也。

——金兆丰《中国通史·秦之关系》

【设计意图】 秦朝的制度立、民族融、社会变和建筑宏，既是秦的功绩也是秦的亡因。从整个课堂的架构中，学生可以感知秦文化中一种崇尚功利的风气，就是这种风气让偏于西北一隅的秦国可以崛起，为秦集聚天时、地利、人和，从而完成统一大业。但是，这种风气让秦朝在追求大一统的道路上急功近利，"眼看他起高楼，眼看他楼塌了"。教师引导学生在日常的学习中"不贪近功，不求速效"，夯实基础，方能真正提升素养，涵养情怀。

七、教学评价设计

材料一　二世元年七月，发闾左谪戍渔阳，九百人屯大泽乡。陈胜、吴广皆次当行，为屯长。会天大雨，道不通，度已失期。失期，法皆斩。陈胜、吴广乃谋曰："今亡亦死，举大计亦死；等死，死国可乎？"陈胜曰："天下苦秦久矣。吾闻二世少子也，不当立，当立者乃公子扶苏。扶苏以数谏故，上使外将兵。今或闻无罪，二世杀之。百姓多闻其贤，未知其死也。项燕为楚将，数有功，爱士卒，楚人怜之。或以为死，或以为亡。今诚以吾众诈自称公子扶苏、项燕，为天下唱，宜多应者。"吴广以为然。乃行卜。卜者知其指意，曰："足下事皆成，有功。然足下卜之鬼乎！"陈胜、吴广喜，念鬼，曰："此教我先威众耳。"乃丹书帛曰"陈胜王"，置人所罾鱼腹中。卒买鱼烹食，得鱼腹中书，固以怪之矣。

又间令吴广之次所旁丛祠中，夜篝火，狐鸣呼曰"大楚兴，陈胜王"。卒皆夜惊恐。旦日，卒中往往语，皆指目陈胜。

——［西汉］司马迁《史记·陈涉世家》

材料二 御中发征，乏弗行，赀二甲。失期三日到五日，谇；六日到旬，赀一盾；过旬，赀一甲。其得殹（也），及诣。水雨，除兴。

——云梦睡虎地秦简《徭律》

①根据材料一的记载，陈胜、吴广发动起义的直接原因是什么？
②材料一与材料二分别属于什么类型史料？
③结合材料一和材料二，说说你对陈胜、吴广发动起义的原因的看法。

【设计意图】本测评旨在考查学生能否区分不同类型的史料并指出它们的价值所在，能否从多种史料中获取同一历史事件的多方面信息并加以判断。教师可以积极引导，使学生有条理地说出自己对陈胜吴广起义的理解，在论述陈胜吴广起义的过程中尝试使用不同类型史料去论证自己的观点。

【答案提示】

①材料一是司马迁《史记·陈涉世家》中的原文，其中记载胜、吴广起义的直接原因是"会天大雨，道不通，度已失期。失期，法皆斩"，即他们触犯秦法，按律当斩。

②材料一属于传世文献，材料二属于考古材料。

③此为开放题，学生可以畅所欲言，言之有理即可。陈胜、吴广发动起义的直接原因是触犯秦法，按律当斩。若依据云梦睡虎地秦简《徭律》记载，为朝廷征发徭役，如耽搁不加征发，应罚二副铠甲；迟到3—5天的，受斥责；迟到6—10天的，罚盾牌一个；迟到超过10天的，罚铠甲一副；因下雨等不可抗的自然因素而耽误的，可以免除惩罚。由此可见，"失期当斩"可能是陈胜、吴广利用其他人不懂法律，借机造势，使积怨已深的民愤得释放。但是若从时间来看，秦始皇统一全国后，大兴土木，农民徭戍负担大大加重，统治者对逃避徭戍的惩罚也愈加严厉，云梦睡虎地秦简《徭律》中记载的处罚手段可能会层层加码。到陈胜、吴广所处的秦末，"失期当斩"的情况也许存在。但是，无论直接原因如何，从深层次的角度来说，秦末农民起义可以说是不可避免的。当时百姓已经不堪重负，对秦朝暴政的反抗呼之欲出。这种情况下，富有反抗精神的陈胜、吴广敢于振臂高呼，发动起义，是当时社会矛盾尖锐的情况下各种因素综合影响的结果。

八、板书设计

第3课 秦统一多民族封建国家的建立

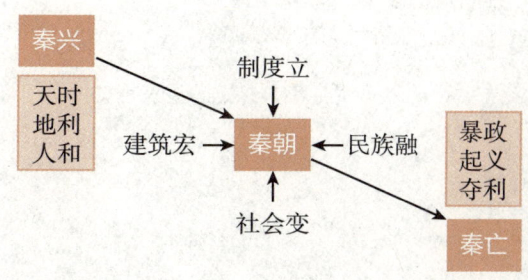

九、教学反思

本教学设计对如何把握授课过程中的深度与广度存在疑惑，具体表现在以下两方面：

1. 与初中教科书相比，如何避免学生知识重复之感

初中历史教科书同样为通史体系，有些知识点与高中难免雷同，学生会有知识重复之感。本课与初中历史教科书的内容基本一致，甚至初中教科书叙述的史实更详细。高中课程唯有以素养立足，方能发挥应有功能。如在学习秦统一的过程中，重统一步骤之间的逻辑关系，轻简单的时空记忆；在分析秦巩固统一的过程中，重材料中信息的提取，轻简单的概念结论；在分析秦亡原因的过程中，重历史逻辑能力的培养，轻单方面的教师讲述。

2. 与老教科书相比，如何避免思维惯性

对大部分教师而言，老教科书已经了然于心，于是会出现如下两种情况：对老教科书已有的内容，容易先入为主，从重难点的把握到教学设计，难以跳出老教科书的桎梏；对新出现的内容，容易无法感知其重难点与教学的流程。本课在设计时，研究课标以确定重难点，研究教科书并分析其内在逻辑，阅读专业著作增加教师自身修养。《中外历史纲要》更注重"纲要"二字，所有纲要性知识点以外的内容都应该作为材料，用来理解纲要性知识点，而不应该喧宾夺主。例如，新课标并没有把郡县制当作一个单一的知识点要求，而是把它当作秦统一多民族封建国家建立的辅助性知识，甚至在课标中都没有出现，这就说明，它在新教科书中的地位与老教科书政治制度模块中的地位是大相径庭的。因此，本教学设计在处理教科书内容时对它作了简化处理。

（浙江省嘉兴一中实验学校　姜佳曦）

十、点评

基于对秦朝这段历史的整体理解、对课标及教科书内容的深入解读和辩证思考，本设计揭示了蕴含在秦从骤兴到速亡这段史事中的内在逻辑和因果关系；借助当事人李斯的视角，探讨"秦之兴""秦之统"和"秦之亡"这三个貌似分立，实为唇齿相依、前后牵连的问题，水到渠成地涵育了学生的时空观念、史料实证与历史解释等历史学科核心素养。如果材料能更精练些，枝蔓更简洁些，教学过程当会更为从容。

（浙江省嘉兴市教育研究院　戴加平）

第4课　西汉与东汉——统一多民族封建国家的巩固

一、教科书内容分析

两汉是统一多民族封建国家的巩固时期，汉武帝时期的强盛和东汉的"光武中兴"都对统一多民族封建国家的巩固起到了至关重要的作用。本课内容分为两部分，一为西汉王朝的兴衰，二为东汉王朝的兴衰。其中，西汉的兴盛是本课内容的主体部分，尤其是汉武帝时期加强中央集权的举措是本课内容上着墨最多之处。东汉兴衰起伏的历史是本课的另一主要内容，但是相比于西汉兴盛来说，无论是内容体量还是学习深度都要差一些。因此，本课教学的着力点应该是以统一多民族封建国家的巩固为中心，学习理解汉朝盛衰的历史过程并从中总结规律与教训。

二、学情分析

高一学生经过初中阶段的历史学习，对历史知识有一定的了解，对历史发展的过程与规律有了初步的认知，但其认识停留在"讲故事"的层面，对历史的认识还不够理性和客观，历史价值观虽初步形成但是并不稳定。

三、教学目标

1. 了解"文景之治"、汉武帝时期的强盛、"光武中兴"、党锢之祸、黄巾起义等史事，知道两汉时期文化发展的具体表现，并从中体会中华文化对世界文化的影响。

2. 分析并理解中国古代君主施行不同政策对封建国家兴亡盛衰的影响，从不同的角度认识影响历史发展的具体因素，认识历史的规律性。

3. 认识统一多民族封建国家巩固对文化昌盛和中外文化交流的推动，形成对中华民族的认同和对中华文化的认同。

四、教学重难点

重点： 两汉王朝的兴衰更迭，统一多民族封建国家发展的巩固。

难点： 两汉政治、经济、文化和民族关系等多方面信息。

五、教学设计思路

本课的中心线索应该是围绕两汉王朝兴衰阐述统一多民族封建国家发展的表现、原因和意义。但是，如果单纯讲述王朝兴衰的历史，会使本课的线索过于突兀和单一。故本课的设计以丝绸之路在两汉的开辟与兴衰为明线和主线，以两汉王朝的兴衰为暗线和辅线。明线重具体，暗线重抽象；明线重感性，暗线重理性。

六、教学过程

课堂导入

以汉朝丝绸之路作为本课的导入，简单介绍丝绸之路概况，并以丝绸之路的发展演变作为观察历史的载体，走进历史的深处，探索丝绸之路发展背后的因果联系。

课堂讲解

专题一　丝绸之路开通与西汉的强盛

1. 建构情境，引入学习

公元前119年，张骞再次出使西域，目的是招引乌孙回河西故地，并与西域各国联系。张骞于公元前115年偕同乌孙使者返抵长安。乌孙见西汉人众富厚，渐渐与西汉交往密切。其后数年，张骞通使大夏，从此，西汉与西域诸国的联系开始频繁起来。张骞凿空西域，丝绸之路正式开通。

思考西汉时期丝绸之路开通的背景有哪些？

【设计意图】 以材料创设的历史情境，分析丝绸之路开通的背景。从政治稳定、经济繁荣、国力增强、边疆稳固等角度对西汉强盛进行分析。

2. 问题解构，多元分析

（1）西汉前期经济发展与"文景之治"

材料一　汉兴，接秦之敝，诸侯并起，民失作业，而大饥馑。凡米石五千，人相食，死者过半……天下既定，民亡盖藏，自天子不能具醇驷（颜色相同的四匹马），而将相或乘牛车。

——［东汉］班固《汉书·食货志》

材料二　（汉武帝时）都鄙廪庾皆满，而府库余货财。京师之钱累巨万，贯朽而不可校。太仓之粟陈陈相因，充溢露积于外，至腐败不可食。

——［西汉］司马迁《史记·平准书》

①分析汉初到汉武帝时期西汉经济状况的变化。
②阅读教科书，分析促成变化的原因。
③汉武帝时期加强国家对经济的控制、进一步推动经济发展的举措有哪些？

（2）西汉前期政治制度的变革

古者诸侯不过百里，强弱之形易制。今诸侯或连城数十，地方千里，缓则骄奢易为淫乱，急则阻其强而合纵以逆京师。今以法割削之，则逆节萌起，前日晁错是也。

——［西汉］司马迁《史记·平津侯主父列传》

①秦朝废分封行郡县，为何西汉还有诸侯，与此相关的制度是什么？
②汉武帝登基后面临怎样的统治难题？阅读教科书，分析汉武帝是如何解决这一难题的。
③为了加强中央集权，汉武帝在政治上还采取了哪些措施？

（3）汉武帝时期思想统一的加强

今师异道，人异论，百家殊方，指意不同，是以上亡以持一统；法制数变，下不知所守。臣愚以为诸不在六艺之科孔子之术者，皆绝其道，勿使并进。邪辟之说灭息，然后统纪可一而法度可明，民知所从矣。

——[东汉]班固《汉书·董仲舒传》

①依据材料分析，汉武帝统治时期社会思想上呈现怎样的局面？

②面对这种局面，董仲舒提出了怎样的建议？产生了什么影响？

【设计意图】（1）（2）（3）依据材料设置问题，形成思考和探索问题的情境，激发学生思考的兴趣。学生通过解读教科书回答问题，培养历史解释的核心素养，完成对教科书内容的学习和深化理解。在讲述西汉政治、经济、思想问题的基础上，回到丝绸之路主题，学生即可将王朝发展与丝绸之路开辟相结合，认识丝绸之路背后的历史。在此基础上，利用地图解读汉匈战争就顺理成章了。

（4）西汉前期开拓疆域

阅读教科书，概括西汉为了巩固对西域的管理而采取的举措。

（教师引导学生作答）

专题二　丝绸之路兴衰与东汉的兴亡

1. 读文论史，两汉相继

西汉末年，汉室内乱，西域诸国多归附匈奴，当时的西域都护，局促于龟兹，仅能自保。到王莽败亡，西域乃完全和中国隔绝，丝路遂断。直至公元73年，东汉班超重新打通隔绝58年的西域，并将该路首次延伸到了欧洲，丝路进入第二个繁荣时期。

——傅乐成《中国通史》

依据材料并结合所学，概括两汉交替之际丝绸之路的发展概况，分析丝绸之路兴衰的原因。

2. 问题解构，多元分析

（1）东汉"光武中兴"

阅读教科书，分析东汉光武中兴出现的原因。

（2）东汉后期的动乱

东汉中后期皇帝概览表

皇帝	即位年龄	去世年龄	历史事件
和帝刘肇	10岁	27岁	—
殇帝刘隆	满百天	1岁	—
安帝刘祜	13岁	32岁	—
顺帝刘保	11岁	30岁	—
冲帝刘炳	1岁	2岁	—
质帝刘缵	8岁	9岁	为大将军梁冀所杀
桓帝刘志	15岁	36岁	借宦官之力杀梁冀
灵帝刘宏	12岁	34岁	184年黄巾起义爆发

续表

皇帝	即位年龄	去世年龄	历史事件
少帝刘辩	14岁	15岁	被董卓废除
献帝刘协	9岁	54岁	被曹丕逼迫禅位

依据表格概括东汉后期皇帝更替的特点，并结合所学知识分析其原因。阅读教科书，了解党锢之祸与黄巾起义的概况，并结合所学知识，分析这两个事件对东汉王朝的发展带来怎样的影响？

历史聚焦　学史有得

1. 聚焦历史一：丝绸之路兴衰的因素

结合两汉时期丝绸之路的兴衰过程，分析影响丝绸之路的因素。

2. 聚焦历史二：王朝兴衰的经验与教训

结合秦与两汉兴衰的历史，分析中国古代王朝兴衰的历史经验与教训。

课后延伸　两汉遗韵

两汉人民创造了灿烂的历史与文化，许多杰出人物昂扬进取、不屈不挠的精神和斗志，给后世留下了宝贵的财富。结合教科书，查阅资料，整理两汉之际的文化、科技成就，并了解两汉杰出历史人物的事迹，感悟两汉的强盛和历史人物的家国情怀、社会担当。

课堂总结

两汉是中国古代统一多民族封建国家的巩固时期，汉武帝时期的强盛和东汉的"光武中兴"都对统一多民族封建国家的巩固起到了至关重要的作用。在两汉大一统局面下，社会经济迅速发展，为后世经济的发展奠定了基础；两汉时期统一多民族封建国家的巩固为文化的繁荣提供了条件，科技水平居于世界先进行列。但是，两汉王朝的最终衰亡，又印证了民心与民力、政策与统治之间相互影响，留下了足以警醒后世的惨痛教训。

七、教学评价设计

绘制关于本课的思维导图，要求能够体现本课知识的内在逻辑关系，反映两汉盛衰与统一多民族封建国家之间的关系。

八、板书设计

第4课　西汉与东汉——统一多民族封建国家的巩固

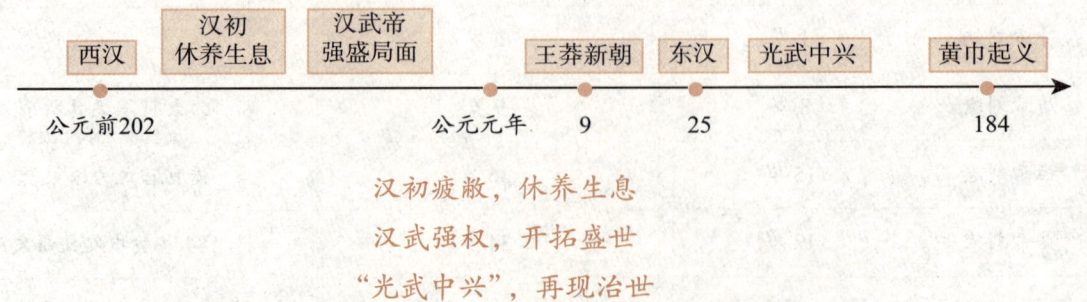

汉初疲敝，休养生息

汉武强权，开拓盛世

"光武中兴"，再现治世

党锢之祸，黄巾起义

两汉文化，润泽华夏

九、教学反思

本课内容量较大，如何在有限时间内完成大量的内容梳理是本课的第一道难题。虽然本设计按照丝绸之路的兴衰线索，对教科书内容进行了一定的删繁就简，但是，在具体实施过程中还是感觉内容太多，完成不易。在这种情况下产生的问题：一是学生在历史知识学习基础上的深度思考欠缺；二是学生在教师引导学习基础上的自主思考不足。

整个教学过程虽然有意识地培养学生的核心素养，但是感觉对核心素养的培养停留于浅层次的多，真正深入涵养的少，需要在后续的教学中不断加以总结和提升。

（天津市滨海新区大港第一中学　孙宜强）

十、点评

本课教学设计的整体思路是以丝绸之路的兴衰作为线索，整合两汉兴衰的历史过程，引导学生认识和体会国家兴衰与统一多民族封建国家发展之间的关系。因此，教师将大量的史实内容进行线索整合，引导学生从纷繁的历史现象中形成清晰的历史认识，提升历史思维能力。本课教学设计体现了核心素养培养目标下的历史课堂教学特色，整体教学实施效果比较理想，基本达成教学目标。

（天津市中小学教育教学研究室　戴羽明）

第二单元 三国两晋南北朝的民族交融与隋唐统一多民族封建国家的发展

第 5 课 三国两晋南北朝的政权更迭与民族交融

一、教科书内容分析

三国两晋南北朝时期，政权更迭频繁，南方得到进一步开发。汉族与内迁少数民族频繁接触，在政治、经济、文化、风俗习惯等方面相互渗透和影响，逐步走向交融，推动了统一多民族国家的发展。

二、学情分析

学生经过初中阶段的学习，对三国两晋南北朝时期朝代更迭频繁、民族交融等阶段特征有基本认识，部分学生对朝代更迭的情况能简单叙述，但是初中没有选考历史的学生，对这段历史几乎一片茫然。学生对三国两晋南北朝时期民族交融的影响缺乏全面的认识，不能从宏观的角度认识三国两晋南北朝时期在统一多民族国家发展进程中的地位和作用。

三、教学目标

学生通过学习地图和教科书内容，在概括三国与两晋、东晋与南朝、十六国与北朝等朝代更迭基本史实的基础上，能够运用示意图梳理三国两晋南北朝的政权更迭情况，认识三国两晋南北朝时期的时代特征；能够运用相关史料，分析当时民族矛盾、民族冲突的特点；在概括南方的开发、北魏孝文帝改革等基本史实的基础上，能够说出三国两晋南北朝时期的民族交融概况；能够运用相关史料，立足当时的时空框架下论述三国两晋南北朝时期民族交融的重要影响；探讨三国两晋南北朝时期在中华民族多元一体格局形成过程中的地位和作用。

四、教学重难点

重点：三国两晋南北朝时期民族交融的影响。

难点：三国两晋南北朝时期促进民族交融的途径。

五、教学设计思路

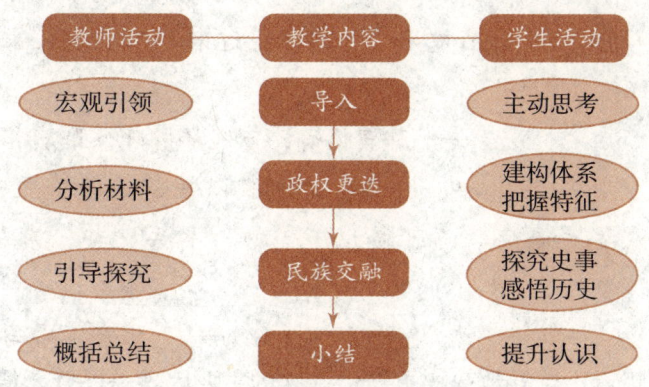

六、教学过程

中国历史是富有连续性的,当然这不是说它是一个线性发展的进程,在它的历史上也出现过断裂,出现过波动,问题是在经历了这些断裂、动荡后,中国历史或者说中国的制度与文化,最终又回归它发展的"中轴线"。在历史早期,这种波动的幅度就比较大,比如三国两晋南北朝时期。

我们一起来学习一下三国两晋南北朝的政权更迭和民族交融,了解一下这一阶段在中国历史发展中的地位和作用。

环节一 三国两晋南北朝时期的政权更迭

结合地图,通过已有知识和教科书,梳理政权更迭情况。

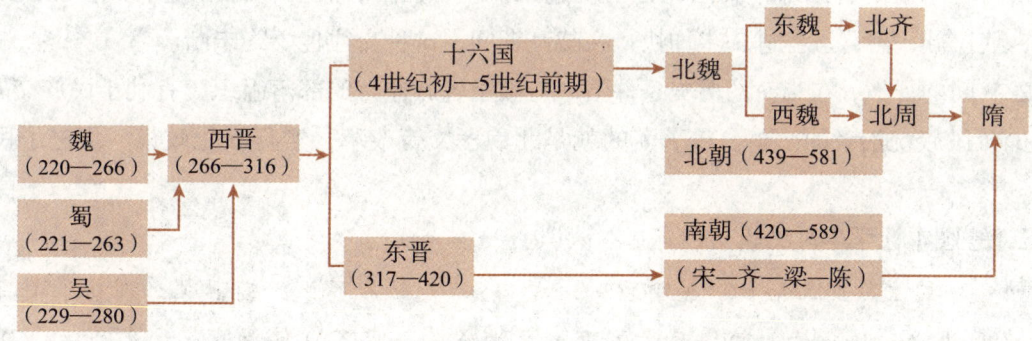

结合政权更迭情况可以得知,三国两晋南北朝时期政权更迭频繁是其重要时代特征。

【设计意图】引导学生通过示意图,建立知识结构,把握时代特征。

因各种因素,这一时期战争很多。真正统一的就是西晋短短几十年,总体上是战乱状态。老百姓的日子不好过,"白骨露于野,千里无鸡鸣"是常态。结合教科书提供的《东晋十六国形势图》和《十六国统治者族属表》,分析十六国政权的特点。

【设计意图】 引导学生认识这一时期民族关系的复杂性。

材料一　石勒"号胡（羯）为国人"……石虎时期大兴劳役和兵役，巨大的灾难都落到了非国人的汉人和胡人身上。石虎死后，冉闵反过来利用"赵人诛诸胡羯"，死者二十余万，"国人"几乎灭绝。

——陈寅恪著，万绳楠整理《陈寅恪魏晋南北朝史讲演录》

材料二　坚曰："但引兵少却，使之半渡，我以铁骑蹙而杀之，蔑不胜矣！"融亦以为然，遂麾兵使却。秦兵遂退，不可复止……初，秦兵少却，朱序在阵后呼曰："秦兵败矣！"众遂大奔。

——［北宋］司马光《资治通鉴》卷105

通过上述材料可以看出，导致政权更迭、并立的主要因素是民族矛盾、民族差异。

魏晋南北朝之后的隋也是北方政权统一北方之后，再攻打南方政权，之所以能成功，有一个很重要的因素就是民族交融。这不仅影响了当时的局势，对后来中国历史也产生了很重要的影响。

【设计意图】 使学生进一步加深对这一时期民族关系的认识，并过渡到下一个环节。

环节二　三国两晋南北朝时期的民族交融

民族交融的含义是什么？促进民族交融的途径有哪些？

提示：民族交融是指各民族间平等相处、经济文化交流、生活习惯互相影响、生产方式逐渐趋于一致，民族差异和民族隔阂的消除，即不同民族之间在民族迁徙、杂居相处、长期交往、矛盾斗争的过程中，不同生产方式、风俗习惯、文化心理特征等的相互影响和渗透。

主要有5种途径。①民族迁徙。魏晋以来，匈奴、鲜卑、羯、氐、羌等族大批内迁，他们在北方各地与汉族人民杂居相处。

②联合斗争。西晋末年统治者对各族人民的残酷剥削和压迫，十六国时期的连年战乱，北方经济破坏，人民生活困苦，迫使各族人民联合起来，共同斗争，从而使民族之间联系更加密切。

③友好往来。魏晋以来，我国北方出现过几次统一局面，在和平的环境中，各民族人民频繁交往，使民族大融合进程进一步加快；在战乱期间，这种交往也始终未断。

④各族间的征战，在当时的历史条件下，打破了各族原有的部落组织，有利于民族交融。

⑤少数民族统治者的改革。最著名的就是北魏孝文帝改革，实行汉化政策，促进了民族的大融合。

【设计意图】 让学生对民族交融有基本认识。

材料一　魏主欲变北俗，引见群臣……帝曰："夫'名不正，言不顺，则礼乐不可兴。'今欲断诸北语，一从正音。其年三十已上，习性已久，容不可猝革。三十已下，见在朝廷之人，语音不听仍旧；若有故为，当加降黜。各宜深戒！王公卿士以为然不？"对曰："实如圣旨。"……六月，己亥，下诏："不得为北俗之语于朝廷。违者免所居官。"

——［北宋］司马光《资治通鉴》卷140

材料二　南北朝后期，南北双方关系出现了明显的变化。南北使节往还日益频繁……南北方经济上的互市交易也越来越多，沿淮、汉边境由"大市""小市"，打破关禁的要求日益迫切。尽管全国尚未实现统一,但北人不再因民族压迫而南流,各地对统一文化的认同感也日趋强烈。

——袁行霈等主编《中华文明史》

根据教科书和材料一、二,概括并分析孝文帝改革的措施,概括教科书有关南方开发的情况,认识这一时期区域开发的历史意义。

【设计意图】 充分利用教科书,并结合教科书培养学生的概括能力,帮助学生理解孝文帝改革、南方开发等在促进民族交融方面的作用。

材料三

魏晋墓砖画《牛耕图》

魏晋墓砖画《采桑图》

魏晋墓砖画《蒸馍、烙饼图》

北魏孝文帝出行图

穿裤褶服的南朝乐队

汉朝陶俑

跪坐变为
———————→
垂脚落座

《北齐校书图》

材料四 (北魏后期)稻谷亩产量一般在4斛左右,若精心耕作,可达10斛,大大超出了汉代平均亩产3斛的水平。……为适应农业发展的需要,冶铁业也大有发展……酿酒业,制瓷业以及其他供城市消费的手工业,从业人数增加很快。……(洛阳)城不仅五方杂处,市场繁荣,沽贩云集,而且在城南的特定区域,安置了南、北、东、西各族降民以及西域和域外商人。

——张岂之主编《中国历史·秦汉魏晋南北朝卷》

材料五 在北魏前期的官制里,既有汉文化的执政机构——尚书制度,又有鲜卑文化的大人制度;既有汉文化的监察机关——御史台等,又有鲜卑文化的监察机关——候官。

——周建江《太和十五年——北魏政治文化变革研究》

结合材料三、四、五,说说三国两晋南北朝时期的民族交融产生了怎样的影响?

提示：经济上，农业、手工业发展，使北方经济恢复，并促进南方地区的开发。政治上，内徙民族认同与接受汉族政治模式。文化上，促进各民族文化上的相互渗透和影响，在冲突中走向交融。缩小了少数民族和汉族之间在政治、经济、文化、风俗习惯等方面的差异。

【设计意图】 帮助学生认识三国两晋南北朝时期民族交融的影响，强化教学重点。

课堂总结

中古时代，中国经历七八百年的民族重整过程，原有"汉人"的中国人口，在接纳无数北方、南方的外族成分，形成一个新的庞大而多元的民族。这个民族不是由血统界定的种族，而是认同于一个文化传统，却又呈现多元性的人群。

——许倬云《万古江河——中国历史文化的转折与开展》

三国两晋南北朝时期各民族的交往交流交融，为中华民族的发展注入了新的动力，进一步丰富了中华民族的物质文明和精神文化，并为以后隋唐时期统一多民族国家的发展与繁荣奠定了基础。

【设计意图】 帮助学生认识三国两晋南北朝时期在中华民族多元一体格局形成中的地位和作用。

七、教学评价设计

1. 知识落实

材料一　魏初风俗至陋……迁都之后，于革易旧俗，亦可谓雷厉风行。……民族根柢，莫如语言，语言消灭，未有不同化于他族者。……孝文以仰慕中国文化之故，至欲自举其语言而消灭之，其改革之心，可谓勇矣。其于制度，亦多所厘定。

——吕思勉《两晋南北朝史》

材料二　李唐一族之所以崛兴，盖取塞外野蛮精悍之血，注入中原文化颓废之躯，旧染既除，新机重启，扩大恢张，遂能别创空前之世局。

——陈寅恪《李唐氏族之推测后记》

根据上述两则材料并结合所学，分析北魏孝文帝改革在中华民族文明发展进程中的作用。

2. 学习拓展

材料一　征镇驱使，但为虞候白直，一生推迁，不过军主。然其往世房分留居京者得上品通官，在镇者便为清途所隔。……少年不得从师，长者不得游宦，独为匪人，言者流涕。

——[北齐]魏收《魏书·拓跋渊传》

材料二　（东魏、北齐重新使用鲜卑语，还出现了"鲜卑共轻中华朝士"的情况。）北魏孝文帝改鲜卑姓为汉姓，而西魏宇文泰反其道而行之，不但恢复了胡族诸将的胡姓，还向汉人广赐胡姓。

——叶炜《从王光、叱罗招男夫妇墓志论西魏北周史二题》

从长远来看，北魏孝文帝改革有巨大的积极意义，但在短时期内也产生了明显的副作用。一部分在改革中利益受到损害的少数民族军人揭竿而起，导致了北魏的覆亡。北方民族交融的进程，也在北魏灭亡前后出现短暂的回流。

查阅相关材料，初步了解上述史实，体会历史发展的复杂性和曲折性。

八、板书设计

第5课　三国两晋南北朝的政权更迭与民族交融

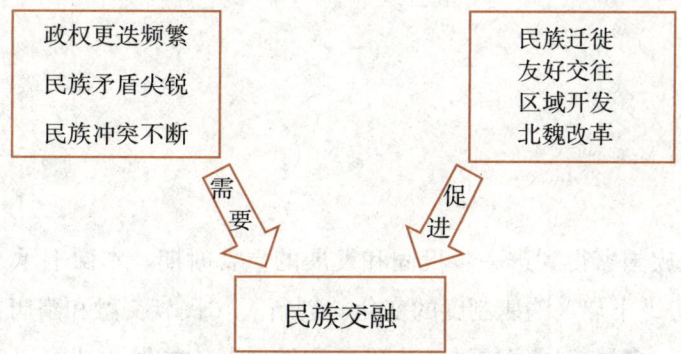

九、教学反思

本课的主要特点是站在中华民族多元一体格局形成的角度，认识三国两晋南北朝的历史地位。设计的主线是从政权更迭看民族矛盾，以及民族交融为隋朝的统一奠定基础。材料包含信息丰富，图片资料趣味性强，有利于激发学生兴趣。在区域开发方面可以进一步深入挖掘，以加深学生认识。本课容量大，在教学中必须有所取舍，有些内容就没有深入讲解分析，比如三国鼎立的局面，东汉以来少数民族不断向内地迁徙的原因，西晋的八王之乱，士族的特点及影响，北魏分裂的原因，北魏灭亡前后民族交融进程的短暂回流，等等。

（北京市第四中学　高耀敏）

十、点评

本课教学设计立足于学生已有的知识水平和学习现状，充分调动学生学习的积极性和主动性，指导学生用示意图的形式梳理三国两晋南北朝的政权更迭情况，变庞杂的文字叙述为简洁的结构图，既减轻了学生的学习负担，又表明了这一时期典型的社会特征。在教学重点内容的确定上，本课体现了统编教科书的编写意图。教师在教学过程中运用了文字、地图、图片等多种类型的材料，体现了这一时期区域经济的发展状况。通过明晰民族交融的途径，突出了三国两晋南北朝时期民族交融在中华民族多元一体格局形成过程中的地位和作用，关注了对学生的时空观念、史料实证和家国情怀等核心素养的培育。

（北京西城教育研修学院　孟凡霞）

第6课 从隋唐盛世到五代十国

一、教科书内容分析

隋唐是统一多民族国家得到进一步巩固和发展的重要时期。本课上承《三国两晋南北朝的政权更迭与民族交融》，下启《隋唐制度的变化与创新》。"民族交融和隋唐大一统"是第二单元的主题，本课以"统一多民族国家的进一步巩固和发展"为主题，从隋唐盛世、民族交融和藩镇割据审视隋唐五代十国时期的统一和分裂，使学生认识国家统一对统一多民族国家进一步巩固和发展的重要意义。

二、学情分析

本课属于高一新授课。高一学生在学习方面既有优势也有不足。在初中阶段，学生对隋唐统一、大运河开通、"贞观之治"和"开元盛世"等基本史实有初步了解，对隋唐五代历史的兴趣比较浓厚，学习动机较强；进入高中，学生的思维能力得到进一步发展，有利于辩证地看待历史问题。

不足之处在于，学生学习积累不够系统，历史学科核心素养有待提高。这需要老师在教学设计时，以唯物史观为指导，坚持核心素养立意，引导学生梳理整体脉络，突破重难点，从多维视角审视隋唐五代十国时期的国家统一与分裂。

三、教学目标

1. 运用历史地图说明隋唐五代十国疆域的变化，按照时序叙述这一时期重要史事并画出时间轴（时空观念）。

2. 通过解析史料，认识国家统一对民族交融的意义（史料实证，历史解释）。

3. 运用相关史料说明唐朝区域开发的状况，认识到统一多民族国家进一步巩固有利于农耕文明的扩展（史料实证，家国情怀）。

4. 通过史料对唐末五代十国时期藩镇割据局面进行辩证地认识，提高从材料中获取信息和运用材料阐释问题的能力（唯物史观，史料实证）。

5. 认识统一是中国历史发展的基本趋势，了解统一多民族国家进一步巩固发展的历史意义（家国情怀）。

四、教学重难点

重点：隋唐时期在统一多民族国家进一步巩固和发展中的地位。

难点：民族交融，藩镇割据。

五、教学设计思路

1. 课前准备

（1）学生问卷调查

关于本课的学习内容我已经知道了什么？	在本节课中我想学到什么？
1. 历史人物：隋炀帝、唐太宗、武则天、唐玄宗…… 2. 基本史实：隋唐统一、"开元盛世"、"贞观之治"、安史之乱…… 3. 隋唐五代十国时期的政权更迭； 4. 唐与周边少数民族的交往，例如文成公主入藏； 5. 安史之乱后唐朝由盛转衰，黄巢起义沉重打击了唐朝统治； ……	1. 隋朝、唐前期、唐后期、藩镇割据、五代十国等几个时期疆域的变化； 2. 如何认识隋唐时期的民族交融； 3. 隋唐时期的区域开发情况； 4. 藩镇割据对唐朝后期的统治有何影响； 5. 统一多民族国家在这一时期是如何进一步巩固和发展的； ……

采用问卷调查的形式，了解学生的学习需要，明确"教什么"的问题，根据学生的学习需要进行教学设计。

（2）小组分工及任务安排

小组分工情况说明： 按实际情况，将全班分为若干平衡小组，每组由若干位学习水平不同的同学组成；小组内部提倡互帮互助，共同提高；各小组之间展开竞争，调动学习积极性，激发学习动力；教师在教学设计时，根据问题的难易程度，安排不同水平层次的学生完成，同时注意均衡各小组任务。

任务安排： 教师根据教学设计，要求学生在充分预习教科书内容的基础上，分小组进行资料搜集整理，包括搜集古今大运河的相关资料、有关含嘉仓的考古发据和文献记载、隋唐五代十国不同阶段疆域图、唐与周边少数民族（东突厥、西突厥、回纥、吐蕃、靺鞨）往来的相关史料、隋唐时期区域开发的资料、唐朝后期藩镇割据的文献记载等。

2. 教学思路

（1）注重系统性设计，围绕学习主题，解决关键问题

①纵向：按照时序梳理重要史事，形成时空坐标。

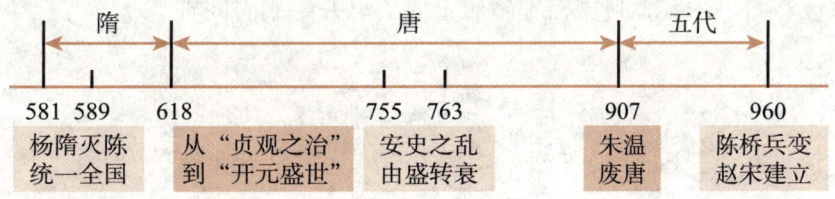

②横向：思考教科书内容的内在联系，构建知识框架。

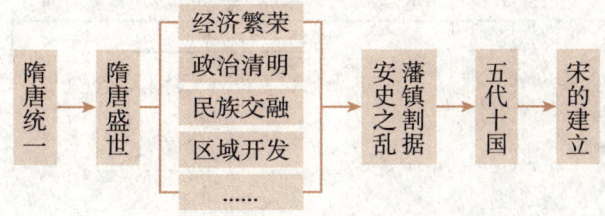

③整合：设计新的综合性学习主题，把握关键问题，突破重点难点。

经过仔细研读课标和教科书，对教科书的顺序、结构进行重新整合，确定"统一多民族国家的进一步巩固和发展"为本课教学设计的主题，分为四个篇章"从隋唐盛世看统一""从民族交融看统一""从区域开发看统一""从藩镇割据看统一"，分别对四个关键问题进行探究。

（2）注重国家主权意识，进行爱国主义教育，突出疆域的变迁

引导学生搜集隋、唐、五代十国不同时期的历史地图，通过历史地图的对比，增强维护国家统一和国家主权意识。

（3）注重民族团结意识，讲述隋唐五代十国时期的民族关系

从加强民族团结的角度，讲述隋唐五代十国时期不同民族的交往交流交融，讲述各民族在国家发展中所起到的作用。

六、教学过程

请同学们展示课前搜集的资料：《隋唐大运河示意图》，现在的大运河照片，"中国大运河"被列入《世界遗产名录》的新闻稿和含嘉仓遗址挖掘照片。

通过同学们的展示，我们可以直观感受到隋唐时期经济实力的强大，而国家统一是经济发展的重要保障。本课以"统一多民族国家的进一步巩固和发展"为主题，从隋唐盛世、民族交融、区域开发和藩镇割据审视国家统一。

【设计意图】利用大运河和含嘉仓的资料导入新课，给学生一种震撼：隋唐时期就能够开凿这么伟大的运河，能够修建储量这么多的粮仓，能够这么长久地保存粮食。让大家直观感受隋唐的魅力，从而对隋唐的繁荣富庶有直观认识。激发学生学习兴趣，成为课堂学习的良好开端。

第一篇章　从隋唐盛世看统一

1. 宏观梳理历史发展线索

请同学们阅读教科书内容，自主梳理隋唐重要史事并绘制时间轴。

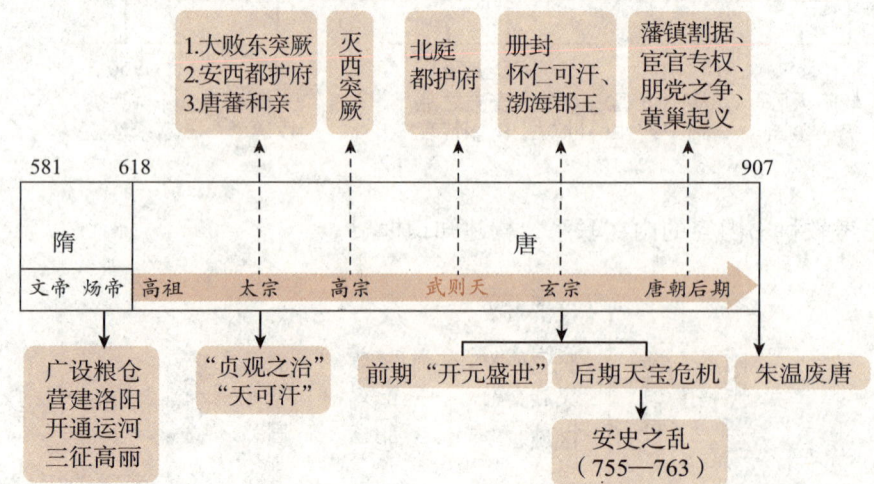

【设计意图】 这一环节要求学生能够将历史事件定位在特定的时间框架下,能够利用时间轴的方式对历史事件进行描述,重点培育时空观念这一历史学科核心素养。

2. 微观把握重要历史事件

在宏观梳理历史线索基础上,还要对关键历史事件进行微观把握,请同学们用最简洁的语言讲述"隋的统一""贞观之治""武周政治""开元盛世"等历史名词,也可以讲述相关的历史故事、诗歌、名言等。

提示:①隋的统一:581年,杨坚建隋;589年,隋朝统一全国,结束分裂局面。(附《隋朝疆域图》)

②贞观之治:贞观,唐太宗年号;这一时期唐太宗轻徭薄赋、劝课农桑、戒奢从简、知人善任、虚怀纳谏,使得政治开明、社会稳定、生产发展、生活改善、国力强盛、边境安宁,被认为是中国古代少有的太平治世。(附唐太宗名言"君,舟也;人,水也;水能载舟,亦能覆舟",以及历史故事"玄武门之变")

③武周政治:武则天,中国历史上唯一的女皇帝;唐高宗去世后不久,她废唐称帝,改国号周,基本沿袭贞观年间的政策,使唐朝的社会经济持续发展,被称为"政启开元,治宏贞观",有"贞观遗风"。(附历史故事"武则天墓前无字碑"和武则天像)

④开元盛世:唐玄宗统治前期,政治清明,经济空前繁荣,国库充实,人口增加,将唐朝统治推向历史上全盛时期,历史上称为"开元盛世",是继西汉前期之后又一盛世局面。(附杜甫《忆昔》)

隋唐时期在国家统一的基础上,出现了盛世局面,社会经济繁荣发展。经济繁荣和国力强盛,反过来又维护了国家统一。

【设计意图】 通过教师点拨,学生明确国家统一与盛世局面的关系。学生能够将唯物史观自觉运用于历史学习探究中,并将其作为认识和解决现实问题的指导思想。

第二篇章 从民族交融看统一

少数民族对统一多民族国家的形成,对疆域的开发和文化的繁荣都起到了重要作用,我们第二篇章就从民族交融的视角看国家统一。

1. 自主学习概述民族交融的表现

请同学们阅读教科书,自主梳理唐朝民族交融的基本史实,并绘制表格总结唐处理民族关系的方式。

唐与周边民族交往关系表

时期	民族/地区	方式	具体情况
唐太宗	东突厥	战争	东突厥汗国灭亡
	吐蕃	和亲	文成公主入藏
	西域	设置机构	设安西都护府
唐高宗	西突厥	战争	唐联合回纥灭西突厥

续表

时期	民族/地区	方式	具体情况
武则天	西域	设置机构	设北庭都护府
唐玄宗	回纥	册封	册封回纥首领骨力裴罗为怀仁可汗
	粟末靺鞨	册封	册封粟末靺鞨首领大祚荣为渤海郡王

唐朝处理民族关系的方式有战争、册封、设机构管辖、和亲，还有一种就是会盟。文成公主入藏，促进了汉藏的友好关系和经济文化交流。9世纪中期，吐蕃和唐会盟。教科书中"唐蕃会盟碑"的盟约"患难相恤，暴掠不作"，体现了唐蕃"和同为一家"，是民族团结的象征。教科书中阎立本的《职贡图》，反映了外国使节和我国边远少数民族使臣携着贡品来唐朝进贡的生动情景。少数民族使臣来唐进贡，反映了隋唐时期民族之间的交流不断增加，心理上的亲近感不断增强，共同心理认同逐渐增加，是民族交融的重要表现。

2. 合作交流分析民族交融的原因

材料一 贞观中，有突厥史行昌直玄武门，食而舍肉，人问其故，曰："归以奉母。"太宗闻而叹曰："仁孝之性，岂隔华夷。"赐尚乘马一匹，诏令给其母肉料。

——［唐］吴兢《贞观政要·论孝友》

材料二 唐太宗言自古皆贵中华，贱夷、狄，朕独爱之如一，故其种落皆依朕如父母。

——［北宋］司马光《资治通鉴》卷198

依据材料，概括唐太宗时民族交融局面出现的原因。除此之外，有利于民族交融的原因和条件还有哪些？

提示：开明的民族政策，各族文化交流。

政治上，隋唐统一为民族间自然交流创造了条件；有效地促进了民族交融的方式，例如册封、和亲、设立管理机构等。经济上，各民族之间在经济方面的互补性；民族间经济交流的需要。从少数民族角度看，民族间共同的利益、共同的命运。

【设计意图】从材料中获取信息，认识国家统一对民族交融的重要意义。同时，培养从材料中获取信息并运用史料阐释问题的能力，培育史料实证和历史解释的历史学科核心素养。

第三篇章 从区域开发看统一

祖国的疆域是由多民族共同缔造的。隋唐时期的国家统一大大促进了民族交融，直接推动了少数民族地区的区域开发。

1. 少数民族地区的区域开发

敦煌榆林窟第25窟的唐朝《耕稼图》，描绘的就是敦煌人民从耕种到收割的农业生产过程，反映了唐朝敦煌地区的农业生产方式。而敦煌地区的人口也由新旧《唐书·地理志》所载的"户4265，口16250"增长为《通典》所载的"户6395，口32234"，人口几乎增长一倍。

敦煌榆林窟第25窟的唐朝《耕稼图》

以上材料说明了什么？

提示：材料反映了唐朝时期敦煌地区出现了农耕生产方式，人口不断增加。

以农立国是中国古代中原王朝的基本国策。少数民族地区由游牧向农耕转化，农业生产率提高，人口增长，促进了更大范围的农耕化。

2. 南方的区域开发

隋唐时期，封建国家在统一的形势下，重视开发淮河流域的交通事业，越往后越益加大开发力度；同时，隋唐时期还调整了商业政策，促进了商业发展。这些，为淮河流域的手工业发展带来了契机。又因为独特的地理位置，地处南北交汇之处，东接大海，西连两京，水陆交通发达，为淮河流域的手工业产品提供了通向全国的广阔市场。淮河流域手工业由此迅速兴盛。

——周怀宇《论隋唐统一对淮河流域手工业的促进》

依据材料，概括隋唐时期淮河流域手工业发展的原因。

提示：①隋唐大一统；②大力开发交通事业；③制定商业政策，促进商业发展；④独特的地理位置。

任何经济的发展，都离不开稳定的社会环境。国家统一，社会稳定，有利于各地经济交流，必然促进区域开发。隋唐时期淮河流域手工业的发展也印证了这一点。

根据葛剑雄等研究，自魏晋至五代，南方人口数翻番，极大地推动了南方农耕区的拓展。由于地方政府的重视和支持，南方的农田水利事业也发展迅速，一切可以利用的土地都得到了逐步的开发和利用，这也奠定了南方核心农耕区的关键地位。

【设计意图】关于隋唐时期的区域开发，教科书并没有详细论述，但是隋唐是南方区域开发的关键时期，伴随着民族交融，北方少数民族地区社会经济也得到发展。课标对这一部分有明确要求，所以本教学设计补充相关资料，使学生在探究历史问题时，能够对多种材料进行整理和辨析，形成对历史问题更全面、更丰富的解释。

第四篇章　从藩镇割据看统一

请同学们观察唐朝前期的疆域图。这一时期唐朝疆域东到东海，西达咸海，东北至外兴安岭库页岛一带，南及南海，空前辽阔，南海诸岛及相关领域也纳入中国版图。

开元年间，边疆形势随着版图的拓展日益紧张。唐玄宗在边境重地增置军镇，设节度使加强边防，节度使兵力随之扩大。至唐玄宗统治后期，国家出现外重内轻的局面。安史之乱期间和以后，唐朝在内地增设藩镇。藩镇管辖地区，大者十余州，小者三四州。

1. 藩镇的特点

材料一　盖姑息起于兵骄，兵骄由于方镇，姑息愈甚而兵将愈俱骄。由是号令自出，以相侵击，虏其将帅，并其土地，天子熟视不知所为，反为和解之，莫肯听命……故兵之始重于外也，土地、民赋非天子有；既其盛也，号令、征伐非其有；又其甚也，至无尺土，而不能庇其妻子宗族，遂以亡灭。

——[北宋]欧阳修《新唐书·兵志》

材料二　文武将吏，擅自署置，贡赋不入于朝廷，虽称藩臣，实非王臣也。

——[后晋]刘昫《旧唐书·李怀仙传》

依据材料，概括安史之乱后藩镇的特点。

提示：政治上，拥有自主权、可以自行任免官吏；多数藩镇受朝廷控制，但内部兵变时有发生。经济上，拥有财权，不向朝廷交赋税；军事上，拥有强悍的武装，独霸一方。

2. 藩镇的影响

据学者研究，唐朝安史之乱后百余年间的藩镇基本情况如下表所示。

安史之乱后百年间唐朝藩镇基本情况

藩镇类型	数量（个）	官员任免	赋税供纳	兵额与功能
河朔型	7	藩镇自擅	不上供	拥重兵以自立
中原型	8	朝廷任命	少上供	驻重兵防骄藩
边疆型	17	朝廷任命	少上供	驻重兵守边疆
东南型	9	朝廷任命	上供	驻兵少防盗贼

真正维持割据状态的，只有河北地区的三个藩镇。因为其所在的地方是当年安禄山的根据地，有一定的割据基础。唐朝后期设在北部、西部和中原的藩镇，基本只能算是半割据。朝廷对他们，有时能控制，有时无法控制，因时因人而异。个别藩镇出现过几代连续割据的状况，但不是一直割据。南方的藩镇不但不割据，反而在绝大部分时间里听命于中央，源源不断地向朝廷供给粮食财物。唐朝后期的中央财政主要靠南方支持，这样延续了唐朝后期100多年的统治。

材料一　所谓唐朝后期的藩镇割据，只是一个大致的概念，描述一种倾向，不是说真的全都割据了。根据学者的研究和概括，唐朝后期的四十多个藩镇，真正比较稳定地维持着割据状态的，只有河北地区的三个藩镇……当然，即使是这样独立性比较强的藩镇，在形式上也是臣服于唐朝的。除河北以外，唐朝后期设在北部、西部和中原的藩镇，基本只能算是半割据。……此外，还有南方的藩镇，那就不能算割据了。……总之，不能把藩镇割据理解为充分和全部的割据。

——张帆《安史之乱与藩镇割据》

材料二 进入五代以来,藩镇的割据性逐渐被削弱,中央加强了对藩镇的控制……唐宋之际中央渐强而地方渐弱,州郡渐强而藩镇渐弱。唐宋时期的削藩政策实际上一脉相承,而五代十国时期则起到了承上启下的重要作用。

——刘喆《五代十国时期藩镇制的变化及特点》

在唐末五代社会的剧烈动荡变化中,蕴含了走向统一集权的趋势。到五代十国后期,后周世宗柴荣顺应当时形势,努力清除五代的弊政,后周实力逐渐增强,为后来的统一奠定了基础。

【设计意图】唐末五代最严重的社会问题是藩镇割据。表格借鉴了藩镇割据的研究成果,材料帮助学生分辨不同类型的藩镇,理解藩镇割据的双重影响。

构建隋唐五代十国的时间轴:

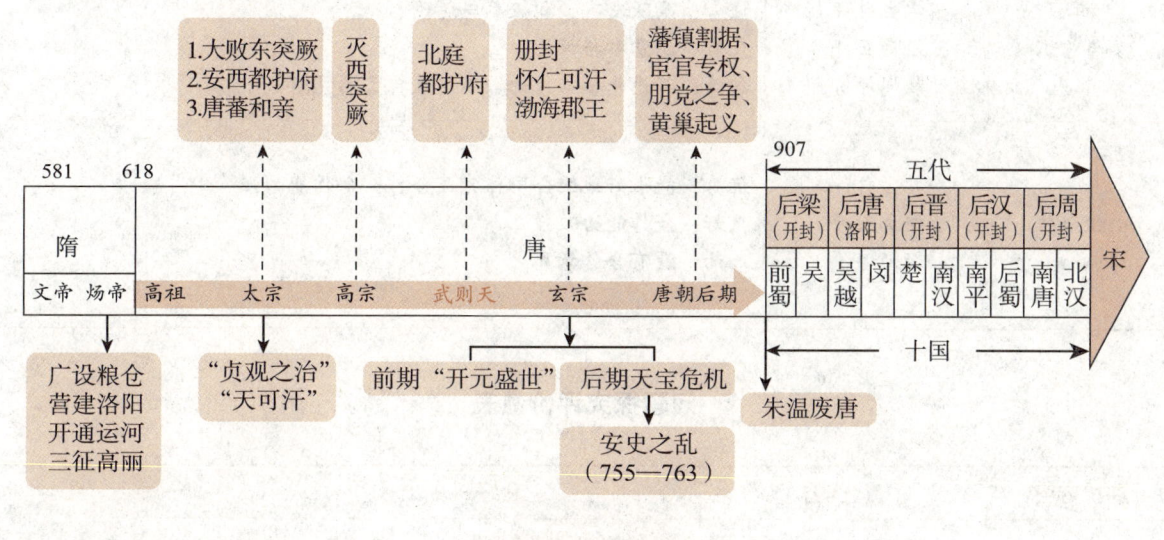

课堂总结

本课围绕"统一多民族国家的进一步巩固和发展"主题,分为四个篇章。第一篇章我们认识到国家统一为隋唐盛世提供保障,同时,经济发展、国力强盛又维护了国家统一。第二篇章我们认识到国家统一对民族交融的意义,中央政府对边疆地区的有效管辖,周边少数民族政权的建立,对祖国边疆地区的开发作出了积极贡献。第三篇章我们认识到国家统一、政局稳定、交通发达有利于落后地区的区域开发,有利于农耕文明的不断扩展。第四篇章我们全面分析了藩镇割据局面的双重影响,认识到在唐末五代社会剧烈动荡变化中,蕴含了走向统一集权的趋势。

国家统一是中国历史发展的必然规律,是中华民族多元一体发展的必然趋势。我们作为新时代的青年,要珍视国家统一,自觉担当维护国家统一的重任,深爱我们的祖国,为我们祖国更加美好的明天努力奋斗!

七、教学评价设计

教学评价应该以课程目标为依据,以学生历史学科核心素养的整体发展为着眼点,将评价贯穿于学习的整个过程。评价的方式是多维度的,注重课堂学习评价和实践活动评价的有机结合,注重形成性评价和终结性评价的有机结合,注重量化评价与质性评价的有机结合。

1. 学生活动的评价

课堂中要关注学生的学习活动,根据小组活动和问题探究的情况制订评价量表。教师要对学生回答的问题及时反馈,才能更好地了解学生对知识的把握情况,以及核心素养的训练提升情况。教师的鼓励和倾听是学生前进的动力。

小组活动评价量表

评价内容	评价方式	评价标准
学习兴趣	学生自评 组员互评 教师评价	优秀:学习兴趣浓厚,主动学习 良好:有较强的学习兴趣 加油:对学习不太感兴趣,被动学习
参与意识	学生自评 组员互评 教师评价	优秀:踊跃发言,积极参与讨论 良好:愿意参与讨论 加油:不愿意参与讨论,不发表自己的见解
小组合作	学生自评 组员互评 教师评价	优秀:能很好地配合同伴完成合作,合作能力强 良好:合作能力较强 加油:没有合作意愿

问题探究评价量表

评价内容	优秀	良好	一般
探究角度	角度新颖,有深入探讨的价值,有发挥创见的余地	角度恰当,有探讨的价值	角度一般,吸引力不大
论述过程	论点明确,论据充分真实,论证过程科学准确,逻辑严密,结论正确;论述过程充分体现论从史出,史论结合	论点比较明确,论据真实,论证过程基本做到论从史出,史论结合	论点不明确、论据不够充分,未能连贯发展和严密论证
方法运用	通过辩证分析、综合归纳、转换观念,产生出新创意	能提出独特的观点或做法,但说明或举证不够周详	没有提出太好的观点或做法,也没有个人独特的见解
语言表达	表达清晰、准确、流畅,合乎习惯用法,富于感染力	表达基本准确、流畅,个别表达不通顺	表达不合乎习惯用法,错误较多,不通顺

2. 教学内容的评价

(1) 针对核心素养的评价

本教学设计以发展学生历史学科核心素养为目标。通过识别隋唐五代的历史地图变化和梳理时序,以及运用相关材料说明唐朝的区域开发状况,对唐末五代时期的藩镇割据进行辩证认识,认识统一是中国历史发展的规律和统一多民族国家进一步巩固发展的历史意义,培育学生的唯物史观、历史解释、时空观念、家国情怀等核心素养。

针对高一学生的基本情况,培育核心素养水平1和水平2的要求即可,材料的选择和问题的设计难度适中。

（2）针对学习目标的评价

教学设计是为了提高教学的有效性。首先，教学有效性的重要前提是目标要明确具体，具有可操作性和可检测性；其次，教学要围绕目标来层层铺开，每个教学环节都从某个角度、某个部分或某个层次来烘托目标；最后，目标是否达成要通过评价来检测，只有实现了目标、教学和评价的一致性，才能说目标有导向，教学有效果，评价有指向。

学习目标评价表

学习目标	学习任务	评价方式
1. 运用历史地图说明隋唐五代十国疆域的变化，按照时序叙述这一时期重要史事并画出时间轴	1. 学生小组分工，搜集隋、唐前期、唐后期藩镇割据、五代十国四个时期疆域图； 2. 对搜集的历史地图进行分析，发现疆域的变化，特别关注西北、西南、东北地区的变化； 3. 梳理教科书中关键时间节点，按照事件或者事件的发展形成时间线索； 4. 动手画出时间轴，标记重要的时间和事件	1. 对照历史地图说出某一地区在不同历史时期的归属； 2. 指出唐朝前期疆域四至； 3. 能够动手画出时间轴，标记重要史事
2. 通过解析史料，认识国家统一对民族交融的意义	1. 依据教科书梳理唐朝与周边少数民族的交往概况； 2. 概括民族交融的原因和途径； 3. 认识国家统一对民族交融的意义	1. 总结唐与周边少数民族交往的方式和具体情况； 2. 依据材料总结概括民族交融的原因
3. 运用相关史料说明唐朝区域开发的状况，认识统一多民族国家进一步巩固有利于农耕文明的扩展	1. 依据史料指出敦煌地区生产方式的变化； 2. 依据史料说明隋唐时期南方地区的经济发展状况	1. 能够从原始史料中获取有效信息； 2. 运用获取的信息，组织准确的语言，回答问题； 3. 尝试运用史料作为证据论证自己的观点
4. 通过史料，对唐末五代十国时期藩镇割据局面进行全面辩证认识，提高从材料中获取信息和运用史料阐释问题的能力	1. 阅读教科书第三子目的正文和《史料阅读》栏目，了解藩镇产生的原因； 2. 依据材料概括藩镇的特点； 3. 在教师讲解的基础上，理解藩镇的双重影响； 4. 理解历史是不断向前的，五代十国剧烈动荡变化中，蕴含了走向统一集权的趋势	1. 用自己的语言说明：什么是藩镇？藩镇是怎么产生的？ 2. 依据史料说明藩镇独立性强的特点； 3. 辩证地看待藩镇割据的影响； 4. 认识国家统一是历史发展的必然趋势
5. 认识统一是中国历史发展的基本规律，了解统一多民族国家进一步巩固发展的历史意义	1. 围绕本课主题，总结从四个篇章的学习中分别得出什么认识； 2. 解释统一是历史的必然趋势	1. 热爱祖国，自觉维护国家统一； 2. 知道分裂是暂时的，统一是历史发展的必然趋势

3. 课后评价

学科核心素养的达成是一个动态的过程，在评价中，既要关注学生在学习过程中的评价，又要关注学生在阶段学习完成后所达到的历史学科核心素养水平。评价的主体是多元化的，教师、学生、家长等都可以成为评价主体。课后评价的方式也是多样化的，可以选择纸笔测试、自我反思、同伴互评，可以检查背诵和默写，可以画出时间轴，也可以参与社会实践，等等。

4. 评价反馈

根据教学评价反馈的信息，对教学设计的各个步骤重新审查和修改，特别是检验"学习目标的达成"和"教学策略的有效"，使教学设计符合学生的实际。对学生的学习结果评价也能够及时反馈给学生，寻找学生表现与目标要求之间的差距，提出有针对性的学习建议。

八、板书设计

第6课 从隋唐盛世到五代十国

```
宏观梳理发展线索 ─┐              ┌─ 少数民族地区的
                ├─ 从隋唐盛世   从区域开发 ─┤    区域开发
微观把握历史事件 ─┘    看统一    看统一    └─ 南方的区域开发
                        ╲              ╱
                     统一多民族国家的巩固和发展
                        ╱              ╲
民族交融的表现 ─┐              ┌─ 藩镇割据发展历程
民族交融的作用 ─┼─ 从民族交融  从藩镇割据─┼─ 藩镇割据的特点
民族交融的途径 ─┘    看统一    看统一    └─ 藩镇割据双重影响
```

九、教学反思

本教学设计以"统一多民族国家的进一步巩固和发展"为主题，从隋唐盛世、民族交融、区域开发和藩镇割据审视国家统一，逻辑清晰，层次分明，利于学习目标达成和核心素养培育。学生自主学习、小组合作学习和问题探究学习相结合，学生积极主动的参与学习过程，取得较好的教学效果。落实"目标导引—任务驱动""教—学—评一体化"教学模式，学习目标可操作性、可检测性强，能够衡量学生通过学习所表现出来的进步程度，培育核心素养。

存在问题有：教学设计内容太多，容量太大，一课时可能完不成任务；课堂上基础知识的落实时间比较少；个别问题的设计对高一学生而言，难度较大。今后会进一步优化教学设计，依据课程标准进行取舍，突出重难点；引导学生的课前预习和课后巩固落实，对课堂学习进行有益的补充；设计教学问题时，注意考虑高一学生的接受能力，尽量做到"小台阶大密度"。

总之，新教科书在容量难度上都不同于旧教科书，对我们教师是一种巨大的挑战。我们要加强自身教学理论学习，提高专业素养，同时加强集体备课，发挥集体的力量，全面提高教学质量。

（山东省青州实验中学 王彬彬 王兴华）

十、点评

本教学设计以唯物史观为指导，以史料研习为载体，以核心素养培育为目标。教学设计围绕"统一多民族国家的进一步巩固和发展"主题，重点突破隋唐盛世、民族交融、区域开发和藩镇割据四个关键问题，论证国家统一是中国历史发展的趋势。教学设计的基本过程和主要环节，充分体现了新教科书的系统性和科学性。在教学过程中，教师能够积极引导学生自主研究、小组讨论，学会客观、有根据地评述史事。学生的参与度比较高，教学效果较好。

（山东省青州市教学研究室　王兴全）

第7课 隋唐制度的变化与创新

一、教科书内容分析
本课起到承上启下的作用。前一课讲述隋唐统一王朝，国力强盛，疆域开拓，经济繁荣，民族往来和对外交往活跃。本课介绍隋唐制度上的重要建树，文治武功成就达到了中国历史上新的高峰，在当时世界范围内首屈一指，为下一课所讲的文化繁荣奠定了基础。本课包括"选官制度""三省六部制""赋税制度"三个子目。科举制和三省六部制为本课的学习重点，两税法的评价为学习的难点。《历史纵横》是对九品中正制内容的有效补充，可读性强，强化了历史解释素养。《学思之窗》是对科举制的评价，强化对唯物史观的培养。《史料阅读》是对两税法内容的补充，《问题探究》考查对两税法的评价，指向了本课的难点，强化了史料实证素养。

二、学情分析
高一刚入学不久的学生，经过初中的历史学习，拥有一定的历史知识储备，掌握一些基本的历史学习能力，对隋唐辉煌历史了解较多，对科举制、三省六部制、两税法的内容有所学习和了解，但对隋唐为何能在中国古代历史中取得如此辉煌成就缺乏深入的思考和探索，对制度变革和创新带来的作用更是知之甚少。另外，学生对材料的解读、分析、归纳、概括能力还比较弱，在进行史料教学时，教师应多加解读和引导。

三、教学目标
1. 概括汉朝到唐朝选官制度、中枢政务机构、赋税制度的演变等重要史事。
2. 利用时间轴，将选官制度的变革置于具体的时空框架下进行分析。
3. 能够运用有关材料，从当时情境和历史角度对科举制、三省六部制、两税法的重要意义进行论述。
4. 探讨隋唐制度的变化与创新，是大一统王朝绚烂辉煌的重要保障。

四、教学重难点
重点：科举制，三省六部制。
难点：两税法的利弊。

五、教学设计思路
教师对本课内容基本框架、历史概念进行讲述和解释，通过史料教学，创设情境，提出问题，引导学生自主学习、合作探究。

六、教学过程

（播放视频《隋朝制度的创新》片段并提问）隋朝对秦汉以来的制度进行了哪些创新？

（学生观看视频并思考问题，教师进行讲解）科举制、三省六部制建立于隋朝，完善于唐朝，是中国政治制度的重大变革。除此之外，隋唐还有很多制度的变化与创新，比如税制改革等。因此，隋唐是一个令人引以为豪的时代，是一个必定在中国、在世界历史上留下浓墨重彩的时代。日本学者气贺泽保规著有《绚烂的世界帝国：隋唐时代》一书，以独特视角，肯定隋唐在制度建设上的成就。隋唐统治者大刀阔斧地进行了一系列制度变革，从而奠定了隋唐的绚烂辉煌。这节课我们就来感受隋唐帝国绚烂辉煌背后的制度创新。

"春风得意马蹄疾，一日看尽长安花"——选官制度的成熟与完善

1. 中国古代选官制度的发展演变

材料一

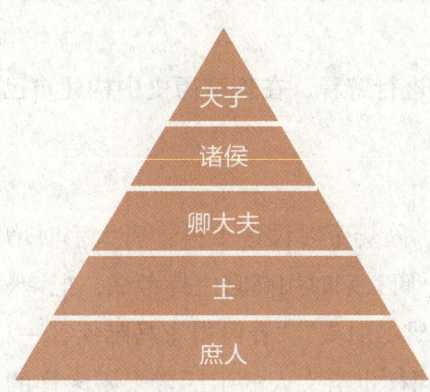

材料二　有军功者，各以率受上爵……宗室非有军功论，不得为属籍……有功者显荣，无功者虽富无所芬华。

——［西汉］司马迁《史记·商君列传》

材料三　汉文帝言孝悌，天下之大顺也。力田，为生之本也……廉吏，民之表也。朕甚嘉此二三大夫之行。

——［东汉］班固《汉书·文帝纪》

材料四　今立中正，定九品，高下任意，荣辱在手。操人主之威福，夺天朝之权势……是以上品无寒门，下品无势族。

——［唐］房玄龄等《晋书·刘毅传》

根据以上材料结合教科书内容，在时间轴上标出中国古代选官制度的演变以及选官依据是什么？

提示：

【设计意图】利用时间轴，将选官制度的变革置于具体的时空框架下进行分析，树立正确的时空观念，并在时空观念下培养学生史料实证素养。

2. 科举制

（教师引导学生结合教科书内容了解魏晋南北朝的时代背景和九品中正制的发展概况，过渡到科举制）九品中正制成为维护士族特权的工具，随着士族的没落，九品中正制无法继续。隋朝建立后，科举制度开始形成。

（教师引导学生对科举制进行历史解释）科举制是以考试来选官的制度。由于采用分科取士的办法，所以叫作科举。隋文帝时用分科考试的办法选拔人才，隋炀帝时设进士科，科举制正式确立。唐朝完善科举制，使之成为中央统一分科、定期举行、自由报考、择优录取、标准客观的考试选官制度，为历代沿用。明清时期，八股取士的方式束缚了人们的思想，1905 年被废除。

【设计意图】通过对科举制进行解释，在理解历史中构建自己的历史叙述，形成正确的历史观念。

说说隋唐科举制发展概况。

提示：隋文帝时分科考试；隋炀帝时设进士科；唐太宗时增加考试科目，以进士、明经为主；武则天时开创殿试、武举；唐玄宗时用高官主持考试，把诗赋作为进士考试内容。

"太宗皇帝真长策，赚得英雄尽白头""春风得意马蹄疾，一日看尽长安花"。科举制度的发展给统治者带了无尽的人才，同样也给文人的生活带来了多样的变化。接下来我们一起来分析科举制度的影响。

材料一　（科举制）西国莫不慕之，近代渐设考试以取人才，而为学优则仕之举。今英、法、美均已见端，将来必至推广。

——［美］丁韪良《西学考略》

材料二　贫苦子弟，类皆廉谨自勉，埋首窗下，冀求一第。即纨绔公子，亦知苦读，以获科第，否则虽富不荣……因此之故，前清时代，无分冬夏，几于书声遍野，夜静三更，钻研制义，是皆科举鼓励之功，有甚于今日十万督学之力也！

——邓嗣禹《中国考试制度史》

根据材料，结合教科书内容，分析科举制的影响。

提示：积极影响：打破世家大族对仕途的垄断；促进社会重学风气的形成；提高官员文化素质；扩大统治的社会基础；加强中央集权，促进社会稳定；被西方国家借鉴。局限性：明清之后，八股取士禁锢思想，忽视实用性，阻碍了近代知识分子开眼看世界，造成中国落后于西方。

【设计意图】利用材料对科举制的影响进行分析、归纳、总结，培养史由证来、论从史出的能力。

三省六部垂青史，分工明确效率高——中央决策和行政体系日臻完备

科举制是隋唐时期选官制度史上的创新，也是中国古代选官制度成熟的一大表现。那中央决策和行政体系在隋唐又有哪些变革和创新呢？

1. 秦到隋唐中枢机构的变革

（教师引导学生阅读教科书，总结梳理，形成下面图示）

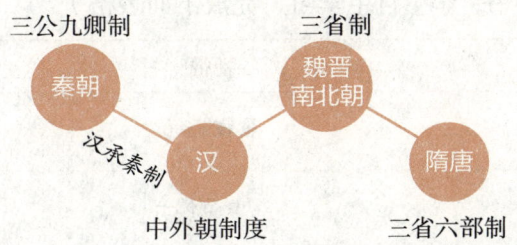

从图示中可以看出中枢机构演变的主要趋势是君权加强，相权削弱。

【设计意图】以图示来梳理隋唐之前中枢政务机构变革的历程，起到承上启下的作用，让学生树立时空观念。

2. 三省六部制

（教师引导学生探究三省六部制的运作过程，各自的职权，形成下面图示，并概括出其特点）

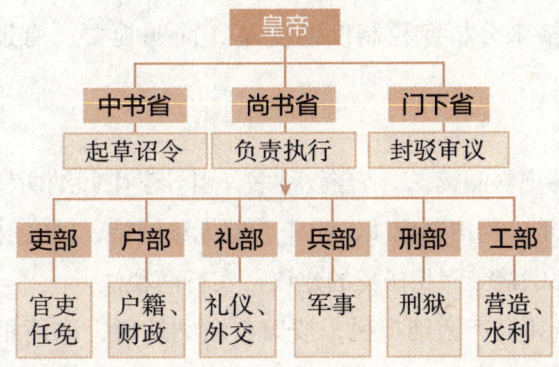

同学们，在我们学校旁边南渡江上的"金江水电站"，如果是在唐太宗时期建设，按照当时制度规定其运作程序应该是怎样的呢？

提示：中书省—门下省—尚书省—工部。

材料一 （唐太宗言）以天下之广，四海之众，千端万绪，须合变通，皆委百司商量、宰相筹划，于事稳便，方可奏行。岂得以一日万机，独断一人之虑也。且日断十事，五条不中，中者信善，其如不中者何？以日继月，乃至累年，乖谬既多，不亡何待？

——［唐］吴兢《贞观政要·论政体》

材料二 中国帝制时代的政治体制……在唐代"在三省体制下，决策不再是单纯的皇帝个人行为，皇帝的最后决定权包含在政务运行的程式中"。

——刘后滨《唐代中书门下体制下的三省机构与职权》

根据材料并结合教科书内容，概括三省六部制的特点及影响。

提示：三省长官共议国事，执宰相之职；职权分工明确，彼此制约，机构分工上提高工作效率。三省六部制的确立和完善，是中国政治制度的重大变革；相权被分割，避免权臣独揽大

权，有利于加强皇权，同时减少皇帝独断造成的决策失误。

"唯以资产为宗，不以丁身为本"——赋税制度的日趋完善

隋唐制度的变化与创新，除了选官制度和政治制度外，还有经济制度。现在，我们把目光投到赋税制度的创新上来。

1. 春秋到唐代赋税制度的变革

（教师引导学生阅读教科书，学生自主学习，完成下面表格）

朝代	制度	特征	变革
春秋	初税亩	履亩而税	度地而税 ↓ 度人而税 ↓ 度财而税
汉朝	编户制度	三十而税一	
魏晋	租调制、均田制	定额租调	
隋至唐初	租庸调制	只问丁身，不问财产	
唐中期	两税法	唯以资产为宗，不以丁身为本	

从表格和教科书中可以看出，赋税制度的变革体现了国家对农民的人身控制逐渐放松。

【设计意图】 利用表格来分析赋税制度的变革，简明扼要，有助于学生掌握赋税制度的演变。

2. 两税法

（教师指导学生阅读《史料阅读》，结合教科书，引导学生归纳两税法的相关内容）

①背景：土地兼并严重，均田制崩溃，租庸调制无法维持，国家财政紧张。

②实行：780年，唐德宗接受宰相杨炎的建议，实行两税法。

③内容：每户按人丁和资产缴纳户税，按田亩缴纳地税，取消租庸调和一切杂税、杂役；一年分夏季和秋季两次纳税。

④特征："唯以资产为宗，不以丁身为本"。

材料一　每州各取大历中一年科率钱谷数最多者，便为两税定额，此乃采非法之权令以为经制，总无名之暴赋以立恒规。

——[唐]陆贽《翰苑集·均节赋税恤百姓第一条》

材料二　国家定两税，本意在忧人。厥初防其淫，明敕内外臣：税外加一物，皆以枉法论。奈何岁月久，贪吏得因循，浚我以求宠，敛索无冬春。织绢未成匹，缫丝未盈斤，里胥迫我纳，不许暂逡巡……昨日输残税，因窥官库门。缯帛如山积，丝絮如云屯，号为羡余物，随月献至尊。夺我身上暖，买尔眼前恩。进入琼林库，岁久化为尘。

——[唐]白居易《白居易集·重赋》

阅读上述材料，结合所学知识，谈谈你对两税法利弊的认识。

提示：两税法简化税收名目，扩大收税对象，保证国家的财政收入。它"唯以资产为宗，不以丁身为本"，改变了自战国以来以人丁为主的赋税制度，减轻了政府对农民的人身控制。但是，大地主隐瞒财产，把赋税转嫁到农民身上，政府征收额外杂税，农民负担沉重；土地兼并

不再受限制，越来越严重。

中国古代农民深受繁重赋税的剥削。在封建社会，赋税制度是维护封建统治和剥削、掠夺人民的工具。新中国成立以后，国家通过各种方式减少农民的税收，2006年1月1日起全面取消农业税，在我国延续几千年的农业税已成为历史。

这节课我们学习了中国古代选官制度的发展演变、秦到隋唐中枢机构的变革、春秋到唐朝赋税制度的变革，重点探究了隋唐时期的科举制、三省六部制和两税法。从这些内容的学习中，我们深刻体会到隋唐王朝绚烂辉煌的背后是源于制度的变革和创新。改革开放以来，党和国家领导全国人民，通过艰苦奋斗，取得举世瞩目的成就，这正是源于我们制度的变革与创新。在全面深化改革，实现中华民族伟大复兴的进程中，我们要始终坚持"制度自信"不动摇。

七、教学评价设计

教学评价量表

评价内容	评价指标	分数	得分
教学目标	符合课程标准	8	8
	可操作的程度	7	6
学习条件	学习环境的创设	8	7
	学习资源的处理	8	7
学习活动的指导与调控	学习指导的范围和有效程度	7	6
	教学过程调控的有效程度	7	6
学生活动	学生参与活动的态度	6	6
	学生参与活动的广度	6	5
	学生参与活动的深度	6	5
课堂气氛	课堂气氛的宽松程度	7	7
	课堂气氛的融洽程度	6	6
教学效果	目标达成度	8	6
	解决问题的灵活性	8	7
	学生的精神状态	8	8

科举不是一个单纯的考试制度，它将社会结构紧密地联系了起来，形成一个多面互动的整体，一直发挥着无形的统合功能。阅读下列材料：

材料一　科举之善，在能破朋党之私……前此选举，皆权在举之之人，士有应举之才，而举不之及，夫固无如之何。……是不能应试者，有司虽欲徇私举之而不得。苟能应试，终必有若干人可以获举也。此实选举之官徇私舞弊之限制。

——吕思勉《中国制度史》

材料二　渐渐地，这些考试（指科举）开始集中于文学体裁和儒家正统观念，最后结果是形成一种制度……为中国提供了一种赢得欧洲人尊敬和美慕的、有效稳定的行政管理……只要中国仍相对地孤立在东亚，它就会继续提供稳定性和连续性。

——[美]斯塔夫里阿诺斯《全球通史》

材料三　作为一种上千年的文化存在，科举显然有其客观的历史合理性，否则我们就无法解释其存在的持久性……科举的创新之处就在不仅为社会底层的知识分子提供了持续流动的可能，而且将其制度化……科举制度的最大合理性在于它那"朝为田舍郎，暮登天子堂"式的"机会均等"，这种相对"公平"的机制，对知识分子的社会心理是一种塑造，客观上激励了个人的奋斗精神。

——薛明扬主编《中国传统文化概论》

①根据材料一，结合所学知识，指出汉晋时期的选官制度。

【答案提示】选官制度：察举制；九品中正制。

②根据材料二，结合所学知识，说明科举制所具有的功能。

【答案提示】功能：加强中央集权；保证儒家思想成为主流；维护文明的稳定性和连续性。

③根据材料三，说明科举制对于现代人才选拔的历史借鉴价值。

【答案提示】借鉴价值：人才流动机制；客观公平理念；人才激励机制。

八、板书设计

第7课　隋唐制度的变化与创新

一、"春风得意马蹄疾，一日看尽长安花"——选官制度的成熟与完善

1. 中国古代选官制度的发展演变

2. 科举制

二、三省六部垂青史，分工明确效率高——中央决策和行政体系日臻完备

1. 秦到隋唐中枢机构的变革

2. 三省六部制

三、"唯以资产为宗，不以丁身为本"——赋税制度的日趋完好

1. 春秋到唐朝赋税制度的变革

2. 两税法

九、教学反思

课前对学生历史知识储备预估过高。由于所教班级为县城学校，学生大多来自乡镇，而海南省历史中考为开卷考试，致使学生历史知识储备不足，学生课堂参与程度不高。学生对唯物史观中的"经济基础和上层建筑的关系"认识不够，从而对本课理解不够深入。学生的材料解读能力欠缺，自主学习探究深度不够，特别是对两税法利弊评价的古文材料解读困难，难以作出中肯和全面的评价。为此，要更加明晰学情，"学生是教学的原点"，这样才能培养和提高学

生的历史学科核心素养，使学生通过历史课程的学习逐步形成具有历史学科特征的正确价值观念、必备品格与关键能力；加强理论教学，特别是唯物史观的立场、观点和方法的引导；加强史料解读能力的训练，提高史料实证素养。

（海南省澄迈中学　王和河）

十、点评

本课教学设计能依据课标"认识隋唐时期的制度变化与创新"的要求，整合提炼"制度创新成就帝国辉煌"为教学主题，立意恰当，主旨明确；能采用"问题化学习"方式，古今联系，分层设问，引导学生自主学习与教师讲授相结合，促进教学目标有效达成；在教学过程中重视历史概念的阐释，精选史料，创设情境，引领学生运用思维加工信息，形成自己独立判断，从而有效落实"论从史出，史论结合"历史素养的养成。建议在"制度变化与创新"历程的细节上进一步铺垫历史故事，激发学生历史学习兴趣。

（海南省教育研究培训院　吴永青）

第8课　三国至隋唐的文化

一、教科书内容分析

三国至隋唐时期，中国在由政权并立走向统一的过程中，由于民族交融、国力强盛、经济繁荣、对外交往活跃等因素的共同作用，达到了古代历史上文化发展的一个高峰时期。本课内容包括了三国至隋唐时期的"儒学、道教与佛教的发展""文学艺术""科技"和"中外文化交流"等四个子目的内容。

二、学情分析

学生对中国这一时期的文化成就在初中已经有了一定程度的了解，但是对这一时期文化成就的主要特征有待进一步分析。同时，因为本课内容时间跨度较大，在分析这一较长时段文化成就取得的原因时，学生运用史实多角度分析历史问题的能力有待进一步培养。

三、教学目标

在概括三国至隋唐的儒学、道教与佛教的发展，文学艺术，科技和中外文化交流等重要史事的基础上，能够利用历史年表概述和说明这一时期各文化领域的突出成就和发展历程；能够运用相关图文材料，分析这一时期文化成就的主要特征；能够结合时代背景，探究这一时期文化繁荣的多方面原因；认识中国古代文化在继承、吸收、融合和创新中走向繁荣、领先世界。

四、教学重难点

重点：三国至隋唐文化的主要特征。
难点：三国至隋唐文化繁荣的原因。

五、教学设计思路

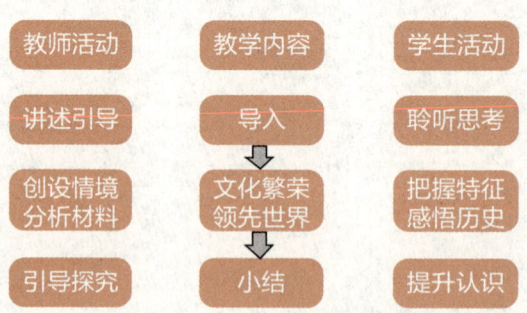

本课的教学立意：文化交融促成文化繁荣，文化繁荣造就世界领先。

根据教学立意，对知识进行逻辑构建，通过"儒学、道教与佛教的发展""文学艺术""科技"三个方面体现中国这一时期文化的繁荣，通过"中外文化交流"体现中国这一时期文化领先世界。在立足知识的基础上，引导学生分析这一时期中国文化的繁荣与领先是内外诸多因素共同促成的。

基于本课时间跨度大、领域众多、知识细碎等特点，秉承"用教科书教，而不是教教科书"

这一理念,对教科书内容进行了整合,在保证教科书知识完整性的基础上,对知识进行详略处理,选择有代表性的内容进行重点讲解,如在文学艺术方面选择绘画和乐舞进行重点分析。

六、教学过程

中国人到国外旅行,有一个常去的地方——唐人街。由于唐朝的强大与繁荣,在宋朝时,外国人就称中国人为"唐人",中国人在国外聚居的地区便被称为"唐人街"。唐朝作为中国古代历史上的又一个发展高峰,在政治、经济、文化等各个领域取得诸多成就。具体到文化领域,这一时期中国取得了怎样繁荣领先的成就?造就这一繁荣领先局面的原因又是什么?我们带着这些问题,开始本课的学习。

【设计意图】利用"唐人街"这一耳熟能详的事物为导入,激发学生的兴趣与思考。

文化繁荣,领先世界

1. 儒学、道教与佛教的发展

出示表格,简述汉至隋唐的儒学、道教与佛教的发展情况。概括这一时期中国文化在思想领域呈现出怎样的特征?

汉至隋唐的儒学、道教与佛教发展情况

时期	发展情况
汉武帝时期	儒学正统地位确立,呈现繁盛之势
两汉之际	佛教传入中国
东汉末期	道教产生
魏晋南北朝	儒学、道教、佛教在相互影响和吸收中发展
隋朝时期	儒学家提出"三教合归儒"
唐朝时期	统治者奉行"三教并行"
唐中期	韩愈提出复兴儒学

【设计意图】借助历史年表梳理历史发展脉络,落实时空观念。指导学生掌握解读历史表格的方法,培养学生概括能力。让学生认识多元文化交融带来了思想的繁荣。

2. 文学艺术

(1)绘画

出示材料,介绍魏晋时期中国绘画艺术进入自觉阶段,在众多方面有新的表现。

材料一　绘画虽有很古的历史,但绘画的自觉,绘画的艺术自律性的完成,却不能不说是自魏晋时代开始。

——徐复观《中国艺术精神》

材料二　魏晋时代开创了中国画史新阶段的五个表现:第一,出现大量画家;第二,人物画重在或妙在传神;第三,绘画题材大为扩展;花鸟、山水画出现;第四,绘画技术进步。从简约高古到追求气韵风神;第五,绘画理论诞生。

——摘编自袁行霈等主编《中华文明史》

【设计意图】 帮助学生理解"绘画自觉"这一概念,便于学生对后续的教学内容有更好的理解和把握。

出示图片和材料,引导学生概括这一时期中国文化在绘画领域呈现出怎样的特征。

材料一

魏晋墓砖画《驿传图》

材料二

顾恺之《洛神赋图》

材料三

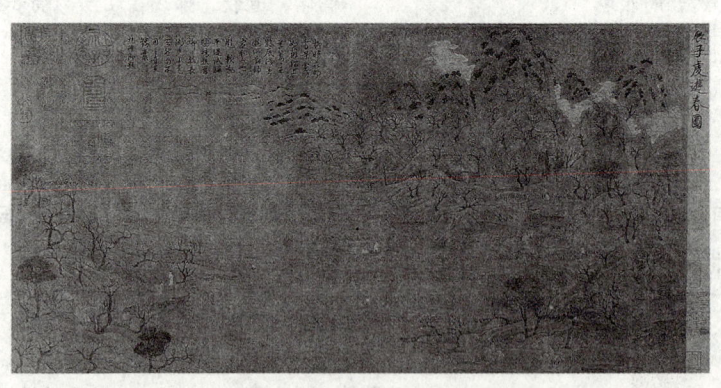

展子虔《游春图》

材料四 中国早期的山水画通常是"人大于山,水不容泛"……《游春图》出现之后则打破了这种限制,全图无处不展现着一种空间之美,人物、山水疏密安排十分得宜,展现着自然界的交替、交换与重叠。

——孙兰芳、臧蕊《浅析展子虔及其〈游春图〉》

材料五

吴道子《送子天王图》

【设计意图】借助绘画指导学生掌握解读图像史料的方法，培养史料实证的能力。学生能够分析影响中国古代绘画发展的诸多因素，培养学生历史解释的能力。学生体会中国古代绘画艺术在不断继承、吸收、探索中逐渐走向成熟、灿烂。

(2) 乐舞

出示表格《隋唐燕乐》和图片《胡旋舞》、白居易诗歌《胡旋舞》节选，引导学生概括隋唐时期乐舞领域呈现出怎样的特征。

材料一

隋唐燕乐

时期	燕乐
隋文帝	国伎，清商伎，高丽伎，天竺伎，安国伎，龟兹伎，文康伎
隋炀帝	清乐，西凉，龟兹，天竺，康国，疏勒，安国，高丽，礼毕
唐太宗	清乐，西凉，龟兹，天竺，康国，疏勒，安国，高丽，燕乐，高昌

材料二

《胡旋舞》

《胡旋舞》节选
白居易
弦鼓一声双袖举，
回雪飘摇转蓬舞。
左旋右转不知疲，
千匝万周无已时。
人间物类无可比，
奔车轮缓旋风迟。

【设计意图】学生体会这一时期的乐舞呈现出种类繁多、风格多样、民族交融、中外合璧等特点。

（3）文学与书法

出示相关图像史料和文献史料，教师简介文学书法的成就。

【设计意图】对教科书进行详略处理，在保证教科书知识完整性的基础上节省教学时间。

3. 科技

出示表格《三国至隋唐的主要科技成就》，引导学生概括这一时期中国文化在科技领域呈现出怎样的特征。

三国至隋唐的主要科技成就

领域	时期	人物	主要成就
数学	南朝	祖冲之	世界上首次将"圆周率"精算到小数点后第七位
农学	北朝	贾思勰	《齐民要术》是中国现存最早最完整的农书
地理学	西晋	裴秀	《禹贡地域图》提出绘制地图的方法
建筑学	隋朝	李春	赵州桥是世界上现存最古老的石拱桥
印刷术	唐朝	—	已有雕版印刷术，世界现存最早的雕版印刷品
医药学	唐高宗时期	—	《唐本草》是世界上最早由国家颁行的药典
医药学	唐朝	孙思邈	《千金方》全面总结当时的医药学成果
天文学	唐朝	僧一行	测算出地球子午线长度
军事	唐末	—	火药开始用于战争，火箭是最早的火药武器

【设计意图】训练学生解读表格的方法。利用表格梳理历史发展脉络，落实时空观念。让学生体会中国科技领先世界，培养家国情怀。

4. 中外文化交流

出示如下示意图，引导学生概括这一时期中国文化在中外文化交流领域呈现出怎样的特征。

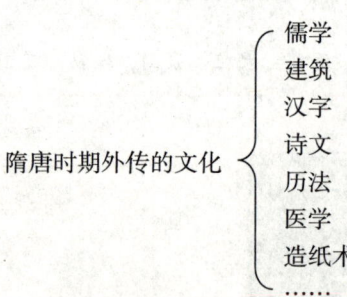

隋唐时期外传的文化：儒学、建筑、汉字、诗文、历法、医学、造纸术……

【设计意图】借助结构图展示文化外传成果，体现时空观念。认识中国文化的世界性影响，提升学生对中华优秀传统文化的认同感和民族自豪感，培养家国情怀。

出示板书，呈现这一时期中国古代文化的主要特征，突破本课重点。

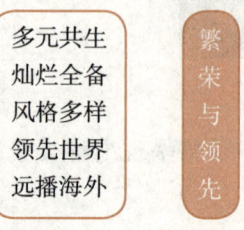

多元共生　灿烂全备　风格多样　领先世界　远播海外　　繁荣与领先

出示文献史料，提供思考角度，引导学生探究从三国至隋唐中国文化繁荣领先的原因。

材料一 （唐太宗言）自古皆贵中华，贱夷、狄，朕独爱之如一。

——[北宋]司马光《资治通鉴》卷198

材料二 在长安城一百万总人口中，各国侨民和外籍居民约占到总数的百分之二左右，加上突厥后裔，其数当在百分之五左右。

——沈福伟《中西文化交流史》

材料三 唐代的艺术，在绘画与书法、雕塑与石刻以及音乐与舞蹈等方面，都取得了前所未有的辉煌成就，其中既有对于南北朝文化的继承与发展，也有对域外文化的吸收、融合与创新。

——袁行霈等主编《中华文明史》

材料四 由于大一统文化组织拥有国家所鼎助的雄厚的财力、人力和物力，又能借政权之力，充分吸收民间传统的智慧，从而得以克服个体科学研究所面临的势单力薄、孤立无援等一系列困难，创造突出的文化成果。

——冯天瑜、何晓明、周积明《中华文化史》

【设计意图】学生在思考、讨论中生成历史认识，突破本课难点。落实唯物史观、历史解释等历史核心素养。

七、教学评价设计

制作一份主题为"三国至隋唐五代的文化"的海报。（要求：选择你熟悉的一两个文化领域，图文并茂呈现）

八、板书设计

第8课　三国至隋唐的文化

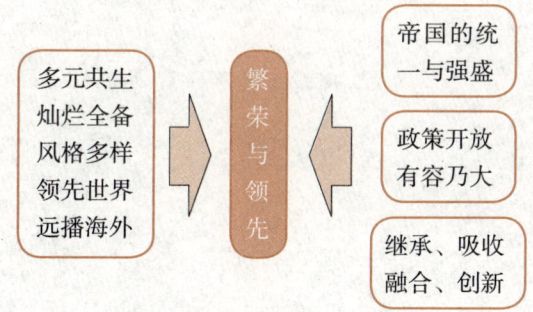

九、教学反思

本课教学内容偏多，在教学过程中时间非常紧张，讲授节奏比较快，绘画和乐舞的讲授时间偏多，给予学生表达、发言的时间较为有限。可以对教科书进行进一步整合，继续探寻如何作好详略处理、主次取舍，力争突出主线，以一点带动全局。另外，本课内容涉及的中国古代文化领域众多，在教学过程中使用了大量的绘画、乐舞等文化成果，如何做到既能精确地指导学生从历史的角度学习这些文化成果，又能让学生从艺术的角度感受中国古代文化的优秀，需要继续深入探索。在未来的教学、备课过程中，一方面，要提高个人知识水平，多阅读中国古代文化方面的书籍；另一方面，在问题的设计上力求更加具有指向性和针对性，可以将具体的问题呈现在课件上，在指导学生解读图像史料和文献史料时，对重要信息进行圈画标记。

3. 最后的问题探究，可以给学生多提供一些历史材料，引导学生多角度探究文化繁荣领先的原因，使学生掌握史论结合地解释历史问题的方法。

（北京市第四中学　张凯）

十、点评

本课教学设计对教科书内容进行了整合，突出了本课的教学重点"三国至隋唐文化的主要特征"——艺术家的专业化以及文化艺术水平发展的高峰与世界领先的地位。在教学过程中，教师精心选择了大量的文献和图像史料，为学生创设直观、真实和丰富的历史情境，激发学生的学习兴趣，增强课堂的趣味性。学生在了解、欣赏、感受文化成就的过程中，体会中华优秀传统文化的繁荣、领先，增强对中华优秀传统文化的认同感和民族自豪感，也有利于提高学生学习的积极性和主动性。在梳理这一时期中国文化各领域成就的基础上，更深入地分析文化繁荣、领先世界的原因，从唯物史观的角度对历史事物作出解释，落实培养学生核心素养的要求。

（北京市西城区教育研修学院　范蕾）

第三单元　辽宋夏金多民族政权的并立与元朝的统一

第 9 课　两宋的政治和军事

一、教科书内容分析

本课共有四个子目:"宋初中央集权的加强""边防压力与财政危机""王安石变法""南宋的偏安"。这四个子目所涵盖的历史事件包含了两宋三百多年的发展历程。在每一个子目下,大致都是按照该事件发生的背景、解决的主要措施,以及措施产生的历史影响,这样的逻辑来安排的。

宋初中央集权的加强,在起到抑制内部动乱、巩固国家安定的同时,也产生了官员数量膨胀进而费用过多的问题。再加上北宋政府遇到边疆危机时采用了"以钱财换和平"的做法,自然造成了官府财政吃紧的状况。为了消除社会动乱而大量招募士兵造成的冗官、冗兵、冗费问题,为了应付这些沉疴宿疾,王安石进行改革。所以引出了第三个子目——"王安石变法"。王安石变法取得了一定效果,却也触犯了官僚集团的既得利益,很快归于失败。围绕统治集团内部发生的严重分裂而引发党争,在金朝攻击之下,北宋灭亡。自然就引出了第四个子目——"南宋的偏安"。

二、学情分析

高一阶段的学生正处于认知发展水平的高峰期,其记忆力、理解力和逻辑思维能力都得到了高速发展,对一些较难与抽象的历史概念能有一定程度的理解。同时,该阶段的学生经过初中的历史课程学习,已经具有一定的历史知识的基础,能够对一些历史事件有初步的理解与分析。但学生由于生活经验不足和阅历尚浅,对重大历史事件的深刻意义和影响还不能很好地理解。因此,教师在教学中要运用一些生动有趣的历史事件,积极引导学生理解历史学习的意义,激发学生对历史学习的热情。

三、教学目标

1. 运用唯物史观分析北宋加强中央集权以及王安石变法的历史背景。
2. 通过史料分析,了解澶渊之盟与王安石变法,能指出针对王安石变法失败原因的多种观点的异同点，理解历史解释的多样性、差异性并说明原因，进而能验证以往的假说或提出新的解释。

3. 分析南宋的历史地位，感悟士大夫的爱国情怀以及勇于担当的家国责任感。

四、教学重难点

重点：宋初中央集权的加强。

难点：宋初中央集权加强的影响；"以钱财换和平"；王安石变法。

五、教学设计思路

根据教科书教学内容分析和教学重难点，本课大胆打破教科书框架，以一课时为时限，设置了三个环节，分别是制度设计与理性思考、危机凸显与改革创新、命运轮回与历史出口。

北宋初建，统治者思考了藩镇割据给社会带来的弊端，进行了改革，给北宋带来了新的气象，使得中国社会进入了权力得到有效制约、文官治理的时代，保障了社会的安定，进而促成了这一时期经济和文化的高度繁荣。在历史政治制度的发展演变过程中，逐步渗透给学生创新的精神。

但是，制度束缚过死、权力分割过细，导致官员过多，官员过多造成冗费。同时，军队素质过低，使得北宋在与少数民族政权的战争中，屡屡战败。面对这些问题，北宋采取了"以钱财换和平"的办法来缓解危机。上述问题综合在一起，给北宋政府造成了严重的财政危机。在此背景下，王安石进行变法，企图扭转财政赤字与军队素质低下的问题。所以，第二子目"边疆压力与财政危机"与第三子目"王安石变法"之间是有逻辑上的承接关系的。本课设计将这两个课题合并为一，作为专门的话题"危机凸显与改革创新"来进行讲述，以帮助学生建立两者之间的承接关系。

北宋灭亡之后，南宋偏安于东南一隅，南宋政权在政治上没有进行太多创新，无论在制度设计上还是在处理与边疆少数民族政权之间的关系上，都是在延续着北宋的措施。相同的措施导致了相同的历史命运，最后南宋同样亡于少数民族政权的进攻，因此本课创设了一个环节——命运轮回与历史出口。在"命运轮回"之下，历史会变成循环论吗？当时不是，在南宋的发展过程中，历史在不断地向前发展，并且找到了新的历史出口——比如商品经济的空前繁荣、文化与科技的高度发展、在保卫南宋政权中体现出的士大夫的家国担当，这些都成为中华民族历史发展过程中宝贵的财富，属于中国传统文化的重要组成部分。所以，在本课设置的第三个环节中，向学生展示了中华民族历史上的经济、文化、科技、精神方面的发展，增强学生的历史与民族荣誉感，从而顺利地涵养学生的家国情怀。

六、教学过程

他们既是国家政治的直接参与者，又是社会文化、艺术的创造者、传承者；

他们生活在一个儒学复兴、理学重构的时代；

他们是这一文强武弱的时代土壤里长出的一朵绚烂之花。

10—13世纪的宋朝，是中国物质文化高度发展的时期。宋太祖打破了传统方式，进行了各方面改革，给宋带来一种全新的理念。

环节一　制度设计与理性思考

宋太祖对唐末以来的社会状况进行了思考，主张革除积弊，加强中央集权。他采取一切可能的措施来防范一切可能危害统治政权的事件。有哪些措施呢？请同学们看教科书第一部分，回答以下问题：

① 宋太祖从哪些方面来收归权力？
② 他在收归权力的时候，采用了怎样的原则？
③ 他进行这些制度设计的最终目的是什么？

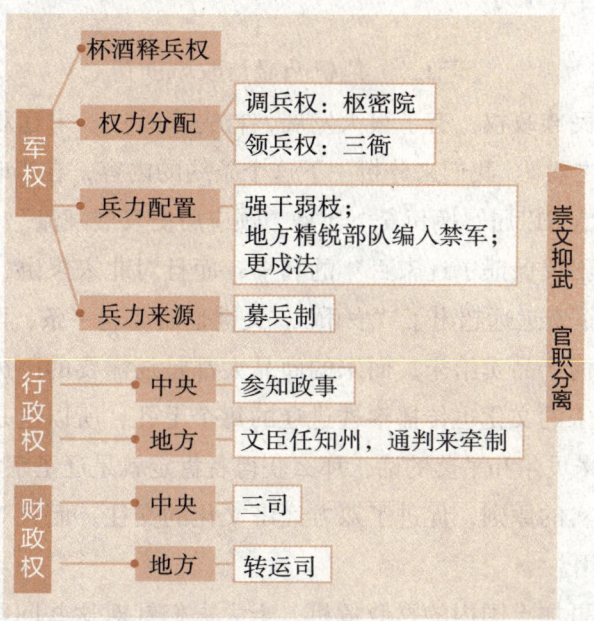

宋太祖在推行这些措施的时候，重要的职位都由文臣担任，将武将的权力限制到最低，所以这是一种"崇文抑武"的模式；此外唐朝原有的那些官员在宋代都存在，他们享有国家俸禄，但是没有实际职务，形成了官职分离的模式。

这种文武分离、官职分离的模式起到作用了吗？请看：

材料一　北宋官僚权力运转平衡，制约成效凸显。北宋官僚权力制约交叉错置、彼此制约，构建起一个相对封闭、自成体系的制约系统，这就充分保证了政治权力的平稳运作。就整个北宋朝而言，虽然也出现了不少的贪官、庸员，却少有叛臣、逆臣，其关键就在于对政治权力的有效监督及制约。

——王志立《北宋官僚权力制约机制评析》

材料二　宋朝基于五代的残杀，大量任用文人，支持文人群体建立儒家思想体系。这一体系的建立使人们的价值观念发生了巨大改变，人们的思想也加以固化。读书人忠君爱国，关爱苍生。地方上士人上承官府法令、协助朝廷事务，下安抚团结乡里，组织百姓生产。

可见这种模式起到两方面作用，一是形成有效的制约机制；二是文人执政起到稳定社会、加强集权、促进文化发展的作用。

但是，庞大的机构设置，相互牵制，不利于办事效率的提升，致使地方灵活性不够，中央和地方之间的不平衡，也使地方上发展受限。北宋对官吏薪俸的规定也很优厚。所以说北宋在加强中央集权的同时，也造成了一系列问题——效率下降、冗官冗费等。北宋面临一个很现实的问题，到今天仍然具有思考价值，就是在加强权力的同时，效率必然会下降，权力和效率之间是怎样一种关系？

其实这就是一种取舍问题，北宋鉴于前代地方权力过于强大，那么现在想收归权力，只能选择舍弃了效率。制度还有待于更进一步创新。

再看北宋的军队建设，在强干弱枝状态下，有没有弊端？募兵制起到了承担社会安定的作用，所以军队的数量在成倍地增加，相应的军费开支也在增大。但是军队战斗力却不足。

结合上述，北宋的制度改革造成"三冗两积"的局面，导致政府面临财政问题。而在政权并立的时代，北宋边防也有压力。

环节二　危机凸显与改革创新

与宋同时代的少数民族政权，有了很大发展，首先来看辽。宋辽双方在军事上各有胜负的基础上，签订了《澶渊之盟》。我们来分析一下这个条约的内容，在当时起到了什么作用？给大家三分钟时间思考：这是"以屈辱换苟安"还是"顺应历史发展潮流"？

这个盟约的签订，不仅保证了辽宋百年的和平，而且对北宋来讲，是经济和文化的双重胜利。打辽宋战争，每年军费远远超出了"岁币"。关键是后面这一条，两国开展贸易自由，辽除了羊和马，几乎没有任何产品卖给宋，而宋的商品大都是辽需要的。边境贸易从开始就是辽的财富源源不断输入宋，宋的文化也传播渗透进辽的每个毛孔，所以这是军事与金融的博弈。有人说如果千年以前就有诺贝尔和平奖的话，那么获得者肯定就是辽圣宗和宋真宗。

北宋坚持了理性务实的原则，促进了双方经济文化的交往，而且对中华各民族之间的交融也起到了功不可没的作用。

边疆压力的出现，再加上国内的财政危机，士大夫们针对这些问题，展开了激烈争论——他们以圣人之学为指导服务于国家。王安石就是其中之一，他不仅是政治家、文学家，也是改革家、思想家，毕生重视经学研究用来指导他的改革。

首先，根据学案上变法的主要内容来分析变法有什么效果。给大家三分钟时间进行小组分析讨论。根据措施内容来讨论效果。

用王安石自己的话来讲，这叫作"民得减赋而国用足"。这让我们感到惊讶，他已经知道用贷款的办法来刺激经济的增长，这个观点在当时少有人认可，所以司马光和他展开了长久争论。为了国家和百姓，这些士大夫们争论不休。当时的人之所以不认可，是因为王安石的观点过于超前。我们来看：

> 王安石之所以制定并推行上述一系列的新法，其总目标之所在，是要使社会经济不再作畸形的发展，使赤贫和豪富在社会上两俱绝迹。然而在王安石所制定的一系列新法当中，全没有对土地占有形态加以改变的企图……因此，任凭王安石的新法如何发展下去，终归还是不能做到使"耕者有其田"的境地。这也就是说，王安石虽然为新法悬了一个标的："均天下之才，使百姓无贫"，而这项标的却绝不是王安石的新法所可能达到的，土地问题

是在十一世纪的改良主义者改革工作的极限以外的问题，王安石不能冲破这一极限。

——邓广铭《王安石》

所以他的主张并不受时代认可，这也是他失败的根本原因。

是否持续改革，士大夫们相互争辩，并形成不同的党派，很快变法归于失败。不久之后金朝南下，在靖康之耻下，北宋在莺歌燕舞中翻了船。

环节三　命运轮回与历史出口

北宋灭亡之后，高宗在今天的杭州建立了南宋。士大夫们把祖宗家法贯彻得非常彻底，"崇文抑武"思想下武将大都被夺权。之后南宋不断与金朝签订和约。同样的措施似乎产生了相同的历史命运，那么历史会一直这么轮回下去吗？历史能不能找到新的出口？我们来看几则材料：

材料一　临安城内店铺林立，商品种类繁多，买卖昼夜不绝。人口多达140万人左右……到宋元时期，中国经济的发展走向出现了"头枕东南，面向海洋"的历史转折期。

材料二　璀璨繁荣的南宋文化，成为中华民族的瑰宝。理学、史学、文学、艺术、科技、农学、数学、医药学、水利、天文历法、军器制造、地学、冶金、造船、酿酒、造纸等方面的科学成就和技术水准，都取得了重大成就并超越前代。

材料三　南宋时期，出现了许多可歌可泣的战争场景，涌现了大量坚强不屈的将领和士大夫。他们用生命和意志诠释了家国情怀。

南宋经济文化的发展为后来元朝大一统奠定了基础，国家从局部统一重新走上了大一统时代。武人将领和文人士大夫们的家国情怀，更熔铸到今天中华民族精神之中。

课堂总结

我们今天再次回顾宋朝，通过"制度设计与理性思考""危机凸显与改革创新""命运轮回与历史出口"来反省这段历史，看到了士大夫们忧国忧民之下投身改革的勇气，而我们要培养自身的价值观，就要敢于承担历史责任，将促进时代进步作为自身的任务来发展自己。

七、教学评价设计

教学评价设计是对学生学习的评价，要关注学生对语言知识和语言技能的掌握，要重视学生综合素养能力的发展，还要重视学生在学习过程中的情感态度和参与表现。本课进行了环节的重新整合，学生在初中历史基础知识的水平上，进一步加深了唯物史观的培养。在第二环节中，学生通过对史料的解读，区分了史事与解释之间的区别，加深了学生逻辑思维的培养，学生对历史材料的解释，提升了历史解释的水平；在第三环节中，学生通过寻找新的历史出口，探索得出了南宋时商品经济的发展、科技文化的发展、士大夫精神的坚守，培养了学生的民族荣誉感，提升了学生对祖国的热爱之情，进而渗透了家国情怀。在本节课的设计之下，学生的五大历史学科核心素养基本得以落实。

八、教学板书

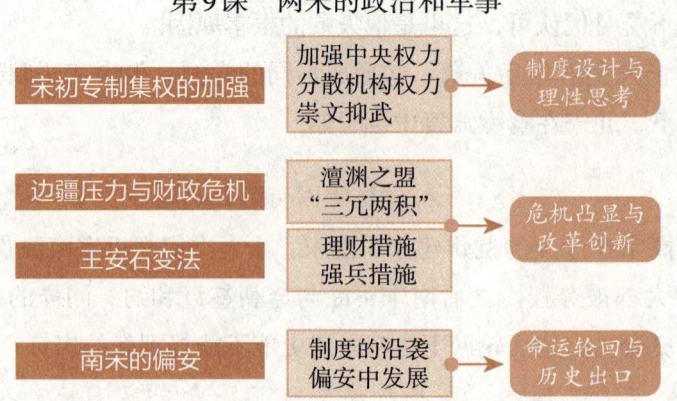

九、教学反思

在整堂课的备课与讲授中,我们感受最深的就是要精心设计具有创意的历史情境,从而最大限度地引起学生的注意,并且能在具体的历史情境中设计问题,从而引发学生探索的欲望。

在准备讨论题目的过程中,一个必须要思考的问题就是学科领域本身的研究。教师要及时了解学科动态前沿信息,把全面的、最新的、教科书中暗含的知识在有限的时间内有效地传授给学生。这就需要教师在讲授艺术、逻辑分析、语言表达等"内功"方面进行积累。在本节课讲授之后,我们认为要达到这些标准,必须要做到以下几方面的工作:

1. 全面了解学生——学生的兴趣

在课堂中一定要找到学生的兴奋点,将书本的知识全面生动地呈现给学生。教学活动的本质就是要学生根据自己的经验去理解对象信息和知识内涵的个性化过程,所以这就要求我们要全面了解学生,不仅要熟悉这个阶段学生的共性特征,还要熟悉每个同学的个性特征。高一学生都需要达到学业质量水平2的基本要求,所以有关历史学科核心素养的划分水平,教师要有深入的认知,才能在设计问题时做到得心应手。

2. 全面提升自己——教然后知困

对每位文科教师来说,加强自身的专业素养,多读书才能胜任新课改背景下的历史教学工作,如黄仁宇的《中国大历史》、李学勤主编的《士大夫的理想时代——宋》、梅毅的《刀锋上的文明》、白寿彝总主编的《中国通史》等著作对我们更深入地了解两宋有重要的作用。

多媒体技术与当前历史教学的整合是大趋势,然而又陷入了一种怪论:没有了多媒体在教学中的运用,似乎历史课堂教学就无法展开。我们必须承认多媒体教学的方式在历史教学实践中有着相当大的作用和潜力,但是必须要认识到多媒体只是一种辅助手段,它始终也必须处于次要地位,它的使用是为了更好地开展历史课堂教学,而并不是历史课堂教学必须要使用多媒体。

总之,在新一轮课改大背景下,在"立德树人"的重任下,面对全新的教科书,如何上出学生喜欢的课程,如何在授课过程中潜移默化地完成育人的目的,我们能做到的就是永不止步地学习,唯有不断学习,才能在未来的教学中做到游刃有余。

(山东省烟台市第四中学　史景娴)

十、点评

教师以深厚的历史功底与满腔的热情带领学生诠释两宋时代的制度创新与忧国忧民之下士大夫们的勇敢担当，让我们充分领略到中华文明中蕴含的家国情怀。

1. 激发共鸣，产生认同感

激发学生的共鸣，使学生产生认同感，是成功进行历史教育的必备条件，否则只能浮光掠影。教师正是抓住这一点，从理性思考和家国精神入手，得到学生的认同和共鸣。她从王安石大刀阔斧的改革中点燃学生的家国情怀，用士大夫们忧国忧民的精神进行有力佐证，又以北宋初年削弱武将的权力引起学生的代入感。这样，学生随着老师的节奏，痛当时百姓之艰难，愤保守一派之软弱，喜中国文明之繁华，在课堂中注入更多的情感支持。

2. 史学理念，培养学科素养

历史教育的土壤还是历史素材，因此本课设计中教师还坚守一个原则，就是加强历史学科核心素养的培养，强调学生注意从历史中汲取智慧，用士大夫们忧国忧民的精神引领课堂，是家国情怀的集中体现；从变法改革失败的不同原因入手，辨析历史史事与历史解释的区别，是史料实证的成功落实。因此，当我们能够成功地以学科核心素养为依据来准备教学，把中国历史中的优秀文化运用到我们的生活和学习中，就会产生巨大的收获。以此激发学生学习历史的兴趣，也培养学生的历史学科核心素养，这从另外一个方面实现了历史教育的目标，收到了双重效果。

（山东省烟台市教育科学研究院　宋华）

第10课 辽夏金元的统治

一、教科书内容分析

本课前半部分按时序叙述辽、西夏、金政权的兴起、发展和相关制度，时间线索清晰。但按教科书结构进行教学则容易割裂各政权之间的相互关联，忽视了该时段历史发展特征。因此教师需要找准切入点，对教学内容进行整合，以帮助学生在掌握知识的基础上进行学科核心能力的训练。教科书后半部分介绍元的建立、制度建设和民族关系。与辽、西夏、金政权相比，元建立了以蒙古族为主导的中央集权政体，实现国家统一。从元中央到地方的机构设置中，既能看到唐宋中央机构的基本沿袭，也能发现本民族习俗的延续和地方管理制度的创新。元的建立和稳定统治，是各民族政权并立下长期民族交融的结果。从推动统一多民族国家发展的角度看，本课的学习要点是认识辽夏金元诸北方少数民族政权在统一多民族封建国家发展中的重要作用。

二、学情分析

学生在初中已掌握了一些基础知识，如辽夏金元政权的更迭和相关制度等，但缺少对上述史事的具体分析和深入理解；对读图、绘制时间轴等基本学科技能缺乏训练，时空观念薄弱；在观念上，容易把南北政权关系理解成北方少数民族政权对汉族政权的"侵略"和"压迫"，教师要进行正确引导。

三、教学目标

1. 通过绘制时间轴，知道契丹、党项、女真、蒙古在政权建立前后的发展过程，结合历史地图可以明确各北方少数民族政权的统治区域。通过上述内容能清晰地简述各政权更迭过程中的时间节点、重要人物、重大事件等。

2. 通过表格形式回顾和梳理与本课相关的所学知识，依据史料明确地区分辽"南、北面官制"，西夏"中央机构汉式官称和西夏式官称"，金"猛安谋克制"的特点。结合教科书地图和文字史料概括元行省制等制度的基本内容。归纳这一时期北方少数民族政权制度建设上的共同点，提炼出"因俗而治"的特点。

3. 在掌握史实和科学历史观的基础上，对"因俗而治"政策进行合理的评价。认识辽夏金元诸北方少数民族政权在统一多民族封建国家发展中的重要作用。

4. 用对比分析的方法理解元朝政治建设的特点。

四、教学重难点

重点：辽、夏、金、元诸政权和汉民族相互交融共同推动统一多民族国家发展。

难点：辽、夏、金、元诸政权的建立、发展和相关制度建设。

五、教学思路

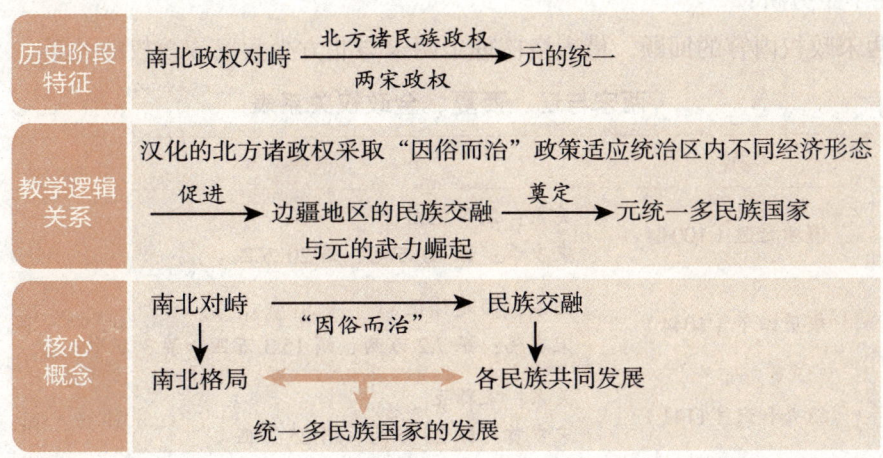

六、教学过程

学生完成预学单：

1. 以两宋政权建立、更迭、消亡为时间坐标，绘制在此时间段内北方诸民族政权兴起、发展、消亡的时间轴；
2. 在挖空的《辽、北宋、西夏对峙图（1111年）》和《金、南宋、西夏对峙图（1142年）》上标注各政权的统治区域和民族名称；
3. 根据绘制的时间轴和地图，结合两宋政权相关史实能清晰地说出政权更迭过程中的时间节点、重要人物、重大事件等。

【设计意图】调动学生学习的主动性，利用时间轴、地图加强时空观念。

观察《中国历史纪年表（隋至清）》，找到本课的时间轴，概括这一时期的基本情况。

中国历史纪年表（隋至清）

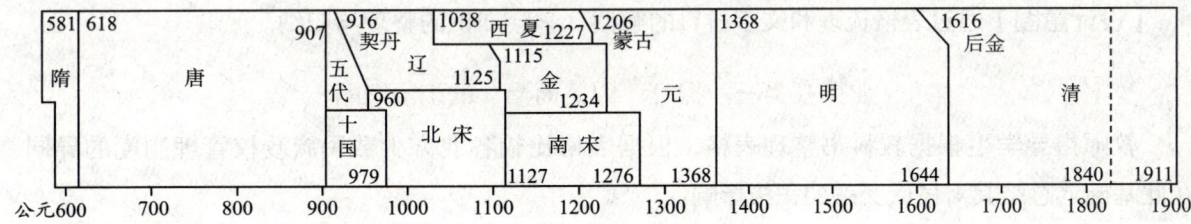

【设计意图】通过纪年表加强时序观念并概括历史阶段特征。

学习任务一　检测预学单完成情况

【设计意图】通过学生互评、教师点评的方式指导学生制作时间轴，落实时空观念。

学习任务二　南北格局下北方少数民族政权的特点

教师引导学生分析：

① 通过两宋政权内容的回顾，借表格梳理出两宋与北方少数民族政权的关系。

两宋与辽、西夏、金政权关系表

政权	事件	关系	政权
北宋	澶渊之盟（1004）	关系：兄弟之国 宋岁币：银10万两、绢20万匹	辽
北宋	庆历四年（1044）	关系：西夏称臣 宋岁赐：银7.2万两、绢15.3万匹、茶3万斤	西夏
南宋	绍兴和议（1141）	关系：宋称臣 宋岁贡：银25万两、绢25万匹	金
南宋	隆兴和议（1164）	关系：叔侄之国 宋岁币：银20万两、绢20万匹	金

② 结合宋朝与少数民族政权对峙的地图理解这一时期民族关系对今后中国南北格局形成的影响。

材料一　（宋太宗）因谓近臣曰："国家若无外忧，必有内患，外忧不过边事，皆可预防。惟奸邪无状，若为内患，深可惧也。帝王用心，常须谨此。"

——［南宋］李焘《续资治通鉴长编》卷32

材料二　（宋神宗言）盖北有狂虏，西有黠羌，朝廷汲汲然左枝右梧，未尝一日不念之。二虏之势所以难制者，有城国，有行国。古之夷狄，能行而已。今兼中国之所有矣，比之汉、唐，最为强盛。

——［北宋］佚名《道山清话》

③ 结合上述两则材料分析这一时期北方政权强盛的原因。

提示：中国北方的少数民族，游牧的如匈奴、突厥、蒙古，在大草原及沙地两面，经济模式粗放单一，难以维护长久战争。东北辽河流域等地，有大量耕地和牧地，经济基础较好。北方少数民族政权的武力强盛和宋政权的"赎和"行为，导致此后中国政治和经济重心分离，元明清三代定都于北方，经济重心则南移。

【设计意图】通过表格梳理和文字材料的解读，学会知识的整理与归纳。

学习任务三　探究"因俗而治"的统治策略

教师指导学生根据教科书整理表格，根据表格比较各北方少数民族政权管理制度的异同，在此基础上总结其对民族交融的积极影响。

辽、西夏、金政权管理制度

政权	管理制度
辽	分南、北面官，南面官负责以汉人为主的农耕民族事务，北面官负责契丹等游牧民族事务；皇帝和宫廷依然保持草原习俗
西夏	制度基本模仿北宋，中央机构除汉式官称外，同时有一套本民族称谓的官称
金	基本沿袭唐宋制度，同时保持了一套女真民族的管理系统——"猛安谋克"；女真民户每三百户编为一谋克（氏族单位），十谋克为一猛安（部落单位）

辽之国君通文墨，他们的文字在公元前920年即已出现……不仅契丹所占的中原领土有汉人的官僚治理，而且辽境后方，据目击者的报告，无数之官吏、文人、工匠、优伶、武术家和僧尼来自中土……西夏也不是单纯的野蛮人。他们组织的半汉化国家在初唐时即曾活跃于它日后占领的地区，当它在四百年后与宋人抗衡时，一个汉化的政府早已存在。

——[美]黄仁宇《中国大历史》

依据上述材料概括辽、西夏、金在管理制度上的相同点并分析原因。

提示：历史上以少数民族为主体的政权，常常是以国法治国人，以汉法待汉人，这是照顾本民族的利益，也重视了汉族长期形成的文化和风俗习惯，只有在长期的相处过程中，两种制度才可能逐步交融而被接受和确立，缓慢地形成适合大多数人的政治制度。

【设计意图】通过文字材料的信息提取，学会分析问题。

学习任务四　元朝加强中央集权采取的措施

教师引导学生阅读材料，点拨启发学生回答问题。

材料一　元朝的中央与地方行政机构基本仿照汉法，以加强中央集权，防止地方分裂为前提。中央确立皇帝是全国最高统治者。1260年忽必烈即汗位后，以中书省总理全国政务，下设左三部司吏、户、礼，右三部司兵、刑、工……枢密院掌管军事……御史台司黜陟监察……宣政院主管全国释教及吐蕃地区军民之政，为元代创新。地方的行政机构是行中书省，简称行省。中书省和行中书省以下的行政区划为路、府、州、县，其长官均为达鲁花赤。

——朱绍侯、张海鹏、齐涛主编《中国古代史》

材料二　元代实行行省制，除今天的河北、山西、山东地区由中书省直辖外，全国共设十行省。这时的区划"合河南河北为一而黄河之险失，合江南江北为一而长江之险失，合湖南湖北为一而洞庭之险失，合浙东浙西为一而钱塘之险失，淮东淮南，汉南汉北，州县错隶而淮汉之险失，汉中隶秦，归州隶楚，又合内江外江为一而蜀之险失"。

——朱绍侯、张海鹏、齐涛主编《中国古代史》

材料三　元朝在任命流官管理云南的同时还大量任用土著各族中的上层士人担任土官，管理原部落民众和事务。虽然土官已成为行省官吏的一员，但是在其内部依然保持原有的组织形式不变，并在行政管理上则依其本俗，尽量保持和维护其原有的特权。

——陈跃《"因俗而治"与边疆内地一体化——中国古代王朝治边政策的双重变奏》

元朝从中央到地方的管理制度与辽、西夏、金有何明显区别？依据材料指出元朝在地方区划上的特点，并分析原因。

提示：蒙古族进入中原之前，汉化程度较低，即便是后来统一全国，元朝皇帝也少有精通汉语的。以游牧民族统一偌大疆域，旧俗只适用原有游牧方式和创业阶段的所需，而汉法则符合国本所系的农耕地区生产方式的守成和发展所需。

【设计意图】通过直观的示意图，明确元朝中央到地方的管理特点；通过解读材料，区分元朝与其他北方民族政权在管理上的差异。

学习任务五　理解"因俗而治"政务管理结构促进民族交融

教师引导学生阅读并分析材料，回答问题。

材料一　据元朝中期吏部统计，朝官共有2089员，其中蒙古、色目有938员，汉人、南人有1151员。汉人、南人占59.6%。京官共有506员，其中蒙古、色目有155员，汉人、南人有351员。汉人、南人占69.4%。外任官共有19 895员，其中蒙古、色目有5689员，汉人、南人有14 236员，汉人、南人占71.5%。

——朱绍侯、张海鹏、齐涛主编《中国古代史》

材料二　元代法律规定，蒙古、色目和汉人犯罪后，分属不同的机构审理。蒙古人殴打汉人，汉人不得还手，只可向司法部门申述。蒙古人打死汉人，只需打五十七下，赔付烧埋银；而"汉人殴死蒙古人"，则要处死，正犯赔付家产，余者出烧埋银。

——朱绍侯、张海鹏、齐涛主编《中国古代史》

材料三　元代大多数中央机构和所有的地方机构都设有"达鲁花赤"，由蒙古人充任，地方上则参用色目人。"达鲁花赤"虽然不是管理实际事务的长官，但高踞于本部门其他官员之上，拥有监督权，因此在政务运作中起着重要作用。

——韦庆远、柏桦《中国官制史》

结合材料，概括元朝的民族政策并分析原因。谈谈你对"因俗而治"政策的看法。

提示：少数民族政权为了实现对人数众多的汉族及其他各族人民的统治，不得不依靠汉族地主阶级和其他各族贵族来增强统治力量，以扩大自身的统治基础。其采取的措施，一是设立番汉有别的两个统治系统，以番官体系为主导部门，如前面所学习的；二是将统治机构中重要的职官（或部分）委任给本族贵族掌握，以确保本民族的主导地位，如元朝的"达鲁花赤"。"因俗而治"的管理体制，适应了不同地区经济文化发展水平的实际情况，对各民族区别对待，允许其各从其俗，在客观上促进了被征服地区社会生产力的发展，同时也有利于社会稳定，在一定程度上起到了缓和民族矛盾和促进民族交融的作用。

【设计意图】通过文字材料的解读，总结北方民族政权的制度建设所产生的积极作用。

学习任务六　概括该时段的历史特征及其对中国统一多民族国家发展的影响

这一时期是自秦形成统一多民族国家政权以来继魏晋南北朝后又一历史大分裂时期，也是北部少数民族政权活跃时期，从历史发展的趋势来看，这一时期奠定了元明清统一多民族国家下的南北格局。

七、教学评价设计

依据本课教学内容和教学设计，按水平层次划分进行评价。

水平1：知道辽宋夏金元的历史分期方式，借助历史纪年表简述该时期的基本情况，阅读历史地图明确这一时期政权并立的局面；知道重要的古今地名，如汴京（今河南开封）、兴庆（今宁夏银川）、燕京（今北京）、临安（今浙江杭州）等。

水平2：将辽夏金与宋民族关系定位在特殊的时空框架下，利用表格和历史地图解释统一王朝下（元朝）南北关系格局形成的来龙去脉。

水平3：通过古代北方各民族政权的发展，结合契丹、女真民族活动区域的自然条件，运用学科术语分析南方政权军事屡次败北的原因。

水平4：在探究元朝"四等人制"时，能够将其置于具体的时空框架下；探究"因俗而治"的问题时，能够放在历史较长时段、较大范围内进行分析、综合、比较，得出合理的论述。

八、板书设计

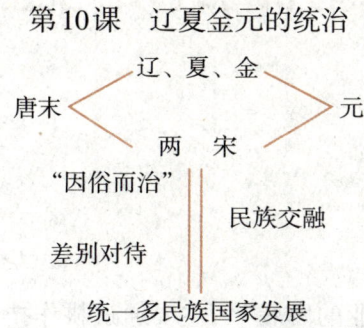

第10课 辽夏金元的统治

九、教学反思

从教学目标看,本课试图通过时间轴、历史地图、问题设计等方式提升学生的时空观念素养,为了节约课堂教学时间,这一任务被放置在课前的自主学习环节。因为个体差异,部分学生的预习效果不佳,课堂进度受到影响。因此,在教学前应提前检查学生的预习情况,及时调整节奏。"家国情怀"亦是本课要培育的核心素养,但由于本课涉及的前后时代背景比较复杂,教学内容时空跨度较大,在整合知识过程中花费大量时间,加上教师选择的材料与设问间存有偏差,因此在探究"四等人制"时学生没有很快地切入主题,讨论不充分,没有达成预期目标。课后教师要寻找到更直接或者意图更明确的材料,更高效地进行思维训练和素养落地。

从教学调度看,本课教学内容含量大,课外材料的补充又都是文言文呈现,对学生的基础知识和学科能力要求比较高,学习强度和难度与学情不匹配,导致课堂气氛比较沉闷。如何有梯度地推进教学,实现学生在差异下的个体能力提升,是今后教师需要着重思考的方向。

(浙江省温州市龙湾区永强中学 蒋丹怡)

十、点评

本课教学设计主要关照了"三个出发",达成学生历史学科核心素养的培养。一是从学生实际层次和发展需求出发,通过多个学习任务的布置与推进,学生获得历史思维能力提升的同时,感悟学习的意义。二是从教科书编写特点和内容出发,概括历史阶段特征,梳理教学逻辑关系,提炼核心概念,化繁为简整合教科书内容,践行"用教科书教而不是教教科书"的原则。三是从教、学、评一致性出发,将时空观念作为本课教学重点培育的核心素养,实现教、学、评之间的融通。

(浙江省温州市教育教学研究院 王少莲)

第 11 课　辽宋夏金元的经济与社会

一、教科书内容分析

本课第一子目"农业和手工业的发展",主要通过耕作技术的提高、经济作物的种植和棉纺织技术的推广,介绍宋元时期农业和手工业发展、繁荣的概况。第二子目"商业和城市的繁荣",介绍宋元商业发展的表现以及城市的功能与格局变化情况。第三子目"经济重心南移",介绍中国古代经济重心南移的过程及其影响。第四子目"社会的变化",介绍宋朝士农工商的生活情况及其社会地位的变化。

二、学情分析

高中学生已经具备一定的历史知识,对宋元时期经济的发展也有了一定的了解。但是,许多学生对历史课讲授的内容兴趣不大,并普遍对传统教学方式(主要依据教科书去帮助学生了解历史知识)评价不高。因此,教师在备课时特别要注重收集文字、视频、图片等资料。在课堂教学中力争达到以情导入、史料引领,再现历史情境。

三、教学目标

1. 能够在掌握宋元经济繁荣史实的基础之上,了解生产力和生产关系之间的辩证关系、经济基础和上层建筑之间的相互作用;加深对城市的职能、格局变化的理解,并认识商业的发展与城市的繁荣之间的密切关系;感悟中国古代经济发展的悠久历史,领悟中国古代的商业文明;认识我国古代手工业成就是劳动人民勤劳和智慧的结晶,培养民族自豪感。

2. 通过解读各类材料,探究经济重心南移的主要原因,并归纳经济重心南移的三个阶段和影响;锻炼提取有效历史信息的能力,涵养时空观念、史料实证、历史解释等历史学科核心素养;认识到即使在中国古代的分裂时期,经济交往仍是促进民族交融的重要因素。

3. 通过合作探究,学习宋朝社会各阶层地位的变化情况,了解宋朝社会风貌,培养交流能力、合作精神和竞争意识。

四、教学重难点

重点: 辽宋夏金元经济发展的表现和经济重心南移。
难点: 辽宋夏金元经济发展的特点。

五、教学设计思路

本课内容较多,比较零散。为了使学生能够清晰地掌握这一时期社会经济发展的特点,本设计对教科书进行一定程度的整合,将教科书的四个子目概括为三个主题:高度繁荣的经济、经济重心南移、社会的变化。

1. 高度繁荣的经济,从农业、手工业、商业三个方面进行概括。农业的发达主要表现为稻麦复种在南方的普及、农业商品化程度提高和棉花种植及推广。手工业的发达表现在制瓷业、矿冶业、印刷业三个方面。商业的发达表现在城市商业、对外贸易、边境贸易三个方面。

2. 经济重心南移，从中国古代经济重心南移的背景、过程及其影响进行讲解。

3. 社会的变化，主要介绍宋朝士农工商的生活情况及其社会地位的变化。

六、教学过程

课堂导入

辽宋夏金元是中国历史上若干民族政权并立、从分裂割据走向统一的时期，同时也是多元文化碰撞交流、社会经济高度发展的时期。

提起宋朝，有一幅图画同学们非常熟悉，这就是《清明上河图》。《清明上河图》描绘了清明时节北宋都城东京（今河南开封）的繁华景象。整幅图包罗万象，如果要研究中国古代的城市规划、船舶制造、桥梁建造等，都需要借助这幅图画，我们就通过这幅图来看看宋朝的经济。

课堂讲解

1. 高度繁荣的经济

《清明上河图》的高潮部分，是闻名遐迩的虹桥码头区。汴河是隋朝大运河第二段——通济渠的一部分，是江淮物资通往东京的主要运输线。汴河是北宋重要的漕运交通枢纽、商业交通要道。这里是一个水陆交通的会合点。上游不远处已有几艘船依次泊在岸边，主航道中有两艘船在航行。舟船规模很大，应该是各地运往东京的物资的货船，船中可能运送的是什么呢？

南方每年向都城东京运送大量粮食，丝绸、茶叶等物资也源源不断地输送到京城。这反映宋朝南方经济日益发达，粮食产量高。

【设计意图】通过观察《清明上河图》导入新课，图片史料可以让学生"看见"历史，带给学生最直接的视觉冲击，激发学习兴趣。

（1）农业

材料一　其稼，则刈麦种禾，一岁再熟。

——［北宋］朱长文《吴郡图经续记》

材料二　九峰之民多种茶，山山栉比千万家。朝晴伏腊皆仰此，累世凭恃为生涯。

——［北宋］吕陶《净德集》

材料三　木棉本出闽、广，宋时始传种种于松江之乌泥泾。

——［明］《万历嘉善县志》

提炼材料信息，分别可以得出宋朝复种制度、经济作物种植发展及棉花种植的基本情况。教师介绍黄道婆不畏险阻，到海南拜黎族姐妹为师，学习棉纺织技术的事迹，概括元朝棉纺织技术的推广。

通过耕作技术的提高、经济作物的种植和棉纺织技术的推广，概述宋元农业、手工业发展的表现。

【设计意图】引导学生研读史料，提高学生提取有效历史信息的能力；学生感悟黄道婆不畏险阻、艰苦奋斗的精神，实现学生情感态度的培养和价值观的升华。

（2）手工业

① 概括宋朝五大名窑的制瓷特点。定窑：以烧制白瓷为主，瓷釉洁白莹润。汝窑：釉色多呈天青，青中带蓝，晶莹发亮。哥窑：以冰裂瓷器最为有名。钧窑：青中带红，华而不俗，称为"钧红"。官窑：釉色以粉青为主。出示图片让学生欣赏宋瓷之美。

② 冶炼金属需要燃料，北宋时用煤冶铁已相当普遍，炼出的钢铁硬度和质量大大提高。中国是最早发现和使用煤的国家。

③ 印刷业推动文化事业的发展，带动造纸业发展。

【设计意图】指导学生欣赏宋朝精湛的手工业艺术品，并注意归纳鉴赏方法，提高学生探究古代手工业的兴趣。认识我国古代手工业成就是劳动人民勤劳和智慧的结晶，培养民族自豪感。

（3）商业

从《清明上河图》看北宋的城市商业、边境贸易、对外贸易的发展状况。

①城市商业

宋朝城市打破时间、空间的限制。唐朝主要有"东市"和"西市"两个商业区。两市的四面都设有高大的"市墙"，与周边的"坊"隔开。北宋坊墙、市墙均被拆毁，坊、市界限不复存在，居民区、商业区交叉存在，店铺大都临街开设。坊市制度被街市制度取代。

商标、广告意识。很多商店的铺面上都有用于招徕顾客的招牌和幌子，多用以指示店铺的名称和字号。据统计，《清明上河图》中有商家设置的广告招牌23处，广告旗帜10面。北宋城市经济中广告文化的发达由此可见一斑。

【设计意图】创设图片情境，展示唐朝长安和北宋东京城市格局图，学生对比归纳唐朝城市与宋朝城市的功能与格局的变化以及导致变化的原因，使学生直观了解北宋的商业繁华景象，体会商业的发展对民生的重大意义。

②边境贸易

互市、榷场。《清明上河图》中出现了骆驼队，骆驼是西北地区的动物，出现在中原，说明当时北宋虽然与辽、西夏等处于对峙状态，但中原地区与西北、东北地区通过榷场进行互市贸易。互市是中原王朝与少数民族政权之间贸易的通称。榷场是指北宋与辽、西夏在交界地点设置的市场。

【设计意图】对"互市""榷场"概念的阐释，使学生能够准确认识与理解边境贸易的含义。认识到即使在中国古代的分裂时期，经济交往仍是促进民族交融的重要因素。

③对外贸易

观察《清明上河图》中店铺的幌子"刘家上色沉檀楝香"，可知这是香铺。那时候，巨大的商船把南亚和西亚的沉香、檀香、乳香、龙涎、苏合等多种香料运抵广州、泉州等东南沿海港口，再转往内地，同时将麝香等中国盛产的香料运往南亚和欧洲。宋朝海外贸易的范围，东到朝鲜、日本，西至阿拉伯半岛和非洲东海岸。南宋以后，中国将贸易重点逐步转移到了海上，与50多个国家有经济往来，海外贸易税成为国库的重要收入。

【设计意图】学生深刻体会古代海外贸易促进了经济的繁荣，也促进了中外文化的交流和人类文明的共同发展。

2. 经济重心南移

（1）展示材料，了解中国古代人口三次大规模南迁，概括经济重心南移的三个阶段。

材料一　楚越之地，地广人希，饭稻羹鱼，或火耕而水耨……无积聚而多贫。是故江淮以南，无冻饿之人，亦无千金之家。

——［西汉］司马迁《史记·货殖列传》

材料二　江南好，风景旧曾谙。日出江花红胜火，春来江水绿如蓝。能不忆江南？

——［唐］白居易《白居易集·忆江南》

材料三　苏常熟，天下足。

——［南宋］陆游《渭南文集·常州奔牛闸记》

（2）展示材料，总结南方经济发展的原因。

材料一　唐后期，安史之乱与藩镇割据混战使关中地区经济受到严重破坏。五代之际，黄河流域政权更迭，战乱不已。其后，北方历经靖康之难、宋金对峙、蒙古灭金，战乱不休。

——赵毅、赵轶峰主编《中国古代史》

材料二

西汉、唐、北宋南北方人口表

朝代	南方		北方	
	人口（户）	占全国户口比例	人口（户）	占全国户口比例
西汉	2 470 685	19.8%	9 985 785	80.2%
唐朝	3 920 415	43.2%	5 148 529	56.8%
北宋	11 240 760	62.9%	6 624 296	37.1%

——宁可主编《中国经济发展史》

材料三　南宋政府……又奖励州县官兴修陂塘堤堰等水利灌溉工程，当时凡富有水渠之地，其州县官大抵都兼"提举圩田"或"主管圩田"的职务。

——翦伯赞主编《中国史纲要》

材料四　宋代时南北气温普遍变冷，南方相对适宜农作物生长。

——王朝中、李世愉《中国古代史学习入门九讲》

南方经济发展的原因：北方战乱，南方相对安定；北民南迁，带去先进的工具和技术；政府注意农业生产，兴修水利；南方自然条件好；政治中心南移。

（3）根据材料分析经济重心南移的影响。

材料一

明代内阁大学士籍贯分布表

单位：人

地区	南方								北方				
	南京	浙江	福建	四川	广西	江西	湖广	广东	北京	山东	山西	河南	陕西
人数	27	26	11	9	2	22	12	5	17	13	5	11	2
	114								48				

河南、江苏两地科举考试状元人数表

单位：人

地区	朝代			
	唐	宋	明	清
河南	15	16	2	1
江苏	7	8	17	49

——詹子庆主编《中国古代史参考资料》

材料二　畲田，峡中刀耕火种之地也。春初斫山，众木尽蹶。至当种时，伺有雨候，则前一夕火之，借其灰以粪。明日雨作，乘热土下种，即苗盛倍收，无雨反是。

——[南宋]范成大《劳畲耕》诗序

材料三　长江在唐、五代时期出现了流域性水患增多的情况。在唐以前的魏晋南北朝时期，史书对长江及其支流决溢的记载极少，东晋时期只有两次……南北朝时期则仅只一次……但从唐代开始，更准确地说是从中唐开始，长江干支流的水害渐趋频繁……就这一时期长江中游水患问题来说，究其原因，个人认为主要是不合理的土地利用方式所导致，而不合理的土地利用方式又包括两方面：其一是人与水争地，其二是丘陵山田的垦辟……这一情况随着长江流域开发的不断深入而日益严重，唐代只不过是一个开始。

——刘洋《唐及五代时期长江流域水患》

经济重心南移的影响：奠定我国南强北弱的经济格局；江南成为国家赋税的主要承担者；促进南北文化交流，促进文化重心的南移；过度开发，也出现生态环境恶化的现象。

【设计意图】通过解读各类史料，探究经济重心南移的主要原因，并归纳经济重心南移的三个阶段和影响，培育学生时空观念、史料实证等核心素养。

3. 社会的变化

请同学们阅读教科书及课件中的材料，合作探究宋朝社会各阶层地位的变化。教师点评后补充。

宋朝的统治阶层主要包括皇室、官僚、地主。中上层工商业者的社会地位得到改善。农民、手工业者等劳动者的身份也有所提高。其中，地位最高的仍然是皇室和官僚。士农工商阶层是社会的主体。

"士"是国家官僚阶层的后备军，倘若通过科举考试，就会成为官僚阶层的一分子。经过陈桥兵变和"杯酒释兵权"，宋朝的统治者处处表现出对武将的不信任，这是宋朝开国后实行崇文抑武国策的重要原因之一。相当一部分官员来自科举考试，各级官员的俸禄丰厚，生活十分优裕。"士"普遍受到人们的尊敬，社会地位也比较高。宋朝大部分官营、私营手工业作坊都使用雇佣工匠，作坊主按契约支付给工匠一定数量的工钱，工匠人身相对自由。伴随租佃关系的发展，宋朝农民对地主的人身依附关系减弱。随着经济的发展，商品经济的活跃，商人的地位开始提高，他们对经济发展起了桥梁和纽带的作用。

【设计意图】本子目内容较为简单，通过自主学习合作探究，有利于培养学生的合作意识，以及分析问题、解决问题的能力。

宋朝农业的发展推动了手工业的发展，随着农业、手工业的发展以及人口的迅速增长，宋朝的商业繁荣起来。商业的繁荣又使手工业者、商人的地位有所提高，宋朝社会发生了变化。

在许多人的印象中，汉唐是盛世，而宋朝则是积贫积弱，我们通过这节课的学习认识到，宋朝的经济是高度繁荣的，社会充满了自由、宽松的气息。所以，英国史学家汤因比说："如果让我选择，我愿意活在中国的宋朝。"中国学者余秋雨也说："我最向往的朝代就是宋朝。"

七、教学评价设计

1. 评价学生掌握历史知识的情况

通过研读多种材料，学生总结宋元时期农业、手工业和商业发展的表现，经济重心南移的原因、过程和影响，以及社会的变化。

2. 评价学生情感态度和价值观

通过了解黄道婆不畏险阻到海南拜黎族姐妹为师学习棉纺织技术的故事，学生感悟黄道婆不畏险阻、艰苦奋斗的精神，实现学生情感态度的培养和价值观的升华。

通过欣赏中国古代精湛的手工业艺术品，学生认识我国古代手工业成就是劳动人民勤劳和智慧的结晶，培养民族自豪感。

通过观察唐朝长安和北宋汴梁城市格局图，学生直观了解北宋的商业繁华景象，体会商业的发展对民生的重大意义。

通过学习北宋与辽、西夏的边境贸易，学生认识到即使在中国古代的分裂时期，经济交往仍是促进民族交融的重要因素。

通过学习宋元对外贸易，学生深刻体会古代海外贸易促进了经济的繁荣，也促进了中外文化的交流和人类文明的共同发展。

3. 评价学生学科素养的养成

通过阅读史料归纳辽宋元经济发展的特点，学生培养历史解释核心素养，提高获取有效历史信息的能力。

通过解读各类材料，探究经济重心南移的主要原因，并归纳经济重心南移的三个阶段和影响，学生增强时空观念、史料实证、历史解释等历史学科素养。

通过自主学习、合作探究，总结宋元时期社会的变化，学生锻炼了归纳能力和语言表达能力，有利于培养合作意识和合作技能。

八、板书设计

第11课 辽宋夏金元的经济与社会

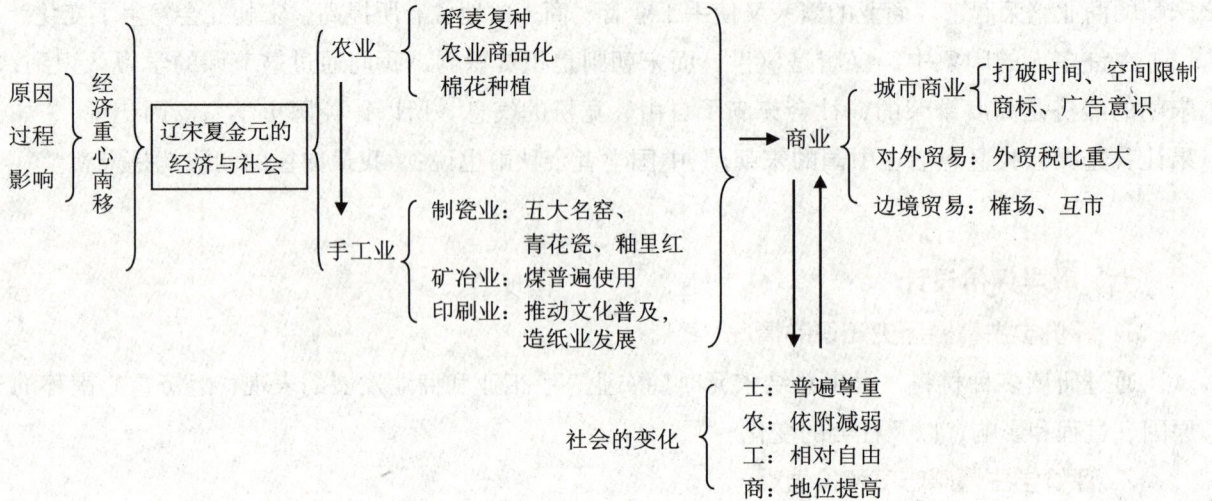

九、教学反思

本课如果只是依据教科书内容去帮助学生了解学习宋元时期经济的发展，课堂显得较为单调、枯燥，引导学生从《清明上河图》中自主地发现历史，才更容易碰撞出思维的火花，激发出学生解决问题的好胜之心。但本课内容较多，如何把握课时，充分让学生的思维真正"动起来"，还需要进一步探索。

（宁夏银川一中　鲍音）

十、点评

本课设计立足于唯物史观，在对教科书进行深入分析的基础上，选取典型材料，注重培养学生的正确价值观、必备品格和关键能力。教师细致挖掘、利用《清明上河图》的相关历史信息，层层设问，引导学生合作探究，将宋朝手工业、商业、边境贸易、对外贸易等教学内容巧妙衔接，激发了学生学习探究的兴趣，有利于培养学生的史料实证、历史解释等历史学科核心素养。教师对辽宋夏金元时期比较宏大的经济与社会内容有着较高的统领能力，采用史料探究、史料实证等研究方法，引领学生认识宋元时期是封建经济高度发展、经济重心南移、社会结构发生变化、多元文化碰撞交流、民族交融不断加强的时期，认识中华文明多元一体的特色。

（宁夏银川一中　高英姿）

第 12 课　辽宋夏金元的文化

一、教科书内容分析

本课有四个子目——"儒学的复兴""文学艺术""科技""少数民族文字",从思想文化、文学艺术、科学技术、少数民族文字等层面展开,体现辽宋夏金元在文化层面的交流发展,各民族文化既保有自身特色,又取得了新发展。

二、学情分析

高一年级的学生具有一定的历史学科基础,对历史学科具有比较浓厚的学习兴趣,但由于处于全科学习状态,对历史学科学习的重视和投入程度相对有限。学生对宋元时期的历史有一定的了解,在日常生活和语文学科学习中,通过电视剧、小说、宋词、元曲等文学艺术作品接触过宋元历史,但对宋元文化的认识和理解多停留在表面,多为感性,并不深入。

三、教学目标

学生能够基于辽宋夏金元时空框架,通过对文献、图片等不同类型材料的解读互证,了解辽宋夏金元文化发展的具体表现,理解社会环境与文化发展之间的联系,体会各民族在保持自身文化特色的同时交往交流交融,领悟中华文明多元一体的发展特征,认同中华优秀传统文化。

四、教学重难点

重点: 辽宋夏金元文化发展的具体表现。

难点: 辽宋夏金元文化发展与社会环境的联系。

五、教学设计思路

本课内容主旨为:辽宋夏金元时期,各民族联系紧密,文化交流频繁;程朱理学兴起,儒学复兴;这一时期文学、艺术、科技、文字等领域亦取得新发展,为统一多民族封建国家的发展奠定了文化基础。

一方面,学生通过解读材料、对比印证,结合已学知识,掌握辽宋夏金元文化发展的表现,感受这一时期文化风貌之"新";另一方面,在前期铺陈的基础上,学生借助材料,在教师引导下,围绕"辽宋夏金元文化发展的特征"进行深入思考,体会各民族文化在交往交流交融中发展,各民族逐渐形成文化认同。在民族交融中,传统的"中国观"在发生变化,"中国"的范围扩大了,向东北、西北延伸,不再局限于长城以南;"中国之民"不再仅仅指汉族,女真族、契丹族等也是"中国之民";"中国"成为统一多民族国家的代名词。辽宋夏金元文化发展为元乃至明清大一统的重建和发展奠定了文化基础。

六、教学过程

课堂导入

教师出示《辽、北宋、西夏形势图（1111年）》《金、南宋、西夏形势图（1142年）》《元朝形势图（1330年）》，介绍辽宋夏金元总体时代特征，导入新课。

【设计意图】 学生运用地图，构建时空框架，巩固辽宋夏金元时期各民族在和战中交往交流交融的时代特点，建立认知背景，开始新课学习。

课堂讲解

环节1： 以"两宋文化发展取得了新高度，其中在思想文化领域，儒学在宋朝得到了复兴"过渡，教师讲解程朱理学兴起的背景，介绍代表人物。

【设计意图】 学生通过背景介绍建立起儒学兴起发展的时间架构，形成对西汉以来儒学地位提升的惯性思维的冲撞，激发学习兴趣，并对程朱理学形成初步印象，为后面的深入学习分析作铺垫。

环节2： 教师出示文献材料，学生提炼"二程"和朱熹的主要观点；教师介绍朱熹在儒学教育上的探索。

【设计意图】 学生进一步提升从文献史料中提取历史信息的能力，体会程朱理学宇宙观、人生观相结合的特点，认识程朱理学的系统性，领会儒学"复兴"实质。

环节3： 教师运用《学思之窗》栏目，以"材料中元朝宰相希望做什么？为什么希望这么做？反映了什么问题？"设问，学生进行分析讨论。

【设计意图】 学生运用材料提取信息，提出自己的解释，认识到程朱理学受到官方尊崇，并理解其原因，体会到元朝尊崇儒学是各民族文化交流的表现之一。

环节4： 以"辽宋夏金元时期，文学、书法、绘画等方面也有较大发展"过渡，教师出示文学和绘画等作品，学生提取信息，感受文学艺术发展与城市经济繁荣的联系。

【设计意图】 学生进一步懂得诗词、绘画等不同材料的证史价值，并从中汲取有关历史信息，体会文学艺术发展与社会发展之间的关联。

环节5： 学生运用教科书梳理宋元科技发展的代表性成就，教师结合图片和文献材料作适当解释，并以"宋元科技为何会取得如此成就？与其所处时代是否存在关联？"设问，组织学生思考。

【设计意图】 学生通过自主学习与合作学习，掌握宋元科技领先世界的杰出成就，懂得从社会环境与文化发展关联的视角解释宋元科技的发展。

环节6： 教师以"辽宋夏金元时期少数民族文化也取得了一定的发展，文字的创制是其中的重要表现"过渡，出示西夏文佛经的图片，以"如何理解辽夏金元统治者创制文字这一现象？"设问，学生展开思考。

【设计意图】学生进一步学会从图片中提取历史信息，从不同角度解释少数民族创制文字这一历史现象。少数民族创制文字，一是其自身文化发展的结果，保持了自己的民族文化特色，体现民族个性；二是巩固统治的需要；三是民族文化交流的表现。

环节7：学生结合材料，围绕"辽宋夏金元时期文化风貌的特征"展开讨论，进行概括，提炼本课核心要点。

【设计意图】在问题导向下，学生根据材料提取信息，尝试从民族交往交流交融的角度梳理、提炼、概括辽宋夏金元文化发展的特征，进一步感受这一时期各民族文化的交流与文化认同趋势的加强，领悟中华文明多元一体的发展特征，把握本课内容主旨。

七、教学评价设计

辽宋夏金元是中国古代科技发展的一个巅峰时期，印刷术、火药和指南针三大发明基本成熟并得以外传。请搜集资料，了解上述三大发明对外传播的情况，理解其对世界产生的深远影响。

【设计意图】一方面对课堂教学内容进行拓展延伸，另一方面学生能够在搜集、整理、辨析史料的基础上，形成对三大发明外传及其对世界影响的历史解释，进一步认同中华优秀传统文化，培养对祖国的深情大爱。

【水平要求】综合运用。

【评价目标】唯物史观水平3和4，能够将唯物史观运用于历史学习探究中，并将其作为认识和解决现实问题的指导思想；时空观念水平2，能够将某一史事定位在特定的时间和空间框架下，能够利用历史地图对相关史事加以描述；史料实证水平3，在探究特定历史问题时，能够对史料进行整理和辨析，能够利用不同类型史料，对所探究的问题进行互证，形成对该问题更全面、丰富的解释；历史解释水平4，在独立探究历史问题时，能够在尽可能占有史料的基础上，尝试验证以往的说法或提出新的解释；家国情怀水平2，能够具有对民族、国家的认同感，理解并认同中华优秀传统文化，具有对祖国和人民的深情大爱。

八、板书设计

第12课　辽宋夏金元的文化

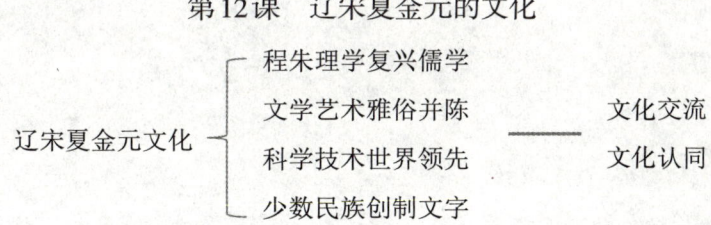

九、教学反思

本课设计围绕多民族文化交流这一核心内容展开，以程朱理学、宋词元曲、科技成果、少数民族文字作为切入点，挖掘民族交往交流交融的教育资源，基本达到了预期的教学效果。

教师抓住学生特点，运用形式多样、内容丰富的史料，激发学生学习兴趣，促进学生的历史理解，增强学生对中华优秀传统文化的认同和爱国情感。但在两宋儒学继承和回归这部分内容的铺陈和阐释上还有局限，在呈现各民族传承自身文化发展上也显单薄，可尝试进行更深入的思考和实践。

（上海市嘉定区第二中学　沈淑雅）

十、点评

本课设计紧扣内容主旨——在各民族文化交流中呈现出文化的多元特征，在传统文化的传承与拓展的过程中推动了儒学复兴，在历史发展与社会实践中出现了科技的昌明，在商品经济和城市繁荣的浸润下文学艺术呈现出全新气象。在上述内容主旨统摄下，教师将学术、文学、艺术、科技、文字等文化元素加以整合，展示了一段既有核心主轴，又兼具鲜活史实的断代文化景观。在处理重点知识与相关要素上，本设计提纲挈领、执简驭繁，将教科书内容置于一个新的结构体系当中。

当然，如何透过宋元时期文化的讲解，让学生从这些文化成就中领略中华民族的智慧和传统文化的魅力，在心悦诚服中产生情感层面的家国情怀和思想层面的价值判断，尚待进一步挖掘。

（上海市晋元高级中学　李惠军）

第四单元 明清中国版图的奠定与面临的挑战

第 13 课 从明朝建立到清军入关

一、教科书内容分析

明清处于中国封建社会末期，是统一多民族封建国家疆域的奠定时期，同时又因为世界形势的变化而面临新的危机。本课内容共分为三部分，一是明朝建立后为加强君主专制带来的政治制度变化，二是明朝对外关系的发展与危机，三是明朝经略边疆、维护统一多民族封建国家的相关举措。

本课内容较多，但教学的主要线索和主题应该是明朝统一多民族封建国家的维护与发展，在教学过程中，要注意将明朝加强君主专制统治和维护统一多民族封建国家的内容与之前的学习内容联系起来，并为下一课讲述清朝的统治作好铺垫，突出知识的连贯性与系统性。同时，要对明朝面临的海防危机进行深入思考和讨论，引发学生对于现实问题的思考与理性认识。

二、学情分析

高一学生经过初中阶段的历史学习，对明朝废除宰相制度、宦官专权、郑和下西洋、戚继光抗倭等史事有初步了解，但对其缺乏深度与广度的理解与思考，因此在教学过程中应注重史料分析和问题的深入探究。

高一学生活泼好动、好奇心强，但注意力容易受自身兴趣影响，学习上存在较强的依赖性与被动性，且学习历史的思维与素养欠缺，在教学中要注意运用地图、文字、文物等材料，设计思考题调动学生的学习积极性，注重历史学科核心素养的培养。

三、教学目标

1. 通过识读《郑和航海路线图》和《明朝形势图（1433年）》，建立历史空间和历史时间的概念，提升时空观念素养。

2. 通过对文字、文物等材料的分析，理解明朝废除宰相制度的根本原因、内阁的职能与性质，正确评价郑和下西洋的壮举，做到史论结合、论从史出，培养史料实证素养。

3. 通过理解明朝专制集权的强化、郑和下西洋、戚继光抗倭、西方殖民者侵犯、明朝经略边疆等相关史事，学会利用史料对历史事物进行理性分析和客观评价，培养历史解释素养。

4. 通过对明朝经略边疆措施的了解，以及对国家海防问题的思考，认识到统一多民族封建国家疆域巩固的重要意义，强化国家主权意识、海防意识。

四、教学重难点

重点：明朝专制集权加强，郑和下西洋，戚继光抗倭与西方殖民者侵犯，明朝经略边疆措施。

难点：明朝面临的统治危机与明朝巩固统一多民族封建国家的意义。

五、教学设计思路

本课教学设计以"明朝的统治与统一多民族封建国家的维护"为主线，讲述明朝作为中国封建社会末期的王朝是如何维护封建专制统治、发展对外关系和民族关系的。首先，让学生学会自主学习，利用思维导图自主梳理教科书基本内容，了解相关史事。其次，在课堂中注重引领学生思考探究问题，并补充相关材料，尤其是地图、文字、图片等的结合，指导学生学会论从史出，透过现象看本质，培养历史学习思维。最后，在教学过程中注重突出维护国家主权和统一多民族国家的意识，涵养家国情怀。

六、教学过程

以课标要求导入，认识明朝封建专制发展和世界形势变化对中国的影响；了解明朝时期统一全国和经略边疆的相关举措，认识这一时期统一多民族封建国家疆域巩固的重要意义。

【设计意图】让学生整体把握本节课的课程标准和学习重点。

专题一　明朝政治制度的变化

明朝政治制度变化的前提是什么？请大家在教科书中找出明朝建立的史事。

提示：前提是明朝建立。1368年，朱元璋建立明朝，是为明太祖，定都应天府。

明朝的政治制度发生了哪些变化呢？请大家通过第一子目《学习聚焦》进行总结。

提示：废除宰相，设立内阁，宦官专权。

1. 废除宰相制度

废除宰相和中书省，六部直接对皇帝负责（用课件动态图示演绎中央官制的变化）。

材料一　以后嗣君并不许立丞相，臣下敢有奏请设立者，文武群臣即时劾奏，处以重刑。

——《明太祖实录》卷239

这则史料说明明太祖不仅撤了宰相，还废除了宰相制度。朱元璋为什么要废除宰相制度呢？

材料二　自秦始置丞相，不旋踵而亡。汉、唐、宋因之，虽有贤相，然其间所用者多有小人，专权乱政。今我朝罢丞相，设五府、六部、都察院、通政司、大理寺等衙门，分理天下庶务，彼此颉颃，不敢相压。事皆朝廷总之，所以稳当。

——[明]朱元璋《皇明祖训·祖训首章》

分析史料,你认为他的理由充分吗?其根本原因到底是什么?带来了怎样的影响?

提示:根本原因是宰相制度妨碍皇权的高度集中,废宰相是为了加强皇权。这使得君主专制进一步加强,对以后明清政治制度产生了深远影响。

【设计意图】通过对史料的分析和深入思考,学生掌握论从史出的方法和独立思考的能力。

2. 设立内阁

据史料记载,朱元璋平均一天要处理奏章207件、411件事,以致"星存而出,日入而休"仍无法处理好。在废除宰相制度之后,明太祖遇到了什么问题?又是如何解决的?新机构的职能是什么?请结合教科书内容回答。

提示:废除宰相制度后,皇帝需要直接领导六部等具体职能部门,工作压力成倍增加。明成祖时期设立内阁。内阁辅佐皇帝处理政务("票拟")。

【设计意图】学生通过梳理教科书,培养筛取有效信息的能力。

那么内阁大学士等同于之前的宰相吗?

材料一 我朝阁臣,只备论思、顾问之职,原非宰相。

——《明神宗实录》卷501

材料二 入内阁者皆编、检、讲、读之官,不置官属,不得专制诸司。

——[清]张廷玉等《明史·职官志》

提示:内阁大学士不等同于宰相。内阁性质是秘书机构,只备顾问咨询,无决策权,是君主专制强化的产物。

3. 出现宦官专权

明朝宦官专权主要表现在以下几点:批红权,提督东厂,控制锦衣卫,对官民言行监视、侦查,有权逮捕、施刑。

(补充实物史料:明朝宦官俑、锦衣卫印。)

明朝宦官俑　　　　　　　　锦衣卫印

专题二　海上交通与沿海形势

请大家阅读第二子目的《学习聚焦》,说说明朝的对外关系有哪些壮举?又出现了哪些新的危机?

提示：郑和下西洋、倭寇骚扰、西方殖民者东来。

1. 郑和下西洋

（1）目的

成祖疑惠帝亡海外，欲踪迹之，且欲耀兵异域，示中国富强。

——［清］张廷玉等《明史·郑和传》

郑和下西洋，为宣扬国威，加强与海外诸国的联系，满足统治者对异域珍宝特产的需求。

（2）概况（1405—1433）

结合《郑和航海路线图》、船只复原图、郑和雕像，了解郑和下西洋的时间、次数、规模、人数、到达范围等概况。

（引导学生感悟郑和下西洋是世界航海史上的壮举、规模空前的远洋航行）

（3）评价

如何评价郑和下西洋呢？

（展示图片材料三宝庙、《榜葛剌进麒麟图》，引导学生根据史料和教科书，思考如何评价郑和下西洋）

提示：郑和下西洋是世界历史上空前规模的远洋航行，增进了中国与亚非等国家和地区的相互了解和友好往来，但是也给明朝带来较大的财政负担，未能持续。

【设计意图】 学生锻炼从史料中提取有效信息的能力，树立一分为二辩证思考的唯物史观。

2. 戚继光抗倭

海上居民，近来海禁太严，渔樵不通，生理日促，转而从盗。

——［明］赵文华《嘉靖平倭祗役纪略》卷5

（引导学生分析史料，并结合教科书内容，分析明朝倭寇猖獗的原因）

（1）背景

明前期，严厉禁止海外贸易，结果东南民间海上走私活动猖獗，与倭寇混杂，造成巨大破坏。倭寇烧杀抢掠，对中国的沿海构成严重的威胁，所以必须通过武力方式抗击倭寇侵略。

（2）概况

（结合地图，分析讲解戚继光抗倭形势和步骤，展现戚继光作为民族英雄抗倭的重要事迹，突出维护国家主权和海防安全的重要性）

（3）结果

东南沿海形势稳定下来，朝廷放松对私人海外贸易的限制。

3. 西方殖民者东来

结合地图展示16世纪中期葡萄牙获得濠镜澳（澳门）租住权，1623年后荷兰、西班牙占据台湾，并引导学生浏览《史料阅读》内容，了解荷兰在中国沿海频繁活动的史实，了解当时荷兰火器制造技术已明显领先于中国，由此指出中国明朝时期的海防局势日益严峻，新航路开辟后世界形势的变化给中国带来了新的危机。

（学生小组讨论中国的郑和下西洋与西欧新航路开辟的航行有什么不同）

郑和下西洋与西欧航海家航行的比较

项目	郑和下西洋	西欧开辟新航路
规模	船队庞大、人数众多	船只少、人数少
目的	宣扬国威（政治目的）	掠夺财富（经济目的）
方式	和平友好方式	海外殖民、暴力掠夺
影响	积极：促进与亚非国家友好往来	积极：促进资本主义的发展，开创了人类发现时代
	消极：给明朝带来财政负担，远洋航海业衰落	消极：造成亚、非、拉美的长期贫困落后

如何看待明朝"下西洋"政策的变化呢？

提示：明朝远洋航行以政治目的为主，采取和平友好方式。但这种不考虑经济利益、厚往薄来的大规模"下西洋"政策给明朝带来了巨大的财政负担，因此未能持续下去。再加上东南沿海倭患日益猖獗，明朝厉行海禁，对外政策由积极逐渐趋向保守。

以史为鉴，结合中国目前的海防形势，请学生谈谈自己的看法。

（引导学生畅所欲言，理解中国要关注海防问题，重视海洋权利，推动海洋强国建设）

【设计意图】让学生学会合作学习，培养语言表达能力；以古论今，通过明朝的海防严峻形势和中国目前的海防状况，让学生理解并重视海防，涵养家国情怀。

专题三 内陆边疆与明清易代

处理好民族关系、经略好边疆是封建王朝巩固统一多民族国家的重要步骤，从本课第三子目《学习聚焦》栏目可以看出，蒙古、满族是明朝经略边疆的主要对象。明朝又是如何处理少数民族关系的呢？

（引导学生梳理教科书内容，找出明朝经略边疆的措施）

1. 经略边疆（列表总结）

地区	措施
蒙古	修筑长城、订立和议 册封、恢复并扩大贸易关系
藏族地区	封授僧俗首领法王、王等称号； 设立行都指挥使司等机构
东北	设立奴儿干都司 封授女真部落首领官号

明朝经略边疆又有怎样的历史意义？（展示《明朝形势图》，让学生感悟明朝巩固统一多民族封建国家的意义）

【设计意图】培养学生筛选教科书相关信息的能力，使学生认识明朝统一多民族封建国家疆域巩固的重要意义，涵养家国情怀。

2. 明清易代（满洲兴起，清朝入关）

（引导学生根据教科书梳理女真发展史）

16、17世纪之交：努尔哈赤统一女真各部。

1616年：努尔哈赤称汗，国号大金。

1635年：皇太极改女真族名为满洲。

1636年：皇太极在盛京称帝，改国号为大清。

1644年：顺治帝时期，清军入关。

（简要介绍明朝被李自成起义军灭亡、清军入关的历史）

阅读《学思之窗》，思考宁完我的上奏提出了什么主张？

提示：反对盲目照搬明朝制度，清朝的政治制度需要调整以巩固统治。

那么清朝建立后，政治制度又有哪些变化呢？这将是下节课《清朝前中期的鼎盛与危机》的学习内容。

七、教学评价设计

1. 通过学习本课内容，绘制本课的思维导图，梳理知识点并理清其内在逻辑关系。

2. 思考明朝经略边疆的措施对统一多民族国家带来了怎样的影响？如何理解明朝的海防危机？对于今天的中国有何启示？请用一篇小论文阐述自己的观点，不少于500字。

八、板书设计

第13课　从明朝建立到清军入关

一、明朝政治制度的变化

1. 前提：明朝建立

2. 政治制度变化表现

①废除宰相制度

②设立内阁

③出现宦官专权

二、海上交通与沿海形势

1. 郑和下西洋

2. 戚继光抗倭

3. 西方殖民者东来

三、内陆边疆与明清易代

1. 经略边疆措施

2. 明清易代

九、教学反思

本课设计基本达成教学目标，增加了一些材料，包括文字、图片、文物等，提升了学生的课堂学习兴趣，拓展了学生的视野，让学生学会论从史出，培养了史料实证素养；课堂逻辑清晰，条理分明；通过不同性质远洋航行的对比并结合中国目前的海防形势，提高了学生的历史思维能力，让学生理解并重视海防，涵养家国情怀。

本课教学设计也存在一些不足：由于对教科书内容的深度与宽度把握不好，重难点不突出，部分学生跟不上进度；应发挥学生的课堂主体作用，让学生更多地去分析和表达，将历史核心素养的培养切实落地；家国情怀的情感升华和过渡还需要更加自然。

（天津市武清区杨村第一中学　李会婷）

十、点评

教师对明朝建立后加强君主专制、对外关系的发展与危机、经略边疆等史事的分析，表明其对教科书内容整体掌控良好，抓住了明朝对封建专制统治和统一多民族封建国家的维护，以及面临的海防新危机；在对学情进行准确分析的基础上，依据教学内容和课标要求，制定了较为适切的课程目标要求，突出了历史核心素养的培养；准确把握了教学重难点，并有针对性地选择了较为恰当的教学方法。该教学设计针对教科书丰富的内容，依据"以学生为本"的理念，提供了精选材料，落实了学生自主学习，着眼于立德树人的根本任务，将个人与国家兴衰、世界发展大势紧密联系，在实际教学实施中取得了良好的效果。

（天津市武清区教育教学研究室　孙朝合）

第14课 清朝前中期的鼎盛与危机

一、教科书内容分析

本课共有三个子目。"康雍乾时期的君主专制"主要讲清朝专制的强化，内容包括"康乾盛世"、奏折制度的出现、军机处的设立、文化专制。"疆域的奠定"主要叙述清朝开拓并巩固疆域的具体成就，内容包括统一台湾、反击沙俄侵略、击败蒙古准噶尔部、巩固对西藏的管辖、对边疆民族因地制宜进行管理、清朝疆域四至。"统治危机的初显"主要述及两方面的内容，一是人口压力和社会动乱，二是西方列强的潜在威胁。

二、学情分析

对清朝这段历史，学生课前已通过大量影视剧有所了解，所以兴趣较浓，但一些相关认识往往会被影视剧的戏说所误导。本课内容从君主专制、经略边疆和清朝统治危机三方面入手，激发学生的学习热情，使学生通过合作学习来认识这段真实的历史。

三、教学目标

1. 通过阅读教科书，分析相关史料，准确简述清朝君主专制进一步发展的表现，归纳其特点。
2. 结合教科书梳理清朝前中期治理边疆措施，并充分认识清朝中期疆域四至。
3. 阅读史料，理解中国社会蕴含危机的原因和表现，在讨论中生发社会责任感和历史使命感。

四、教学重难点

重点：清朝君主专制的表现和特点；清朝疆域的奠定。

难点：清朝前中期边疆政策措施；中国社会面临危机的原因。

五、教学设计思路

1. 君主专制发展是中国古代政治史的一个重要内容，清朝时期君主专制发展到一个新的高度，需要了解其表现和特点。
2. 在掌握清朝前中期边疆政策的基础上，使学生认识到西藏、新疆、南海诸岛、台湾及其附属岛屿、钓鱼岛等地区自古就是中国神圣领土，因而将此列为重点。
3. 清朝中后期中国社会面临严重的危机，既包括外部的冲击，也包括国内矛盾的激化，分析其产生的原因则作为本课一个难点。

六、教学过程

课堂导入

教师:（展示明清君主图片,引导学生复习明朝君主专制的表现和特点）继明朝之后,清朝君主专制发展到新高度。（展示教科书中材料）

> 皇上曰可,臣亦曰可;皇上曰否,臣亦曰否。上有忧勤之圣,下无翼赞之贤,此其所以逊于唐、虞也。
>
> ——［清］齐周华《名山藏副本》附录《唐孙镐讨诸葛际盛檄》

这段材料反映了怎样的君臣关系呢?会出现什么问题呢?

学生:（读材料,思考交流）皇帝专权,臣子附和,出现了一人独裁专制的局面。

教师:这种局面怎样形成的呢?

【设计意图】温故知新,趣味阅读,激发疑问,引发兴趣。

课堂讲解

教师:清朝皇帝康熙、雍正、乾隆在位期间,出现了长达100多年的鼎盛局面,政局稳定,经济繁荣,疆域开拓,为了加强君权采取了一系列措施。

1. 康雍乾时期的君主专制

（1）奏折制度

教师:看教科书提供的"雍正帝批阅过的奏折"图片,大家猜一下,奏折中哪部分是大臣的字迹,哪是皇帝的批复?其他人会知道奏折内容吗?

学生:（猜测、交流）

教师:红字为皇帝批复,黑字是大臣所写。（展示故宫精品文物——奏折匣）

奏折匣

匣上有两道锁,而钥匙只有皇帝和上奏折的大臣本人持有。大臣会不定期地将一些重要情况写成奏折装入密匣,直接送到宫中,由皇帝亲自拆阅。皇帝的批示用朱笔批于折后,再重新密封,发还给原奏人。那么奏折制度的特点是什么?奏折制度的影响是什么?

学生:（阅读教科书,思考交流,回答相应问题）特点是迅速、机密。通过奏折制度,皇帝能够更直接、多渠道地了解下情,对官僚机构的控制也大为强化。

【设计意图】 通过展示故宫文物，引发学生探究兴趣，在问题引导下理解奏折制度的私密与迅速。

(2) 中枢机构变化

教师：通过奏折，皇帝可以更广泛便捷地获取信息。此外，清朝还设立了一个中枢机构。（展示军机处图片）军机处设在哪里？

军机处

学生：皇宫内，养心殿南。

教师：为什么与皇帝办公地点如此接近？

学生：（猜测用意）便于联系、便于皇帝直接控制。

教师：（展示材料）

机务及用兵皆军机大臣承旨，天子无日不与（军机）大臣相见，无论宦寺不得参，即承旨诸大臣（军机大臣），亦只供传述缮撰，而不能稍有赞画于其间也。

——[清]赵翼《檐曝杂记·军机处》

这段材料反映了军机大臣能做什么、不能做什么？

学生：（阅读材料，交流）军机大臣只负责起草或处理机要文字，不能参与决策。

教师：谁来决策？

学生：皇帝。

【设计意图】 通过军机处所处位置、大臣职能帮助学生理解：军机处的设立反映了清朝中枢秘书机构的变化，军机处是为皇权服务的秘书机构。

(3) 控制思想文化

教师：除了严密控制政权外，清朝统治者还加强了对思想文化的控制。"明月有情还顾我，清风无意不留人。"你们觉得这首诗怎么样？有问题吗？

学生：（思考交流）

教师：上面的两句诗是雍正帝时的一位进士写的，他被斩首。雍正帝认为这是首反诗，觉得这里的"明月"指的是明朝，"清风"讽刺的是清朝。类似的事情还有很多。据统计：

清朝文字狱数量统计

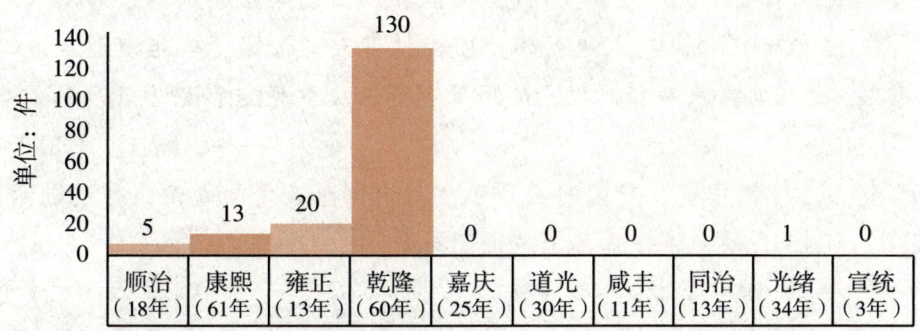

【设计意图】 通过诗句内容的品读与后果的探讨，了解清朝统治者对诗文的望文生义，通过数量统计表感受这一时期思想文化控制的严酷。

2. 疆域的奠定

教师：教科书通过奏折制度、中枢机构变化和加强思想控制三个方面展现了清朝君主专制的新发展。这三代皇帝都以勤政著称，他们开拓了清朝百年的鼎盛时期。他们是怎样经略边疆的呢？

（引导学生回顾明朝管理少数民族地区的措施及倭寇、西方殖民者对中国沿海的骚扰情况。将学生分为东北东南、西北西南两个小组，结合《清朝疆域图（1820年）》梳理概括清朝管理少数民族、巩固边疆的措施。小组派代表展示合作成果）

清朝统治者对边疆的管辖有几种方法？体现了什么特点？

学生：直接设置机构管辖，如台湾、黑龙江、乌苏里江流域、蒙古；任用当地领袖与中央设置机构共同管辖。管辖方式灵活。

教师：熟识教科书中的清朝中期疆域边界，充分认识到西藏、新疆、南海诸岛、台湾及其附属岛屿、钓鱼岛等地自古就是中国神圣领土。

3. 统治危机的孕育

教师：康乾盛世时期，清朝国力强盛，到康乾盛世后期，清朝统治由盛转衰，孕育着危机。（将学生分成两个小组）

第一组材料：

当今大弊，在"因循怠玩"四字，实中外之所同。朕虽再三告诫，舌敝唇焦，奈诸臣未能领会，悠忽为政，以致酿成汉、唐、宋、明未有之事。

——《清仁宗实录》卷274

教师：天理教攻打皇宫被镇压后，嘉庆帝下《罪己诏》通告全国，他认为发生的原因是什么？

学生：臣僚"因循怠玩""悠忽为政"。

教师：请阅读教科书，清朝统治时期还有没有类似的起义事件发生？

学生：早在乾隆后期，就有白莲教起义，持续数年。

教师：请结合教科书，从人口、资源、政治、经济等角度分析，这些事件发生的原因究竟是什么？

学生：（阅读教科书，合作讨论）清朝此时人口压力增大、土地资源危机日益显露、贫富矛盾激化等。

第二组材料：

材料一 乾隆五十七年（1792年）9月，由前驻俄公使、孟加拉总督马戛尔尼率领的由科学家、作家、医官及卫队等90人组成的使团，携带天文仪器、车船模型、纺织用品和图画等600箱礼品，乘船自朴次茅斯启程。使团带有英王庆贺乾隆帝83岁寿辰的信函和国书。

——摘编自《中国大百科全书》

材料二 英方在信函中说，英国国王为了"与中国皇帝发生友谊，并增进两国之邦交，扩充两国人民之商业"，决定派遣马戛尔尼使团来华。

——摘编自《清史编年》等

材料三 天朝物产丰盈，无所不有，原不借外夷货物以通有无。特因天朝所产茶叶、瓷器、丝斤为西洋各国及尔国必需之物，是以加恩体恤，在澳门开设洋行，俾得日用有资，并沾余润。

——《清高宗实录》卷1435

教师：中国面对英国扩大贸易的要求，采取了哪些措施？产生了什么影响？

学生：（思考交流）

教师：（总结学生发言）从广州十三行的职能可见清朝对外贸易进行严格控制，闭关自守国使中国逐渐落后于世界潮流。

教师：综合两个小组的发言，同学们请思考一个问题，在康雍乾盛世百年的后期，清朝面临着哪些危机，带来了哪些影响？

学生：（思考交流）清朝闭关自守，没有很好解决国内外的危机，为近代中国遭受列强侵略埋下了隐患。

【设计意图】通过白莲教起义、天理教起义和人口激增带来的问题，学生体会到来自清朝内部的统治危机。通过清朝闭关自守的政策，学生体会不进则退的时代危机。

课堂总结

教师组织小组讨论：清朝前中期的鼎盛与危机分别体现在哪些方面？你认为造成这种情况的原因在哪里？

学生讨论后，教师归纳情况、予以总结：康雍乾时期，由于三位皇帝的勤政及经略，清朝出现政局稳定、经济发展、边疆巩固、人口膨胀的鼎盛局面。然而，盛世下潜藏着危机：君主专制达到新高度，君权的过度集中容易出现问题；人口膨胀带来的系列问题、阶级矛盾日益严重、工业革命带来的西方世界的新变化等，可谓盛世的歌声中暗流涌动。

拓展作业

请同学们借阅下列书籍，以"盛世与危机"为题，结合世界发展潮流，写一篇小文，写出你的思考和心得。

[美] 罗威廉：《哈佛中国史：最后的中华帝国——大清》，中信出版社2016年版。

张宏杰：《饥饿的盛世：乾隆时代的得与失》，湖南人民出版社2012年版。

[美] 魏斐德：《中华帝国的衰落》，民主与建设出版社2017年版。

七、教学评价设计

教学设计要能够较好地使用教科书，知识梳理得当，层层递进引导学生厘清本课内在主线，如关于清朝中期疆域边界这一知识点，从时空入手，厘清中央对地方的管理措施，清晰梳理出该知识点主线；在教学设计中通过小组讨论方式引导学生主动思考、解决问题，培养学生从史料中提取历史信息，掌握论从史出的学习方法及独立思考的能力；运用图片、视频、历史文献、微课等多种材料，帮助学生多角度、多方式接近历史，将学生带入历史殿堂。

历史课堂注重教师评价和学生评价。某些学生对知识的掌握和理解不够透彻，思考不够全面，教师需心态平和，尊重学生的回答，鼓励他们敢于站起来回答问题，教师应询问学生有没有补充、或者请学生换个角度思考，不断启发学生，最后达到比较理想的效果。在教学中，教师对学生的学习和表现进行积极的评价，对有进步的学生给予鼓励，学生的自信心会因此增强，从而成为学生学习的动力。如在"统治危机的初显"一目中，关于清朝统治的内外危机及形成原因，学生通过解析材料、小组合作，实现了相互合作、师生交流等形式的教学评价，活跃了课堂气氛。这是培养学生历史思维能力、评价能力的重要途径，也是帮助学生形成批判性思维的重要过程。

八、板书设计

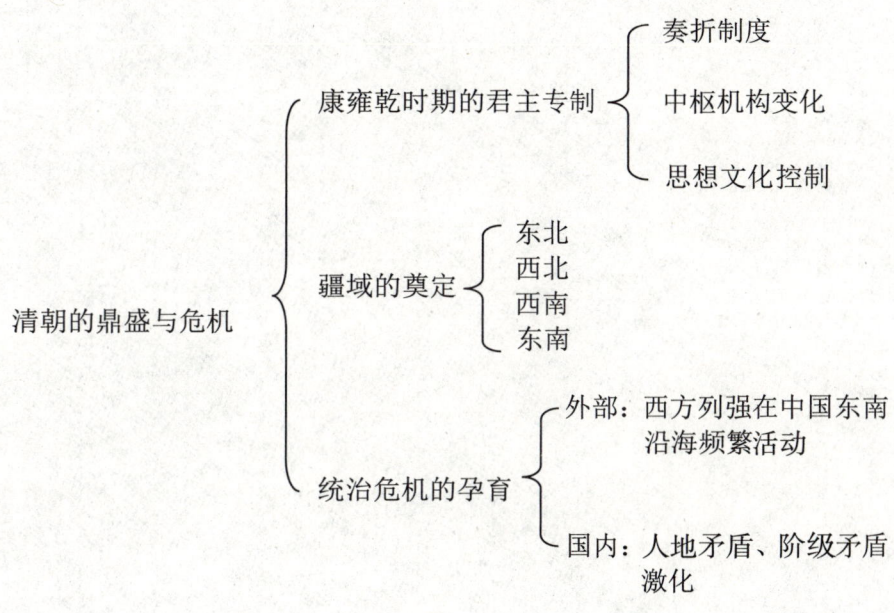

第14课 清朝前中期的鼎盛与危机

九、教学反思

本课内容结构规整，因而教学设计采取层层递进的方式引导学生厘清本课脉络，梳理内在主线，有助于学生形成完整的知识体系。特别是关于清朝中期疆域四至这一知识点，着重强调时空观念，既厘清了中央对地方的治理措施，也培养了学生时空观念的学科素养。

本教学设计通过分析史料、小组讨论引导学生主动思考、解决问题，注意创设情境，激发学生学习兴趣，运用图片、视频、历史文献、微课等多种材料，帮助学生接近历史，理解和解释清朝面临的危机。同时，向学生推荐历史读物，通过著作导读方式深化学生对盛世与危机的认识、理解，激发学生对历史的兴趣，增强学生的历史使命感。

本课设计不足之处在于，一是展示的材料比较多，但选取的材料并不是越多越好，授课中反而有个别学生出现了视觉和思维疲劳现象，因而在之后教学中不应该盲目堆积各种材料，应该做到精选材料、控制材料数量。二是每一个教学环节后，学生会得到一定的教学评价，但是学生之间评价略有欠缺，这一点需格外注意，这是培养学生历史思维能力、评价能力和形成批判性思维的重要过程，以后的课上应鼓励学生多进行互相评价。

（天津市葛沽第一中学　邢恩进）

十、点评

本课把时间定格在1840年前的清朝统治时期，包括"鼎盛"与"危机"两个内容，把握教学时需要注意从世界视角看清朝前中期的鼎盛与中外对比下潜藏的危机。本教学设计采用分—总式结构进行教学，适度的开发教科书中引用的材料资源，用奏折匣、军机处的图片，创设历史情境，在追问中引发思考；采用分组合作学习的教学方式，通过《清朝疆域图（1820年）》了解清朝前中期对边疆的经略，培养了学生的时空观念。整体设计主线清晰、层层递进，取得了不错的课堂效果。但本课在选材上还须做到"精"和"准"，以提高课堂效率，落实培养学生历史学科核心素养的目标。

（天津市津南区教学研究室　杨艳）

第15课　明至清中叶的经济与文化

一、教科书内容分析

本课是高一必修《中外历史纲要》上册第四单元《明清中国版图的奠定与面临的挑战》中的最后一课。本单元主要讲述明清时期繁荣与危机并存，本课侧重于经济、文化、科技等出现的新变化。教科书在归纳梳理新变化的基础上，对这些新变化出现的原因以及阻碍其发展的因素进行了分析。因此本课在本单元具有总结性的作用。

二、学情分析

高一学生通过一段时间的学习，具备了一定的历史思维能力和学习能力；大多数学生通过多种途径对明清时期的历史有所了解，情趣浓厚，有着强烈的求知欲，探究历史问题的热情较高。

本课既是单元中的最后一课，也是中国古代史的结束，所以要引导学生注重历史脉络的纵向发展。同时，明清又处在世界形势发生巨大变革的时代，特别是世界形势变化对中国影响深远。这就需要建立起完整的知识框架，形成知识体系，这对高一学生而言，难度较大。

三、教学目标

阅读教科书，观察地图，研读史料，了解明清时期社会经济、思想、文学艺术、科技领域出现的重要变化，概括其主要特征；通过史料研习，问题设置，交流研讨，能够运用唯物史观，分析导致这些变化的主要因素；在立足史实的基础上，树立史料实证意识，对史料作出合理解释，客观看待明清时期中国社会盛世之下所隐藏的巨大危机，深刻理解这一时期所处的时代背景，认识到世界形势的发展对中国产生的深刻影响，并能够对这一重大历史现象作出合理的历史解释。

四、教学重难点

重点：明清经济、思想、文化出现的新变化。

难点：世界的变化对中国的影响，盛世与危机的关系。

五、教学设计思路

本课强调了这一时期在社会经济、思想、文学艺术、科技等领域出现的新变化，教师通过借助相应的教学资源和适当的教学方法，重点引导学生分析出现这些新变化的主要原因，同时帮助学生深入分析明清时期中国所面临的挑战，辩证地看待盛世之下的危机，把握好这一时期的时代特征。通过本课的学习，培养学生的历史学科核心素养。

六、教学过程

课堂导入

展示第四单元课题，概括本单元的特点是"繁荣与危机"。

为什么盛世繁荣会与危机相伴？盛世有哪些表现？危机又是如何出现的？怎样体现出来的？就让我们带着这些问题开始本节课的学习。

【设计意图】从课题入手，开宗明义，点明本课的主旨，激发学生学习兴趣，迅速融入课堂。

课堂讲解

环节一　明清经济的发展与局限

材料一　谈参者，吴人也，家故起农。参生有心算，居湖乡，田多洼芜，乡之民逃农而渔，田之弃弗辟者以万计。参薄其直收之，佣饥者，给之粟，凿其最洼者池焉，周为高塍，可备防泄，辟而耕之，岁之入视平壤三倍。池以百计，皆畜鱼，池之上为梁为舍，皆畜豕，谓豕凉处，而鱼食豕下，皆易肥也。塍之平阜植果属，其汙泽植菰属，可畦植蔬属，皆以千计。鸟凫昆虫之属悉罗取，法而售之，亦以千计。室中置数十匦，日以其分投之，若某匦鱼入，某匦果入，盈乃发之，月发者数焉。视田之入，复三倍……谈参实谭晓，常熟湖南人。

——［明］李诩《戒庵老人漫笔·谈参传》

教师：这种农业生产经营方式与以前有什么不同？通过材料你能概括出明清时期农业发展有什么新特点？

学生：雇农民劳动说明存在雇佣关系，可能出现了资本主义萌芽；"农副产品出卖"说明农副产品商品化，商品经济繁荣。

材料二　《清朝前期玉米、甘薯推广种植图》

教师：这一时期农作物品种有什么新变化？这些变化出现的原因是什么？

学生：高产作物迅速推广，新航路开辟使得高产作物引入中国。

材料三　吴民生齿最繁，恒产绝少，家杼轴而户篡组，机户出资，机工出力，相依为命久矣……浮食奇民，朝不谋夕，得业则生，失业则死……染坊罢而染工散者数千人，机户罢而织工散者又数千人，此皆自食其力之良民也。

——《明神宗实录》卷361

教师：手工业出现了什么新的现象？材料中哪些词语可以印证？

学生：（阅读材料回答）"机户出资，机工出力""得业则生，失业则死"说明出现了资本主义萌芽。

材料四　新都勤俭甲天下，故富亦甲天下。贾人娶妇数月则出外或数十年，至有父子避近而不相认识者。大贾辄数十万，则有副手，而助耳目者数人。其人皆铢两不私，故能以身得幸于大贾而无疑。他日计子母息，大美，副者始分身而自为贾。故大贾非一人一手足之力也。他俗习懒习赚，有贾无副，则贾不行。其数奇贩折，宁终身漂泊死，羞归乡对人也。男子冠婚后，积岁家食者，则亲友笑之。妇女亦安其俗，而无陌头柳色之悔。

——［明］顾炎武《肇域志·江南十一·徽州府》

教师：商业领域出现的新现象又有哪些？

学生：（阅读材料并提取信息回答）出现了商帮、长途贩运等现象，商业集资等经营方式，诚信等商业精神。

材料五　黄崇德是16世纪一位典型徽商。最初他只是经营棉布、粮食等，后获得政府许可，转而从事利润更大的食盐贸易，积累了巨额财富，用于购田置地。

教师：阅读材料，并思考当时的徽商为什么将获得的巨额财富投资于田产？这会对当时的经济产生什么影响？

学生：（提取信息，从市场、资金、政策、思想等方面思考影响经济领域新因素发展缓慢的原因）

【设计意图】通过从材料中提取有效信息，学生了解明清经济出现的新变化，辩证理解这些新变化对当时社会产生的影响。培养学生的唯物史观、历史解释、时空观念等学科素养。

环节二　思想领域的变化

教师：阅读教科书，完成表格，归纳王守仁、李贽、黄宗羲、顾炎武、王夫之等思想主张。

学生：

明至清中叶思想领域代表人物及其主张

代表人物	思想主张
王守仁	致良知
李贽	提倡个性自由，蔑视权威和教条
黄宗羲	抨击君主专制制度，提出"工商皆本"
顾炎武	经世致用
王夫之	批评高度集权的政治制度

材料一　为天下之大害者，君而已矣。

——［明］黄宗羲《明夷待访录·原君》

材料二　一家之法，而非天下之法也。

——［明］黄宗羲《明夷待访录·原法》

材料三　大贾富民者，国之司命也。

——［明］王夫之《黄书·大正》

教师：这些主张和传统的主流思想有什么不同？为什么会出现这些思想主张？

学生：（提取教科书信息，结合已有的历史知识回答）出现自由、批判君主专制等新倾向。从明清政治、经济、文化等方面思考新思想产生的历史背景。

①工商业发展，资本主义萌芽出现。

②君主专制制度日益腐朽，社会危机加剧。

③程朱理学和八股取士束缚思想。

④市民工商业者成为社会不可忽视的力量。

【设计意图】通过对材料的阅读、理解和分析，学生能够说明明清思想的变化，并理解这种变化的原因。这一学习过程可培养学生的自主学习能力，培育学生的历史解释、唯物史观等学科素养。

环节三　小说与戏曲的繁荣

教师：阅读教科书，结合语文知识，归纳出明清时期都有哪些文学和戏曲作品？这些作品的主要特点是什么？为什么这一时期文学戏曲创作进入一个繁荣时期？

学生：（学生阅读教科书，结合已有知识回答）

①文学：《水浒传》（元末明初）、《三国通俗演义》（元末明初）、《西游记》（明中期）、《儒林外史》（清中期）、《红楼梦》（清中期）。

②戏曲：汤显祖（明）、孔尚任（清）、昆曲（明）、京剧（清）。

③特点：更加平民化，更适合市民阶层的情趣和品味。

④原因：从明朝后期起，商品经济繁荣，使得市民阶层扩大，商人、工匠、市井游民和普通妇女逐渐成为小说的主人公。

【设计意图】本目内容不作为重点，通过简单方式快速处理，引导学生运用唯物史观"社会存在决定社会意识"的原理分析市民文化繁荣的原因。

环节四　科技的成就与特点

教师：阅读教科书，归纳明清科技成就有哪些？

学生：（阅读并归纳总结）

①医药学：李时珍《本草纲目》。

②农学：徐光启《农政全书》。

③工艺学：宋应星《天工开物》。

④地理和地质学：徐弘祖《徐霞客游记》。

⑤大型典籍：明朝《永乐大典》、清朝《四库全书》。

材料一　明中期以后，西洋数学、天文地理学、物理学等领域的科学技术逐渐进入中国。意大利人利玛窦和徐光启合译《几何原本》，徐光启等聘请传教士参与修订历法，引进西方先进天文仪器测量，完成《崇祯历书》。

材料二　康熙曾经对西方科学技术很有兴趣，请了西方传教士给他讲西学，内容包括天文学、数学、地理学、动物学、解剖学、音乐，甚至包括哲学……却并没有让这些知识对我国社会经济发展起什么作用，大多是坐而论道、禁中清谈。

——习近平《在中国科学院第十七次院士大会、中国工程院第十二次院士大会上的讲话》（2014年6月9日）

教师：阅读教科书和材料，思考明清科技有什么新特点？你是如何看待这些特点的？

学生：（阅读并归纳分析）

①总结性著作居多，出现西学东渐，但创新不足。

②西方科技传入，但没有引起统治者的重视。

【设计意图】 培养学生从图文材料中提取相关历史信息的能力，通过这些信息，学生能够说明明清科技的主要特点，并能作出客观评价，以此培育历史解释和唯物史观等核心素养。

环节五　问题探究：如何看待清朝的盛世与危机

教师：结合本课内容，总结归纳明清时期在经济和文化领域出现的新变化及其特点。

学生：（结合本课所学进行归纳总结）

①经济：出现资本主义萌芽等新因素，但发展缓慢。

②思想：出现民主启蒙思想，但只是萌芽。

③文化：市民文化繁荣，但不是主流。

④科技：总结传统但缺乏创新。

材料一　清政府在统一新疆全境后，户部右侍郎于敏中赋诗称颂乾隆皇帝云："觐光扬烈，继祖宗未经之宏规；轹古凌今，觐史册罕逢之盛世。""盛世""全盛"等词汇经常在清朝臣民之口出现，并在乾隆时期的社会舆论中逐渐形成"盛世"意识。

材料二　（马戛尔尼认为）不管英国人进攻与否，"中华帝国只是一艘破败不堪的旧船，只是幸运地有了几位谨慎的船长才使它在近150年期间没有沉没。它那巨大的躯壳使周围的邻国见了害怕。假如来了个无能之辈掌舵，那船上的纪律与安全就都完了"。

——［法］佩雷菲特《停滞的帝国：两个世界的撞击》

教师：阅读两则材料，概括材料中的主要观点。对当时中国社会的认识为什么会如此不同？

学生：（阅读材料，结合所学，讨论回答）

①观点：清朝政府官员认为康熙至乾隆是"盛世"；英国使者认为乾隆时期的中国已经破烂不堪，预言将会是英国的手下败将。

②原因：目的不同、立场不同、所处的时代不同，对同一历史事件会产生不同的看法。

材料三　直到18世纪，当时正处在清朝的康雍乾盛世，政治清明、社会安定、经济繁荣、文化昌盛、多民族国家的统一大大巩固。如果只把它和汉、唐、元、明作纵向比较，而不进行世界的横向性比较，中国封建社会看起来仍具有活力，仍在继续发展。18世纪的中国确有值得称道的巨大成就。

——戴逸《18世纪的中国与世界·导言卷》

教师：结合上述材料，谈谈你对"康乾盛世"的认识。

学生：（阅读材料，结合所学，讨论回答，可以结合18世纪中国在政治、经济、科技、军事、文化、对外关系等方面的相关史事进行分析，认识到中国封建社会依旧繁荣，但同时正在逐步落后于世界发展潮流）

课堂总结

西方国家走向资本主义，经历了几个世纪，是多个领域近代因素的汇聚、成长的结果。近代因素的积累和成长是一个静悄悄的、未被觉察的缓慢过程。18世纪的康雍乾盛世，貌似太平辉煌，实则正在滑向衰世凄凉。可当时的中国，没有人能够认识清楚这一历史趋势，只有岁月推移，迷雾消散，矛盾激化，清朝的百孔千疮才逐渐暴露。历史的悲剧只有在悲剧造成以后很久时间，人们才会感到切肤之痛。居安思危，是我们今天需要谨记的历史教训。

【设计意图】提供多角度材料，引导学生对材料进行理解、辨析，对不同价值的材料进行分析论证，并得出自己的认识，提高学生的史料实证意识和历史解释能力；通过问题探究，学生明确本单元主题为明清的繁荣与危机并存。明清时期，中国固守传统，而同时期的近代西方逐步走向近代化，中国必然面临西方的挑战。这里注重引导学生从长时段、多角度对所学历史知识进行纵向和横向比较，从中汲取经验教训，增长历史智慧；发挥鉴往知今的学科教育功能；力求渗透时空观念、历史解释和家国情怀等核心素养。

七、教学评价设计

英国学者李约瑟（Joseph Needham，1900—1995）在其编著的15卷《中国科学技术史》中正式提出："古代的中国对人类科技发展做出了很多重要贡献（如四大发明），但为什么近代科学和工业革命没有在近代的中国发生？"1976年，美国经济学家肯尼思·博尔丁称之为李约瑟难题。

根据材料并结合明清时期中国的社会状况，解答"为什么近代科学和工业革命没有在近代的中国发生"这一李约瑟难题。

【答案提示】①政治上：明清时期的中国，专制主义达到顶峰，虽然引入了近代的自然科学，但并未引起君主的重视。②经济上：自给自足的自然经济占主导地位，农业在经济结构中占主体，因此在科学上更偏重服务于农业的实用技术，忽视对科学理论的研究。③思想上：科举制度的僵化和"学而优则仕"的观念，严重束缚了人们的思想，不利于具有创新意识的科技人才的培养。④对外上：海禁和闭关锁国等政策阻碍了西方思想的传入。

八、板书设计

第15课 明至清中叶的经济与文化

明清时期

中国　　　←挑战←　　　西方
固守传统　　　　　　　　走向近代

九、教学反思

1. 教学特色：本课主题线索明确，突出了盛世与危机的时代特点，将新课标的理念落实在教学环节之中，通过设问帮助学生加深对历史问题的认识。

在四个子目的教学内容之下，本课选择学生比较熟悉的明清经济部分进行重点分析；将思想、文学、科技等子目合并为明清文化子目，对文化子目采用学生阅读教科书，表格归纳等自学方式，教师重点引导分析它们的历史背景，既培养了学生自主学习的能力，又对教学内容进行了适当的详略处理。

本课层层设问，步步引导，并根据学情在课堂中随时进行学法指导，使学生在合作探究基础上进行材料阅读、概括、阐释和评析等系统训练，培养学生的史料实证和历史解释素养；通过分析明清思想和文化的历史背景，培养学生的唯物史观素养；通过对中西比较，培养时空观念素养；在比较与反思中，汲取经验教训，培养理性地思考问题的能力，渗透家国情怀素养。

2. 教学反思：材料的呈现可以更加多元化，如文字、绘画、地图、诗歌等，才能提高学生的兴趣，活跃课堂氛围；教学内容的时间分配上还需要详略得当，面面俱到显得重点不够突出。

（北京市第九中学　罗宁城）

十、教学过程

1. 立足课标，合理整合教科书

本课教学仍属于常规授课，但教师能够在对新课标进行深入解读的基础上，重新整合教科书内容，将其中的四个子目整合为经济和文化两个大的领域进行梳理，化零为整，使本课主线更加清晰，结构更趋合理。

2. 突出主题，进行纵横比较

本课紧紧围绕当时中国在经济与文化两大领域中出现的主要特征，即发展中的变化与传统中的局限两个角度，全面呈现明清时期中国的发展情况，即变化与危机并存。通过借助相应的教学资源和教学方法，重点引导学生从横纵两个维度分析出现这些新变化的主要原因，紧扣时代特征，注重培育学生的学科核心素养，提高历史学习能力。

3. 探究问题，升华思想认识

本课围绕关键问题进行探究，通过提供三则材料，引导学生能够从多个视角理解盛世与危机的辩证关系，有助于培养学生鉴别史料价值等能力，以及运用史料实证，提高历史解释的素养，同时为学习中国近代史奠定基础，对理解当今社会的发展具有一定的启示意义，体现了历史学科的史鉴功能。

本课板书设计还需要再斟酌，在体现本课核心内容的同时，还应突出结构的合理性与完整性。

（北京教育学院石景山分院　安丽萍）

第五单元 晚清时期的内忧外患与救亡图存

第16课 两次鸦片战争

一、教科书内容分析

本课第一子目"19世纪中期的世界与中国",主要讲述战前西方国家与中国社会的不同,指出西方国家已经完成了工业革命,并积极扩张海外市场,而中国仍然实行闭关锁国的政策,政治腐败,使学生了解虎门销烟、鸦片战争的时代背景。第二子目"两次鸦片战争",主要讲述两次鸦片战争的概况,如时间、直接原因、签订不平等条约和影响,这一子目是本课的重难点,也是对学生进行思维训练的突破点。第三子目"开眼看世界",讲述战争后面临三千年未有之大变局,先进的中国人开眼看世界,向西方学习以图自强的史实。

二、学情分析

初中时,学生已经学过两次鸦片战争,熟知林则徐、虎门销烟、火烧圆明园等史实,所以没有必要再花费大量的时间重复学生已经熟悉的基本史实。高中学生的抽象思维能力和对某些历史理论的理解能力都有较大程度的提高,所以这节课重点放在战争爆发的根本原因、中国战败的深层原因、战争给中国的影响及中国人的反思等。在此过程中,应借用图片、视频、文字材料创设情境,使学生身临其境,调动学生的好奇心和求知心,以提高课堂实效。

三、教学目标

1. 通过本课的学习,了解两次鸦片战争的背景,理解两次鸦片战争爆发的原因,知道两次鸦片战争的经过,掌握两次鸦片战争的影响。

2. 通过分析鸦片战争爆发的根本原因和直接原因,提升运用唯物史观辩证地观察和分析历史问题的能力。

3. 通过对鸦片战争爆发的原因和中国战败原因的讨论活动,提升合作和探究学习的能力以及交流表达的能力。

4. 通过了解林则徐领导的禁烟运动和鸦片战争中为国捐躯的爱国将领,树立崇敬英雄、热爱祖国的高尚情操,唤起历史责任感。

四、教学重难点

重点： 鸦片战争爆发的原因。

难点： 鸦片战争的影响。

五、教学设计思路

历史教学要注重学生的参与和体验，给学生充分的自主思考、自主探究的空间，努力培养学生的历史意识。

第一环节：图片导入，激起学生学习本课的兴趣。

第二环节：合作探究，提升能力。

1. 两个不同的世界

播放纪录片《复兴之路》片段，让学生了解本课内容的国际背景，体会鸦片战争爆发的必然性。

2. 两个世界的碰撞

播放电影《鸦片战争》片段，带领学生阅读相关材料，通过情境问题的设置，帮助学生理解鸦片战争概况，认识到《南京条约》作为中国近代史上第一个不平等条约的危害和影响。

3. 开眼看世界

通过阅读材料，使学生了解林则徐、魏源等在向西方学习过程中的思想主张及影响，培养历史解释能力。

第三环节：感悟历史，升华主题。

六、教学过程

课堂导入

展示虎门销烟的图片，开门见山，引导学生全身心投入学习过程。

课堂讲解

一、两个不同的世界——19世纪中期的世界与中国

播放纪录片《复兴之路》片段，引导学生思考中国在当时国际格局中的处境如何，为什么说鸦片战争是不可避免的。

18世纪后期，现代化已成为不可阻挡的历史潮流，而中国却固守农耕文明的藩篱，对世界形势的变化浑然不觉。当现代化的浪潮不可避免地逼近中国时，三千年未有之大变局即将到来。

【**设计意图**】学生通过视频从全球视角了解鸦片战争爆发的时代背景，培养时空观念。

这场战争，中国称之为鸦片战争，英国人则称之为通商战争，为什么会有这样的差异？

二、两个世界的碰撞——两次鸦片战争

1. 鸦片战争vs通商战争？

材料一

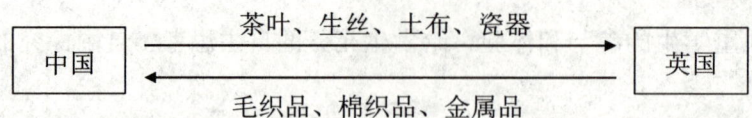

正当中英贸易

材料二 1662年，葡萄牙公主凯瑟琳嫁给英国斯图亚特王朝的查理二世，她的嫁妆中包括中国茶具和茶叶，品茶从此成为英国宫廷时尚，茶叶买卖有极高的利润。一开始，英国想过以物易物。但鸦片战争以前，英国的产品，实在没有任何一样是中国人民欢迎的。当时英国的王牌产品——毛织品和金属品，都没有多大的销路。所以从17世纪至18世纪早期，英商都不得不运送白银（几乎全是西班牙、墨西哥银元）到中国换取货物，东印度公司来华商船的装载，白银经常占90%以上，商货不足10%。到18世纪末，英国就已凑不够钱来与中国贸易了。为了扭转贸易逆差，英国选择了走私鸦片。鸦片的输入量由道光即位之初的每年4000余箱，到道光十八年，即鸦片战争爆发之前，已猛增到每年40 200箱。

引导学生分析，英国为什么要向中国走私鸦片。

鸦片走私严重危及清政府统治，所以，道光皇帝决定派林则徐禁烟。从1839年6月3日开始，林则徐在虎门集中销毁鸦片19 176箱（相当于外国商人向中国整整一年的鸦片走私量），总价值达1115万两白银（道光皇帝即位之初，国库里的存银也不超过2000万两），这个数字是相当惊人的。虎门销烟展示出了中华民族反抗外来侵略的决心，维护了中华民族的尊严和利益。虎门销烟的消息传到英国后，英国人反应如何呢？

展示电影《鸦片战争》的一段视频。引导学生分析，为什么视频中维多利亚女王说没有自由贸易，大英帝国一年内就会消失。

英国开展工业革命后，拥有巨大的生产能力，需要广阔的商品市场和原料产地，所以，英国用武力打开中国闭关的大门也就是必然的了。鸦片战争的发生就是中英两国不同的文明形态，即封闭的农耕文明和扩张的工业文明相互冲突的产物。

回到最初的问题，中国人称这场战争为"鸦片战争"，主要是因为英国人走私鸦片引发了战争；英国人则认为这是所谓通商战争，是为了捍卫他们自由贸易的权利，试图掩盖他们用毒品打开中国市场的罪恶历史。鸦片战争的性质就是一场非正义的侵略战争。

【设计意图】揭示战争爆发的必然性，让学生思考历史发展的必然性和偶然性的辩证关系，以此加深学生对鸦片战争原因的理解，培养学生透过现象看本质的能力和从多个角度理性看待问题的态度。同时，通过视频呈现的细节，激发学生探求新知的欲望，加深对中英贸易关系反转等问题的理解。

2. 两次鸦片战争概况

两次鸦片战争的概况

项目	鸦片战争	第二次鸦片战争
目的	①打开中国市场	②进一步打开中国市场
起止时间	③1840—1842	④1856—1860
侵略者	⑤英国	⑥英国、法国、美国、俄国
直接原因	⑦禁烟运动	⑧"亚罗号"事件等
不平等条约	⑨《南京条约》及附件，《望厦条约》《黄埔条约》	⑩《天津条约》《北京条约》《瑷珲条约》

引导学生阅读教科书内容，完成表格。

【设计意图】 利用表格进行学习，能够使学生快速高效了解本子目学习内容，提高学生阅读能力及构建知识体系的能力。这一部分内容，学生在初中已经学习过，有自主完成的能力。

3. 两次鸦片战争的影响

材料一 英国人民带同所属家眷，寄居大清沿海之广州、福州、厦门、宁波、上海等五处港口，贸易通商无碍。……

准将香港一岛给予大英国君主暨嗣后世袭主位者常远据守主掌，任便立法治理。……

自壬寅年起至乙巳年止，四年共交银二千一百万圆。……

英国商民居住通商之广州等五处，应纳进口、出口货税、饷费，均宜秉公议定则例，由部颁发晓示，以便英商按例交纳。

——中英《南京条约》（1842年）

材料二 倘遇有交涉词讼……其英人如何科罪，由英国议定章程、法律发给管事官照办。……

有新恩施及各国，亦应准英人一体均沾，用示平允。

——中英《虎门条约》（1843年）

①上述条款对中国有何危害？
②就世界大势论，清政府最应该"争什么"，为什么？

引导学生分组讨论，思考交流。这些条约中，清政府最痛心的是五口通商，觉得外人在广州一口通商的时候已经不易防范，现在有五口通商，那就更加难以控制了。直至清朝末年，文人忧国者莫不以五口通商为祸根。割让土地当然是时人所反对的，英人初提香港的时候，清政府还不知道香港在哪里。协定关税和领事裁判权是我们近年所认为不平等条约的核心，可是当时的人并不这样看。

《南京条约》签订数日之后……（耆英、伊里布、牛鉴）一起联名向英方代表璞鼎查发出了一份……正式照会。……该照会附片第八条的内容如下：

……此后英国商民，如有与内地民人交涉案件，应明定章程，英商归英国自理，内民由内地惩办，俾免衅端。……

孟森先生在《清史讲义》中这样评价道："此为当时英人所梦想不到，不意处人法律管辖之下，竟能不受管辖也。是为领事裁判之由来……英所未请，中国强予之。英人报以'甚属妥协'四字，不平等之祸，遂延至今而未已。"

——周英杰《拱手出让的"领事裁判权"》

中方为什么要把领事裁判权拱手相让？

因为清政府怕惹麻烦，认为双方最好保持距离，互不接触，所以英国人获得领事裁判权。至于协定关税，清政府同样没有觉得这是对国家主权的伤害，清政府的官员根本没有现代主权国家的观念。纵观鸦片战争整个过程，弱国无外交固然让我们愤慨，但缺乏近代外交意识使国更弱更让我们痛心！鸦片战争后，清政府签订了一系列不平等条约，产生了恶劣的影响，政治上，主权领土遭到破坏；经济上，被迫卷入资本主义世界市场；社会性质上，逐步沦为半殖民地半封建社会，中国缓缓走向沉沦！

"半殖民地半封建社会"的含义："半封建"指原有的封建经济已被破坏，有了一定成分的资本主义经济形式，但封建剥削制度以及建诸其上的封建统治仍占主导；"半殖民地"指当时形式上独立，但在政治、经济、文化各方面受帝国主义压迫和控制。

【设计意图】对于教科书中的"关税主权""领事裁判权""片面最惠国待遇"等概念，学生其实是不能够理解的，需要教师解读。节选《南京条约》及附件的内容就是要加深学生的理解。

4. 中国在鸦片战争中失败的原因

在鸦片战争中牺牲的清军将领

人物	官职	牺牲时间	牺牲地点
陈连升（土家族）	副将	1841.1	广州沙角
关天培	水师提督	1841.2	广州虎门
葛云飞	总兵	1841.10	浙江定海
郑国鸿（回族）	总兵	1841.10	浙江定海
王锡朋	总兵	1841.10	浙江定海
裕谦（蒙古族）	钦差大臣、两江总督	1841.10	浙江镇海
陈化成	江南提督	1842.6	上海吴淞
海龄（满族）	副都统	1842.7	江苏镇江

引导学生思考，清政府的兵不可谓不多，将不可谓不勇，为何在这场战争中仍一败涂地。

当时，清政府在政治、经济、军事、思想上全面落后。鸦片战争中国失败的根本原因是腐朽的封建制度不敌新兴的资本主义制度，落后的农耕文明无法对抗先进的工业文明，鸦片战争是一场不对称的战争。

【设计意图】通过设置问题情景，培养学生独立思考的能力。虽然教科书没有涉及这一内容，但通过对民族英雄，尤其是关天培将军的描述，渲染其宁死不屈的英雄气概，可以激发情感上的价值判断和心灵震撼。

恩格斯说："每一次历史的灾难都是以历史进步为补偿的。"鸦片战争将我们推入痛苦的深渊，但客观上也促使中国部分知识分子去主动了解世界。

三、开眼看世界

阅读教科书，分析新思想的内涵及影响。

林则徐开眼看世界，表现了他非凡的胆识。在闭关时代的中国，这是一个伟大的创举。从此，在部分爱国的地主阶级知识分子中，逐渐形成了研究国外情况、寻求世界知识的风气。各种了解"夷情"、探求富国强兵之道的书籍也不断出现。

【设计意图】引导学生在基础知识的学习过程中，感悟近代中国人在面临三千年未有之大变局时的彷徨与探索，在学习时怀有一种对历史的温情与敬意。

四、我思故我在——说感悟

引导学生阐述自己在学习了这节课之后的启示，组织学生分组互动交流，并对学生的认识进行点评。

鸦片战争的硝烟已经过去，但这段历史从未过去，它深深地烙印在中国人的灵魂里。国耻不能忘，它使我们痛苦，也让我们坚强；英雄不能忘，他们是中华民族的脊梁。我们更不能忘的是鸦片战争用火与剑，提醒国人的使命：中国必须近代化，顺合世界潮流。今天的中国，已经变得强大、自信，更应冷静地看待西方，看待我们自己，放眼时代，包容开放。

【设计意图】将本课知识升华，以史为鉴，引导学生大胆表达自己的观点，增强他们的历史责任感。

七、教学评价设计

教学评价量表

<table>
<tr><td rowspan="2">评价项目</td><td colspan="4">评级指标</td></tr>
<tr><td>水平1</td><td>水平2</td><td>水平3</td><td>水平4</td></tr>
<tr><td rowspan="2">结果评价</td><td>《南京条约》《北京条约》等内容，鸦片战争的影响</td><td>简单识记教科书内容表述；
能够依据史料尝试从多种渠道获取信息，结论基本正确</td><td>理解条约内容，并能结合史实做一定阐述；
能够依据史料尝试从多种渠道获取信息，结论基本正确</td><td>能够从时代背景出发，分析条约内容的危害；
能够区分不同史料的价值，对所探究的问题进行全面、丰富的解释</td><td>从时代背景出发，分析清政府对条约内容的不同认识及其危害；
能够恰当地运用材料作出自己对所探讨问题的论述，从社会转型的角度理解其影响</td></tr>
<tr><td>新思想内涵</td><td>知道新思想代表人物及著作</td><td>知道新思想代表人物及其成就</td><td>能够结合史料分析新思想的内涵并理解其价值</td><td>从社会存在和社会意识关系的角度，全面认识新思想的背景、内涵，并能做出正确评价</td></tr>
<tr><td>过程评价</td><td>学生课堂反应、参与程度</td><td>课堂基本没反应，被动听课</td><td>偶有参与，主动性不高</td><td>思维活跃，能够积极发言</td><td>精神饱满，积极回答问题，正确率高；有自己独到见解</td></tr>
</table>

八、板书设计

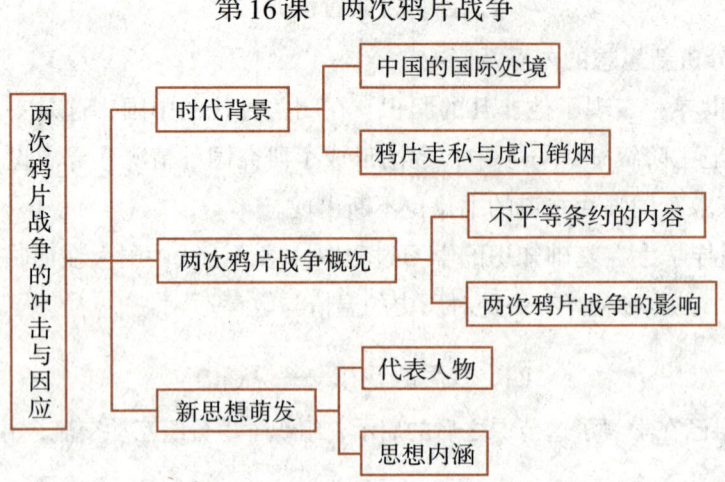

第16课 两次鸦片战争

九、教学反思

对于《两次鸦片战争》一课的史实,学生在初中已有接触,所以本课设计对两次鸦片战争的时间、过程、结果等不再过多重复,而将教学重心放在鸦片战争爆发的原因和影响上。在原因上,尽管学生对英国要打开中国市场这一点非常熟悉,但对于为什么要打开中国市场,为什么要用鸦片打开中国市场,中英之间贸易顺差和逆差等问题,学生理解并不深刻,所以在这里重点突破。在影响上,对于鸦片战争是中国近代史的开端,使中国开始沦为半殖民地半封建社会这些结论,学生也是记忆多于理解,课上通过对《南京条约》内容的讨论,重点解决这一问题。在教学过程中,通过视频调动学生学习的热情;通过情境问题的设置,激起他们思维的火花;通过合作探究,培养其独立思考、共同参与的能力。这些都是应该继续保持的。

但在教学实践的过程中,也有很多问题值得深思。《中外历史纲要》是高中生合格性考试的内容,教学难度应该降低。"领事裁判权""片面最惠国待遇""半殖民地半封建社会"等概念讲到什么程度,学生理解到什么程度,教师心里也是忐忑的,对合格性考试和等级性考试标准的把握还需要探索。教育的对象是人,促进每个学生的发展是教师的责任,但在课堂讨论的环节,有的同学很活跃,有的极少参与,是问题设置的原因还是教师课堂调动的原因,这个也应思考。

(山东省烟台市教育科学研究院 宋华)

十、点评

这一课是核心素养引领下高中历史教学的较好展示。开篇精彩的视频,将学生拉入世界历史的大视野中,有助于学生更好地了解中国和世界的发展大势,增强其历史洞察力。在初中已经学习过基本史实的基础上,大量新颖史料的引入,给学生展现了一个熟悉而又陌生的鸦片战争。教师突出问题设计的含金量,科学设问,有效探究,如"是鸦片战争还是通商战争",意在引导学生指明鸦片战争的本质;"为什么当时的清政府争所不当争,弃所不当弃"等问题,提醒学生从近代化的视角入手解决问题。这些以学生发展为本的探究问题,很好地促进了学生理性思维的升华。当然,中学历史教育存在的意义在于它能够更好地帮助学生认识当前的社会,知道世界发展的潮流,从而感悟人生的意义,明确个体的责任。最后,"鸦片战争失败的原因""我思故我在"等环节,引领学生以史为鉴,思索现实,面向未来,实现历史教育立德树人的目标。

(山东省烟台第一中学 倪妍)

第17课　国家出路的探索与列强侵略的加剧

一、教科书内容分析

本课历史演进最终的落脚点是列强侵略的加剧，即甲午战争以后，中国社会进一步半殖民地半封建化。

同时，课标要求学生认识各阶级为挽救危局所作的努力及存在的局限性，在本课就体现为农民阶级发起太平天国运动，地主阶级发起洋务运动，最终，两者都因其局限性而失败了。

此外，课标也要求学生能概述晚清时期中国人民反抗外来侵略的斗争事迹，理解其性质和意义。本课以左宗棠收复新疆、中法战争中刘铭传率领台湾军民多次击退法军、冯子材镇南关大捷、黄海海战中的邓世昌和林永升等人的事迹、台湾人民反割台斗争为代表的一系列事件，使学生感受中国人民坚决维护国家主权，不屈服外来侵略者的坚强意志与决心。

二、学情分析

学生在初中阶段对相关的知识已经进行了学习，初步了解本课所提及的史实。进入高一学习后，学生已经具备了一定的历史问题分析能力，但是思辨能力不足。就本课而言，没有材料辅助，学生理解"中央权力下移"会比较困难，此外，课文正文并没有给出中国在甲午中日战争中失败原因的相应史料，学生要将甲午中日战争失败的史实和洋务运动必然失败的结论两者之间的逻辑串联起来，存在比较大的困难。因此，过往的学习中，学生在理解两大阶级的努力与失败的原因方面探究不够深入，如何从两大阶级的努力中，看到他们"光荣的徒劳"，对高一学生来说存在较大的困难。

三、教学目标

1. 能够运用相关史料，从当时的情境和历史的角度论述太平天国运动和洋务运动在探索国家出路中的重要作用（史料实证、历史解释）；

2. 能够运用历史地图等概述晚清时期的民族危机和中国人民反抗外来侵略的斗争事迹，说明中国进一步半殖民地化的历史进程（时空观念，家国情怀）；

3. 探讨太平天国运动和洋务运动失败的多方面原因，尝试总结历史的经验教训（唯物史观、历史解释）。

四、教学重难点

重点：农民阶级、地主阶级探索国家出路的努力，中国社会进一步半殖民地半封建化的历史过程。

难点：太平天国运动与洋务运动的历史局限性，农民阶级、地主阶级探索国家出路失败的原因。

五、教学设计思路

以时间为线索,以民族先驱探索国家出路和清王朝的崩塌为主题,对本课的教学内容适当取舍调整。本课关注太平天国运动的起因,太平天国运动如何改变了清朝的权力结构;洋务运动的目的,洋务运动作为早期现代化的尝试有哪些内容,取得了哪些重大成就,为什么甲午中日战争的失败证明了洋务运动的破产;如何理解马关条约和列强瓜分中国的狂潮使得中国社会进一步半殖民地半封建化。在感受中国军民英勇维护国家主权的努力中,本课着重探究洋务派救亡图存失败的原因、历史教训与中国社会未来努力的方向。

六、教学过程

出示19世纪下半叶东亚局势图(图略)。

19世纪下半叶,随着西方主要国家完成第一次工业革命,列强用枪炮逐渐把中国周边的国家变为其殖民地,中国边疆也不断出现危机。此时的中国人没有放弃抵抗,虽然中国一次又一次遭受侵略的凌辱,但他们用自己的行动,使这段屈辱的历史不至于完全只是黑暗,而这也体现了中华民族的民魂。鲁迅先生曾说:"惟有民魂是值得宝贵的,惟有他发扬起来,中国才有真进步。"今天我们就将追随着先驱们的脚步,通过学习19世纪下半叶的太平天国运动、洋务运动、甲午战争与瓜分狂潮等重要史事,来回顾这段屈辱的历史与中国各阶级为探索国家出路所进行的"光荣的徒劳"。

【设计意图】点出本课的时间段与课堂教学主题。

环节一 太平天国运动

1. 寻求人间天国的原因

材料一 广西山多田少,地皆碛确,物产甚稀,居民谋生无计,十室九空,冻馁难堪,盗心易动。

——俞风翰《粤寇起事纪实》(1871年)

材料二 粤匪窃外夷之绪,崇天主之教。自其伪君伪相,下逮兵卒贱役,皆以兄弟称之。谓惟天可称父。此外,凡民之父皆兄弟也,凡民之母皆姊妹也。

——曾国藩《讨粤匪檄》(1854年)

①根据教科书内容,说说为什么洪秀全要建立拜上帝会。
②根据材料一,指出两广的穷苦农民为何加入洪秀全领导的反清起义。
③根据材料二,解释洪秀全领导的太平天国运动为何能吸引大量农民加入。

【设计意图】让学生解释农民阶级寻找出路的原因与农民阶级的理想。

太平天国运动的发生,伴随着鸦片战争后西方资本主义国家的商品输出。两广地区相当多的农民失去了生计,向往地上天国的他们在洪秀全等人的带领下发动了推翻清王朝的起义,渴望建立理想中的平等大同的世界。

当然，他们的理想未能实现，但他们的起义却对中国近代的历史产生了深远的影响。

2. 寻求人间天国的道路

展示太平天国大事记：

金田起义：1851年1月，太平天国运动正式爆发

定都天京：1853年，攻下南京，改为天京，定为国都

巩固政权：1853年，太平军北伐、西征，军事上达到鼎盛

天京变乱：1856年，领导集团内讧，太平天国开始衰落

后期斗争：洪仁玕、陈玉成、李秀成进入最高领导层，取得浦口、三河大捷

天京陷落：1864年，在湘军、淮军和外国人带领的洋枪队的夹击下，太平天国失败

太平天国运动持续时间很长，超过了咸丰皇帝在位的时间，对清王朝打击极大。清朝镇压太平天国运动的军队，已经不是清朝的八旗和绿营，而是湘军与淮军。那么这两支军队又是怎么来的呢？

【设计意图】 过渡到太平天国运动对晚清政局的重大影响。

3. 寻求人间天国的结果

自1853年夏天之后，中央财政已拨不下军费……现在总算有了一个明正言顺的征收渠道，谁也不肯将此交到中央财政去。厘金由此成了不受中央控制的大财源，由各省督抚所把持。

……待到后来，曾国藩柄政两江，湘军征战八省，其总兵额最高时达到五十万！与清朝八十万经制兵已相距不远，而战斗力远远胜之。

——茅海建《苦命天子：咸丰皇帝奕詝》

结合材料，如何理解教科书中"随着湘淮系官僚集团的崛起，中央权力下移，对此后历史的发展产生重大影响"这句话？

镇压太平天国起义，靠的是地方官僚自己募集的武装，这使兵权和财权都逐渐归属到地方，中央权威下降，对此后的历史产生了深远影响。

【设计意图】 通过学者的论述，让学生理解并指出中央权力下移具体指的是哪些权力，为后面湘淮集团开展洋务运动、下一课"东南互保"等知识点提供铺垫。

环节二　洋务运动

1. 洋务运动的原因

所有这些起义，配合太平天国，形成了全国范围的动乱。从《清实录》中来看，关内18行省，已有14省战火正炽，相对稍显平静的直隶、陕西、甘肃、山西，也不时爆发一些较小规模的聚众抗官事件。

——茅海建《苦命天子：咸丰皇帝奕詝》

结合材料与教科书中的《学思之窗》，从对内和对外两个角度，解释洋务派开展洋务运动的目的。

【设计意图】 结合教科书内容和细节材料，使学生理解洋务运动开展的目的。

2. 洋务运动的开展与成果

同治二年（1863），设外国语言文字学馆于上海　　　　　　　创办近代军事工业

同治四年，设江南机器制造局于上海

同治十一年，挑选学生赴美国求学，设轮船招商局　　　　　　创办近代民用工业

光绪二年（1876），派福建船政生出洋学习

光绪六年，购铁甲船；设水师学堂于天津；设南北洋电报　　　筹划新式海军

光绪七年，设开平矿务局

光绪八年，设织布局于上海　　　　　　　　　　　　　　　　兴办近代教育

光绪十一年，设武备学堂于天津

光绪十三年，开办漠河金矿

光绪十四年，北洋海军成军

以李鸿章的洋务活动为例，用连线方式，对洋务运动的主要内容进行分类。

【设计意图】 引导学生结合教科书，知晓洋务运动的主要成就，巩固基本史实。

环节三　甲午中日战争、《马关条约》、瓜分狂潮

1. 甲午中日战争

材料一　（外国人评论）亚洲现在是在三大强国的手中——俄国、英国和中国……

　　　　　　　　　　　　　　　　　　　　——丁名楠等《帝国主义侵华史》第1卷

材料二　此时之中国当不若三十年前之懦弱可欺矣！

　　　　　　　　　　　　　　　　　　　　——《申报》1894年7月7日评论

材料三　今中国之外形，犹如老屋废厦加以粉饰，壮其观瞻，外形虽美，但一旦遇大风地震之灾，则柱折栋挫，指顾之间即将颠覆。

　　　　　　　　　　　　　　　　　　　　——［日］宗方小太郎《清国大势之倾向》（1893年）

洋务运动的早期现代化尝试在应对边疆危机方面有一定的作用，因此，当甲午中日战争爆发时，相当多的中外人士都看好中国。然而，一些日本人对中国的观察却恰好相反。最终，这场战争以中国的惨败告终。

自第二次鸦片战争和太平天国运动后，中央权力下移，兵权与财权主要在地方督抚手中，以湘淮集团为代表的洋务派官员，过去三十年来镇压太平天国运动和农民起义，应对西北、西南边疆反侵略斗争都有成功经验，而且甲午战前，日本国力优势并不明显，但是为何在甲午战争中，洋务派彻底失败了呢？让我们一起来探究背后的原因。

材料一　金登干在报告一批奥国兵工厂……的枪械和子弹即将由欧洲启程时，特别提到"到达中国交货时，应请公正可靠的欧洲检验员开箱抽验后在场移交，以免有人捣鬼当作陈旧军火看待"……然而这批军火运抵上海时，仍被海关道检查定性为"全系毫无价值不能应用之物"……赫德对此的解释是："那些没有沾到油水的官吏，自然不免有一番挑剔。"

　　　　　　　　　　　　　　　　——邱涛《同光年间湘淮分野与晚清权力格局变迁（1862—1895）》

材料二　由于各部队存在着错综复杂的派系矛盾，烟台以东清军归李秉衡节制，威海守御由李鸿章的淮军负责，彼此互不相干，而南方调来"勤王"之师又不听李秉衡调遣，这样就出现了威海孤军奋战，得不到援兵支援的奇怪景象。

　　　　　　　　　　　　　　　　——姜鸣《龙旗飘扬的舰队：中国近代海军兴衰史》

材料三 伊云：我兵现驻金州等处，见所有华民，较朝鲜之民易听调度，且做工勤苦，中国百姓诚易治也。

——王芸生《六十年来的中国与日本》第二卷

以上材料揭示了甲午中日战争中国失败的哪些原因？

中国政治腐败，派系林立，很多中国人尚不能区别"亡国"与"亡天下"。经过战争实践证明，中国在甲午中日战争中的失败，主要不是因为武器不如日本先进，官兵不如日本英勇，而是因为中国的国家体制不如日本。

【设计意图】教科书指出，洋务派只是引进资本主义国家新的军事和生产技术，是在封建制度的基础上修修补补，并没有给出具体史料来说明这一结论。教师首先引导学生回顾了早期现代化尝试的积极作用，并提供史料让学生探究和思考，为什么教科书中可以得出这一结论。

2. 马关条约与瓜分狂潮

材料一 千金剑，万言策，两蹉跎！醉中呵壁自语，醒后一滂沱！

——梁启超《水调歌头》（1894年）

材料二 我感到不可思议幸福，思前想后，恍如梦中，我惟有感激而自泣。

——［日］福泽谕吉《还历寿诞的演说》（1895年）

材料三

时局图

结合教材正文和以上材料思考，《马关条约》的签订对中国和欧美列强分别有何影响？

【设计意图】引导学生结合教科书、诗词、漫画、地图，通过相关史实，认识到《马关条约》签订后，中国进一步沦为半殖民地半封建社会，列强掀起瓜分中国的狂潮。

3. 台湾人民的反割台斗争

材料一 台民唯有自主推拥贤者，树旗台政。事平之后，当再请命中朝，作何办理。……台民唯集万众御之。愿人人战死而失台，决不愿拱手而让台。……如各国仗义公断，能以台湾归还中国，台民亦愿以所有利益报之。

——《台民布告》（1895年）

材料二 在这次侵台战争中，日军付出了惨重的代价。侵台日军近4.9万人，随军夫役2.6万多人，战死者4600余人，负伤者约2.7万人。……侵台日军死伤的人数比甲午中日战争中死伤的人数多了近一倍。

——虞和平、谢放《早期现代化的尝试（1865—1895）》

《马关条约》有割让台湾的相关条款，以上材料显示了哪些信息？

台湾人民反对清政府割让台湾，他们英勇作战，捍卫国家主权和领土完整，但是由于缺乏清政府支持，台湾最终被日本占领。

【设计意图】 引导学生了解甲午中日战争后台湾人民为维护国家主权的英勇斗争，感受中国人民反抗外来侵略的斗争精神。

课堂总结

材料一 我十年以前……哪知道国家是什么东西，和我有什么关系呢？到了甲午年，才听见人说有个什么日本国，把我们中国打败了。……此时我才晓得……我们中国，也是世界万国中之一国，我也是中国之一人。……我生长到20多岁，才知道有个国家，才知道国家乃是全国人的大家，才知道人人有应当尽力于这大家的大义。

——陈独秀《说国家》（1904年）

材料二 惟有民魂是值得宝贵的，惟有他发扬起来，中国才有真进步。

——鲁迅《学界的三魂》（1926年）

正如大家尝试解答历史的疑问，当时的中国知识分子也对洋务运动进行了深刻的反思，伴随着民族危机的日益深重，中国人不仅奋起抗争，而且开始认识到自身政治制度的不足，救亡图存的呼声日益高涨。在本课中，我们穿越一段长达半个世纪的屈辱的历史，虽看到了一丝亮光与各位先驱们的不懈努力，但是黑夜依然漫长，中国一时还不能找到正确的道路。历史把舞台留给了后面这些重要的历史人物，他们继承了先辈们的爱国精神。一代又一代先进的中国人不断反思，不懈探索，让中国最终摆脱了民族危机！

七、教学评价设计

水平1：请解释为什么甲午中日战争失败和《马关条约》的签订，证明了洋务运动的破产，进一步把中国社会推向半殖民地半封建社会的深渊？

答案思路提示：甲午中日战争说明，只引进资本主义国家新的军事和生产技术，不变革政治制度，不能真正保障国家安全，抵抗外敌侵略。《马关条约》刺激列强掀起了瓜分中国的狂潮，巨额赔款和清政府向列强的大借款，使得列强进一步控制中国的经济命脉，也加重了中国人民的负担。

水平2：结合教科书中《天朝田亩制度》的相关《史料阅读》，思考为什么洪秀全领导的太平天国运动不能突破封建秩序？教科书中的《学习拓展》指出了洋务运动和甲午中日战争对中国早期民族资本主义企业产生的作用，如何认识中国近代资产阶级产生的情况？

答案思路提示：《天朝田亩制度》否定了封建地主土地所有制，但并没有涉及中国国家现代化的相关内容，而且文件本身也未能实施；由于农民阶级的历史局限，《资政新篇》所设想的社会经济政策所需要的经济基础和上层建筑都不存在，因此无法突破封建秩序。洋务运动客观上为早期民族资本主义企业的诞生创造了条件，甲午战后，帝国主义列强在华竞相开设工厂，进行资本输出，继续增加商品输出，进一步瓦解中国自然经济，也为民族工业发展创造了某些客观条件。同时，清政府为了扩大财源，放宽民间设厂的限制；由于严重的民族危机，"实业救国"思潮也蓬勃发展。在上述背景下，一批民族资本主义企业发展起来，早期民族资产阶级逐渐形成。

水平3：陈旭麓指出，把侵略同侵略带来的社会变化分开来是马克思主义的一个重要思想，教科书设置了"宗藩关系"这则《历史纵横》，《问题探究》提供了毛泽东在《中国革命和中国共产党》中的一段论述，结合以上材料和自身的课外阅读，请选择、组织和运用材料，概述19世纪外国资本主义入侵对中国经济、政治、外交等多方面带来的影响。

答案思路提示：列强入侵给中华民族带来巨大灾难，中国社会逐渐滑向半殖民地半封建社会深渊。政治上，国家主权遭到列强无情的践踏，中华民族面临亡国亡种的危机。经济上，中国传统的自然经济逐渐瓦解，破坏农村家庭手工业，沉重打击城市手工业，中国被迫卷入资本主义世界市场，农民面临严重的生存危机，太平天国运动的爆发与此有密切的关系；但同时，原有的经济结构遭到破坏，也为洋务企业、民族资本主义企业创办、民族工业兴起和民族资产阶级诞生创造了条件。外交上，伴随着宗藩关系的逐渐解体，一方面，中国被纳入资本主义世界殖民体系，国家主权遭到践踏，列强利用宗藩关系解体的过程，开展外交活动来扩大自身的侵略权益，反映了晚清中国社会半殖民地半封建社会的性质；另一方面，从办夷务到办洋务的观念的逐渐变化，反映出中国官员开始意识到维护国家主权、设置外交机构、参与国际外交的重要性，甲午中日战争后，更多的中国民众逐渐认识到自己不仅是清朝的臣民，更应具有中国公民的意识，推动中国与世界接轨。

八、板书设计

第17课　国家出路的探索与列强侵略的加剧

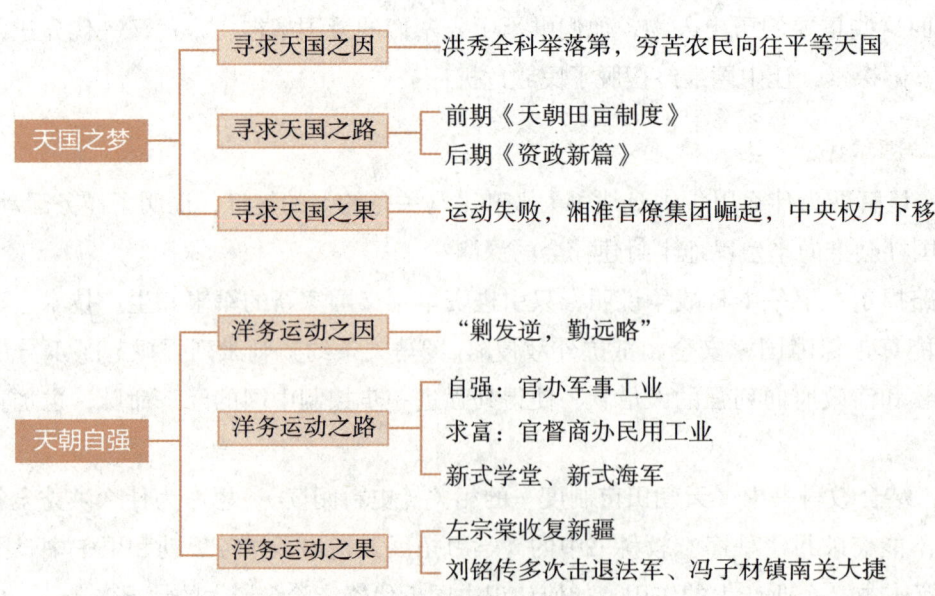

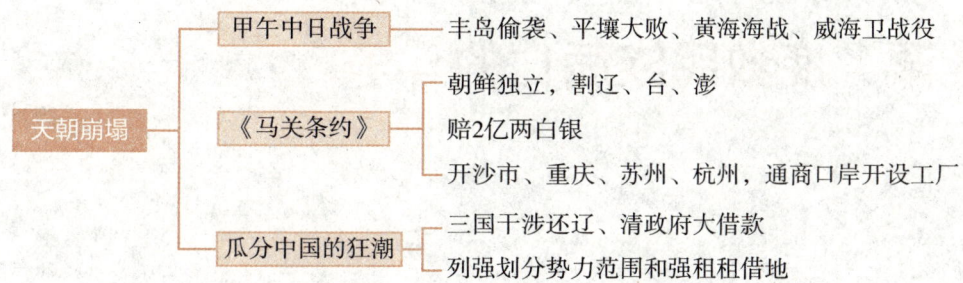

九、教学反思

本课是一节历史时间跨度相当长的课，从1851年持续至约1898年，学生很容易迷失在繁杂的史实中，难以把握本课学习的重难点，针对这样大容量高强度的学习任务，本教学设计的特色和反思如下：

第一，围绕清王朝组织教学，本课的主要问题就是在内忧外患的晚清时期，清王朝如何应对这些挑战，挽救民族危亡，从而维护自身的统治。本课从太平天国运动的挑战开始切入，以湘淮集团的崛起、洋务运动的成就与败局为线索，为学生勾画了历史演变的基本脉络。

第二，坚持以民魂为中心的教学立意。教学立意是一节课的灵魂，本课以农民阶级、地主阶级的民魂为中心，从湘淮集团应对挑战、洋务运动的实践、晚清的危机与败局三个前后相连的线索，揭示"惟有民魂是值得宝贵的，惟有他发扬起来，中国才有真进步"的家国情怀。

第三，关注学生"历史学科核心素养"的提升。本课通过原始史料、学者论述、图片等多种形式，将感性的诗歌材料与理性的历史地图相结合，使学生感受当时的历史氛围，以史实为基础，使学生的历史解释素养得到提升。

教师在试教过程中发现，由于本课涉及的史实较多，学生对诸多历史事件比较陌生，比如对于洋务运动的目的，教科书使用了"剿发逆，勤远略"的表述，但高一学生阅读文言文依然有一定的困难。此外，学生对洋务运动、太平天国运动、中法战争等事件的史实也比较陌生，使教师在落实基础知识方面需要一定的时间，因此，教师仍需思考如何更好地调动学生在课堂中参与的积极性。由于以上各方面的因素，最后一个教学探讨环节——探究晚清时期中国反侵略失败原因的课堂时间安排，就会相对紧张，研讨的气氛不如教师的预期。为了优化教学时间的设置，加强学生学习的自主性，教师仍需做长期的探索与实践。

（浙江省宁波市鄞州中学　史俊伟）

十、点评

该教学设计立足教情与学情，充分体现新课标的要求与方向。一是从单元教学的视角，对本课内容进行大胆取舍，深度整合，引导学生站在整体宏观的历史现场把握历史事件和历史现象，能更好地拓展学生对历史认知的深度与广度。二是把对关键问题的探究放在教学首位，指导学生阅读史料，在读、思、悟中促进学生深度学习，在具体问题的解决中培育学生历史学科核心素养。三是以时间为线索，以民族先驱探索国家出路为主题，层层叩问历史，逻辑清晰，前后呼应，引导学生从历史的角度关注国家的发展与命运，涵养家国情怀。

（浙江省宁波市教育局教研室　徐玉萍）

第18课 挽救民族危亡的斗争

一、教科书内容分析

本课的时间跨度是1895—1901年，此时的中华民族面临的已不仅仅是"变局"，而是"危局"。在晚清中国的转型接力跑中，前一阶段洋务运动的"变器"开启了"科技现代化"的第一棒，而甲午战败证明这不足以挽救危局。于是转型的接力跑自然会深入"变政"，从而开启"政治现代化"的第二棒。从一定意义上说，戊戌变法在中国近代史上开了"政治现代化"的新篇章。自上而下的"变政"失败预示着清政府又一次错过了自救的机会，艰难转型的中国被逼至崩溃边缘。庚子和辛丑之交既是中国的低谷，也是转型重新起步的起点。它意味着旧式的民族反抗斗争已经难以改变中国的命运了。

二、学情分析

通过初中阶段的学习，高一学生对戊戌变法、义和团运动、八国联军侵华等相关史实已处于了解层面，但唯物史观指导下的历史贯通感需要在高中阶段加强。同时，高一学生求知欲强，历史思维正在形成，且具备一定的分析能力，但辩证思维不足。"以史为鉴、面向未来"对于正处在人生观、价值观形成关键时期的学生也是非常可贵的成长资源。

三、教学目标

1. 能够从19世纪世界民主化、工业化的历史潮流中认识戊戌变法的进步性及其对晚清中国自我转型的重要意义。

2. 能够运用相关史料，理解"和平变政"的失败是历史进程、社会现实和阶级局限等多种历史合力造成的。

3. 通过分析《辛丑条约》的内容，认识近代社会的两大主要矛盾；理解20世纪之交的中国需要新的阶级结构和代表时代发展方向的阶级力量来领导中国的转型；懂得顺应历史潮流、勇于开拓才是理性的爱国主义。

4. 感受前人为挽救民族危亡的不懈努力和巨大牺牲，认识到近代中国转型接力跑是中华民族的壮丽史诗，其中每一个阶段都谱写了可歌可泣的诗篇。

四、教学重难点

重点：戊戌维新运动的背景及意义，各阶级为挽救民族危机的努力。

难点：戊戌维新运动失败的原因，近代中国的主要矛盾和革命的领导力量。

五、教学设计思路

本单元总体的教学思路是基于单元学习主题框架，把握阶段性关键事件，以递进式问题引领，通过创设历史情境来把握这一时段历史进程的变化与延续、继承与发展、原因与结果，认识晚清中国自我转型的总体趋势。

落实到本课的具体思路如下：

1. 主题引领单元学习——晚清中国的"危"与"机"

通过单元主题搭建历史学习的时空框架，培养学生的大历史观。晚清中国的"危"是外患和内忧交织的结果，而在"危"的刺激下，各阶级的因应方案正是晚清中国转型的"机"。"危"从何来？这是资本主义国家以自己的意志在改造世界，走进中国！"机"向何去？这是近代中国在世界潮流中改变自己，走向世界！

2. 关键词确定教学立意——"危局"中的"变政"

把握19世纪末晚清中国转型的阶段性特征。甲午战败及随之而来的瓜分狂潮让中国面临着更加冷酷的存亡"危局"，以强敌为师的戊戌维新运动既是救亡的时代诉求，也是自我转型的深入。

3. "历史三问"激活思辨——前人已经做了什么？今人应该做什么？后人可以做什么？

理解洋务运动的"变器"开启转型接力跑第一棒——技术现代化，戊戌变法的"变政"接过第二棒——政治现代化，呼应着世界民主化、工业化的潮流。和平"变政"的失败让传统政府的守旧与顽固暴露无遗。和平"变政"失败加深了危机，于是武力"变政"——辛亥革命顺势而来。

4. 通过细节返回历史现场——谭嗣同拒逃求死

对历史人物的学习"涉及历史观、时代背景下的人物定位、人物的具体材料、如何正确解释人物的言行以及从中获得的教益"。因此，历史人物在历史学习中是非常必要的。

5. 学术情境深化思维——何为"爱国"？

以学术情境来制造认知冲突，深化历史思维，培养学生的历史解释能力。

六、教学过程

一封沉痛的日本"劝降信"

1886年，丁汝昌带着德制定远号、镇远号抵日。伊东祐亨参观后承认"如果现在和清国开战，没有胜利的可能"。此时的中国正在开展洋务运动，伊东祐亨的感慨说明洋务运动取得了什么成果呢？

（伊东祐亨致丁汝昌）书云："时局之变……今贵国亦不可不以去旧谋新为当务之急，亟从更张。苟其遵之，则国可相安；不然，岂能免于败亡之数乎？……夫大厦之将倾，固非一木所能支……诚为些些小节，何足挂怀？"

——王芸生编著《六十年来的中国与日本》第二卷

然而10年后的北洋舰队被日本打得几乎全军覆没。丁汝昌收到敌军主将伊东祐亨的劝降书。半个多月后，丁汝昌就自杀了。丁汝昌看完此信后，会作何感想？清廷当局者看完又当如何？100年后的我们读来心情又如何？

【设计意图】用中日10年前后的反差来制造情感冲突，引出课题——"危局"下的"变政"。

环节一 "变政"保国的疾呼

这封出自敌军主将之手的连劝带讽的"劝降书"对麻木已久的大清帝国,真是一极大的震撼。自此以后,"变法改制"的时代呼声如狂风暴雨,不可抗拒。

呜呼!观今日之世变,盖自秦以来未有若斯之亟也。夫世之变也,莫知其所由然,强而名之曰运会。运会既成,虽圣人无所为力,盖圣人亦运会中之一物。既为其中之一物,谓能取运会而转移之,无是理也。彼圣人者,特知运会之所由趋,而逆睹其流极。唯知其所由趋,故后天而奉天时;唯逆睹其流极,故先天而天不违。于是裁成辅相,而置天下于至安。后之人从而观其成功,遂若圣人真能转移运会也者,而不知圣人之初无有事也。即如今日中倭之构难,究所由来,夫岂朝一夕之故也哉!

——严复《论世变之亟》(1895年)

材料中的"世变"指的是什么?严复认为"世变"出现的原因是什么?该如何应对?

【设计意图】注意史料中的关键信息:时间、关键词、人物相关经历等,能够充分运用关键信息来分析戊戌变法的背景。

1895年4月,签《马关条约》的消息传来后,康有为联合18省举人联名上书朝廷,史称"公车上书"。这次上书虽未送达光绪帝,但史学界还是认为这次流产的康梁"公车上书"拉开了维新变法的序幕,为什么?

18省举人是当时中国的知识精英,他们的上书更多的是对于民族前途的思考,这一行动打破了明清以来"士人不得干政"的传统,这是知识分子的觉醒。20世纪延绵不断且威力巨大的学生运动,可以说由此而发端。

【设计意图】了解"公车上书"的过程,认识其历史意义。

时间轴上呈现《马关条约》签订后的变法上奏,展示维新派创办的学会和报纸的分布图。

【设计意图】让学生直观感受到甲午战败对中国造成的精神冲击,要求变法的气氛日益浓厚,变法成为当时的时代诉求。

环节二 "政变"保清的反动

1898年6月11日,光绪帝颁布"明定国是"诏书,变法开始。三个月后,形势却急转直下,9月21日,慈禧发动政变,囚禁光绪帝,追捕维新人士,戊戌六君子血染菜市口。

面对反动势力的追捕,康梁逃亡海外,谭嗣同是湖北巡抚谭继洵之子,依现在的说法是高官子弟,完全有条件脱身逃离,可他拒绝逃走,一心求死。

被逮捕之前一日,日本志士数辈苦劝君(谭嗣同)东游……君曰:"各国变法无不流血而成,今中国未闻有因变法而流血者,此国之所以不昌也,有之请自嗣同始。"

——梁启超《戊戌政变记》(1898年)

谭嗣同

如果你是谭嗣同,你的选择是什么?为什么?为何顺应时代诉求的变法会迅速失败?

【设计意图】营造情感氛围,制造认知冲突,感受戊戌六君子流血的价值。

材料一 (《新学伪经考》和《孔子改制考》)这两部书是康有为1891至1895年在广州万木草堂讲学期间完成的著作。《新学伪经考》认为东汉以来独尊为儒学正宗的古文经,不过是刘歆为王莽篡汉而伪造的"新学",湮没了孔子学说的"微言大义"。《孔子改制考》遵奉孔子为托古改制的改革家。这两部书从根本上动摇了"恪守祖训"的观念,宣传了维新变法的合理性。

——《中外历史纲要》(上)

康有为是这场改革运动的理论家,早在1895年前康有为已经完成了变法的理论奠基,将孔子树为改革家。他这样做的意图何在?

主张改良的传统知识分子熟读四书五经,他们希望能通过孔子来为变法事业提供历史依据,不失为一种政治智慧,虽然带上了保守的烙印,但也符合传统知识分子的认知能力。

材料二 我朝变法,但采鉴于日本,一切已足。……日本所以能骤强之故……其本为何?曰:开制度局、重修会典、大改律例而已。……日本改定国宪,变法之全体也。

——康有为《日本变政考》(1898年)

康有为于1898年写成《日本变政考》,分析了日本变政成功的原因。这是知识分子面对危机时保持的理性。痛定思痛后的改良派痛心疾呼——以强敌为师!康有为建议设立"制度局",来设计如何更改全部旧法与官制。这一"全变"划开了与洋务运动的历史界限。

康有为毕其功于一役的激进作风,迎合了急于求成的年轻皇帝的需要。有了最高统治者皇帝的支持,于是,变政从理论付诸实践。1898年6月11日,光绪颁布"明定国是"诏书。此后的103天里,光绪皇帝先后发布上百道变法诏令。

你能从中看出变法蕴藏着哪些失败的隐患吗?

长达150年的中国近代史是一部转型史,然而,那时的光绪帝和维新派想把这百年难转之"型",转于弹指之间,必然失败。

【设计意图】创设史料情境,从世界现代化潮流角度分析维新派变政主张的进步性;从中国现实国情分析变政失败的时代和阶级局限性,培养学生对历史"温情之敬意,理解之同情"的家国情怀。

环节三 反动加剧危局——庚子之祸、政治分裂、《辛丑条约》

变政保国的行动没能抵御政变保清的反动,六君子的血再次暴露了清政府的腐朽与反动。在近代中国"转型"的过程中,戊戌维新运动是一个重要的阶段。变法失败固然是件惨事,而真正可悲可叹,乃至惨不忍言的,却是守旧和排外的思潮压倒性地反扑,直接酿成了那桩几乎引起中国"瓜分"之祸的八国联军之乱,史称"庚子之祸"。

查看教科书中的《义和团运动和八国联军侵华战争形势图》。

仔细观察地图,义和团最早只是自发兴起于山东等地的反洋教斗争,后来为何能在北方地区形成燎原之势,并迅速进入到清廷的统治中心——直隶?

列强迫使慈禧退位的传言让慈禧的"恨洋"战胜了"怕洋",苦于"攘外"无门,于是,以"灭洋"为口号的义和团得到了统治者的认可。清政府想要"招抚"义和团,为大清王朝"保天下"。因此，义和团很快发展到京津地区。列强以此为借口发动八国联军侵华战争，想趁机瓜分中国，北京城成为了人间地狱。

展示《东南互保形势图》。

当北方中国硝烟弥漫时，东南的督抚却并不与朝廷站在同一战线。两广总督李鸿章接到圣旨后回电说："此乱命也，粤不奉诏。"湖广总督张之洞则回电："臣待罪东南，不敢奉诏。"于是，他们违抗圣旨，与西方列强签订了协议，保持了中国东南各省在这场"战争"中的中立，史称"东南互保"。东南避免了列强的炮火，也暴露出大清帝国统治集团出现了史无前例的分裂。

本年夏间，拳匪构乱，开衅友邦。朕奉慈驾西巡，京师云扰。迭命庆亲王奕劻、大学士李鸿章作为全权大臣，便宜行事，与各国使臣止兵议款。昨据奕劻等电呈各国和议十二条大纲，业已照允。仍电饬该全权大臣将详细节目悉心酌核，量中华之物力，结与国之欢心。

——《上谕》（1901年）

这次战争战败的结果和此前任何一次战争一样，除了乞和外，别无他途。为什么说《辛丑条约》的签订，标志着中国半殖民地半封建社会完全形成？

多次失败导致了屈服，清政府甚至提出"量中华之物力，结与国之欢心"，政府抵抗意识全然丧失，这是过去从未有过的。庚子和辛丑之交是一个阶段的结束和另一个阶段的开始，它意味着旧式的农民运动和改良运动已经难以改变中国的命运了。

【设计意图】结合地图讲述这段惨痛的历史，专制政府的自私与落后充分暴露，不但失去民心，也导致了统治集团内部的分裂。内忧外患交织的清政府必然被时代和人民唾弃。

环节四　晚清中国转型接力跑

半个世纪以来，如何面对外部世界，一直是近代以来横亘在中国人面前的一道难题。"危"从何来？这是资本主义国家以自己的意志在改造世界，走进中国！"机"向何去？这是近代中国在世界潮流中改变自己，走向世界！

中国人接受了太平天国、义和团的痛苦教训，觉悟到旧式的农民起义和盲目排外是无法救国的，只有近代化的中国才能挽救近代化的世界带来的危机。然而在民主化和工业化的世界潮流下，理应承担起重任的清政府一次次错过转型机会。帝国主义和封建专制势力成了中华民族前进道路上的最大障碍。逆流而行的清政府被时代淘汰是历史发展的必然，晚清中国就这样走向了20世纪初政治现代化的另一种方式——武力变政，并建立了亚洲第一个资产阶级共和国。

【设计意图】回顾晚清中国转型的历程，感受前人为挽救民族危亡的不懈努力和巨大牺牲，突破教学难点——认识到近代中国社会的两大主要矛盾；理解在新的历史时期，中国需要新的阶级结构和代表时代发展方向的阶级力量来领导中国的转型。

七、教学评价设计

爱国主义永远是一种打动人心的力量。但从爱国主义出发走向近代化和从爱国主义出发回到中世纪，确乎并不同义。

——陈旭麓《近代中国社会的新陈代谢》

1895—1901年重要史事表

时间		史事
1895 年	4 月	《马关条约》签订，公车上书
1897 年	11 月	德国强占胶州湾
1898 年	6 月	"明定国是"
	9 月	戊戌政变
1900 年	6 月	八国联军侵华，慈禧"宣战"
	8 月	北京沦陷
1901 年	9 月	《辛丑条约》签订

依据表格中的相关信息，结合材料，拟定一个论题，谈谈你对上述两种"不同义"的爱国主义的认识。（要求：明确写出所拟论题，阐述须有史实依据）

提示：首先，要明确材料观点是什么；其次，要明确对观点的态度怎么样；最后，运用史实进行论证。解答注意事项：就材料中自己掌握史料最充分、最熟悉的一个观点进行论述；注意史论的时空限制，准确表述一个完整的历史观点。

【设计意图】考查学生的历史解释能力，引导学生懂得顺应历史潮流、勇于开拓才是理性的爱国主义。

八、板书设计

第18课　挽救民族危亡的斗争

（板书结构示意图：转型之机——改良变政→革命变政；甲午危局——维新派变政保国→政变保清→清政府；义和团保清灭洋→庚子危局→革命派武力救国；时间轴：1895.4《马关条约》——1901.9《辛丑条约》）

九、教学反思

本课教学内容涵盖戊戌维新运动、义和团运动、八国联军侵华战争和《辛丑条约》的签订。在最初准备本课的教学设计时，教师曾经深陷于庞杂的知识点中无法自拔，最后围绕"戊戌维新变法"这一关键性事件进行大胆取舍，重墨渲染"变政"迈出政治现代化转型的重大意义。

本课授课过程中最大的遗憾是对历史地图运用不够，在现代化转型中，中国南方起到了开风气之先的领跑作用。始于"五口通商"，到随后的太平天国、洋务运动、维新变法、东南互保等都推动着南方的崛起。如果在教学中，能够以电子地图的方式依次呈现这些历史事件，不但利于历史知识的整合，而且对于把握历史的脉动都是大有裨益的。

（浙江省宁波市慈湖中学　单静燕）

十、点评

该教学设计以"危局下的变政"为主题，准确把握了19世纪末20世纪初晚清中国的阶段特征：从"变器"走向"变政"，开启"政治现代化"阶段，之后又在辛亥年迎来"武力变政"。这条主线不仅串联了本课，还承前启后，较好地落实了历史解释素养，也符合学生的认知规律。教师用"一封沉痛的日本劝降信"制造情感冲突，导入新课。以"谭嗣同拒逃求死"的历史细节展开师生对话，神入历史，使学生通过动人的细节对历史产生"温情之敬意，同情之理解"。

（浙江省宁波市奉化中学　林雪松）

第六单元　辛亥革命与中华民国的建立

第 19 课　辛亥革命

一、教科书内容分析

本课分为三个子目，分别是"资产阶级民主革命的兴起""武昌起义与中华民国的建立""辛亥革命的历史意义"。这三个子目概括了辛亥革命发生的原因、内容以及影响。第一子目列举了清末新政涉及的领域与内容，附有《奏定学堂章程》的插图和对皇族内阁的介绍，这是统编教科书相对于旧教科书的变化。第二子目减少了一些对基本史实的叙述，如民国纪年、五色旗等。这些内容在初中有所体现，此处不再重复。第三子目对辛亥革命的性质有了一个新的表述——"民族民主革命"，其不足方面也用了一段来阐述。这要求教师对统编教科书有一定研读，在理解统编教科书的精神后，在课堂上就历史学科核心素养的落地进行探索。

二、学情分析

高一是高中起始年级，师生间默契感仍在加强中，因此，对教科书的把握和课堂的互动有一定的难度，需要教师发挥主观能动性和创造性，将课堂积极性调动起来。高一年级学生的历史知识储备量有限，如果学生初中历史基础不好的话，这节课的难度是非常大的。

三、教学目标

1. 通过建立时间轴，了解清政府和革命党人之间的较量，并通过时间轴分析辛亥革命的背景。
2. 通过对同盟会誓词的分析，了解三民主义的大致内容。
3. 通过总结孙中山一生的事迹，感悟革命先行者愈挫愈奋的斗争精神和心系民众的博爱精神。
4. 通过教师对辛亥革命过程的大致讲解，了解辛亥革命的曲折性，并对临时大总统的易位有初步认识。
5. 通过对材料的分析，理解中华民国建立对帝制结束的重要意义及其局限性。

四、教学重难点

重点： 辛亥革命爆发的原因。

难点： 辛亥革命与中华民国建立对中国结束帝制、建立民国的意义及局限性。

五、教学设计思路

以"较量与妥协"为主题，从纵向和横向两个方面进行设计。从纵向来说，较量与妥协在辛亥革命发生的原因、过程和结果中都有体现，它分为三个阶段，第一阶段是清政府与革命派之间为争取民心的较量与妥协，这种较量是一种软实力之间的较量；第二阶段是清政府与革命派的武力较量，然而武力的背后其实是政治理念的较量；第三阶段是孙、袁为代表的革命派和守旧派之间较量，这同样是一种软实力的较量。从横向来说，每一阶段的较量和妥协都是该时期两方处在不同角度的一种思想和政治理念的较量。通过对这一主题的把握，引导学生思考，第一阶段清政府与革命派在民族危机这样的大背景下，是通过什么方式向人民展示其施政理念的，这种方式造成的结果是什么，又是如何在较量中妥协的，妥协与较量二者的关系要如何体现。通过对清政府与革命派之间的较量与妥协的分析，得出辛亥革命爆发的原因，突破教学重点。第二阶段的武力较量中，清政府和革命派双方又各自存在什么问题，双方又是如何应对产生的问题的？在应对产生问题时双方如何把握较量与妥协这一尺度。第三阶段，在革命派的较量对象发生转变之后，他们应该怎么做？让学生通过对史料的研读和在各方的态度中进行取舍，作出自己对辛亥革命应有的判断，使学生明白辛亥革命的局限性是不可避免的，突破教学难点。通过三个阶段的主题教学，达到历史学科核心素养中时空观念和历史解释的落地，并伴有家国情怀的贯穿，引导学生感悟革命党人的艰辛，不过分苛求历史人物。

教学环节1：较量与妥协

主要通过革命派与清政府的大事年表，让学生感悟双方在哪些方面有较量，清政府是如何妥协的。教学方法及达成能力素养要求：情景再现，还原细节，引导学生阅读大事年表和辅助材料，在探究问题引领下，探究学习，梳理革命背景，突出"时空观念"素养。

教学环节2：双方再较量

了解清政府和革命派的军事冲突，体会较量与妥协的尺度。教学方法及达成能力素养要求：引导学生阅读史料，得出革命派在军事较量中的不足，为评价埋下伏笔。基础知识的落实在课前解决。

教学环节3：较量亦或妥协

展示材料，探讨革命派的做法，进而评价辛亥革命。教学方法及达成能力素养要求：引导学生站在不同角度感悟革命派的措施，学会理解历史人物的无奈，进而分析革命影响。

六、教学过程

1. 通过展示高一新生军训时的照片，让学生注意他们的军训发型，并用四川一则1911年全城剪辫子的小故事导入本课。

2. 检查学生课前学案填空题的填写，使学生落实基础知识，对辛亥革命的基本史实有大致的了解。

环节一　较量与妥协

展示孙中山和清政府在武昌起义前十年的大事年表,层层递进式地设问,让学生在大事年表中获取必要的历史事实。

孙中山和清政府大事年表(1866—1911)

孙中山大事记	年份	清政府大事记
孙中山出生	1866年	——
从美国檀香山回乡	1883年	中法战争爆发
与好友畅谈革命,被称为"四大寇"	1890年	——
上书李鸿章提倡改革 成立兴中会号召革命	1894年	李鸿章未见孙中山 甲午战争爆发
发动广州起义失败	1895年	《马关条约》签订
发动惠州起义失败	1900年	义和团运动达到高潮 八国联军侵华
——	1901年	清末新政开始
成立同盟会,提出三民主义	1905年	五大臣出国考察,清政府预备立宪
发动三次起义均告失败	1907年	康梁积极鼓吹立宪,为立宪做准备
再次发动三次起义失败	1908年	清政府宣布9年立宪预备期
——	1909年	清政府重申预备立宪
广州新军起义失败	1910年	立宪派三次请愿速开国会 清政府不得已将立宪期改为5年
黄花岗起义失败 武昌起义成功	1911年	清政府出台"皇族内阁" 清政府宣布铁路国有,引发保路风潮

教师:从两个大事年表中,我们可以了解到孙中山从改革转变到革命的大环境是什么?我们可以感悟到孙中山的什么精神?

学生:在民族危机加深的背景下产生,孙中山对革命的执着和坚持。

教师:再看大事年表,孙中山不断革命的实践,对中国社会产生了什么影响?

学生:唤醒人们的意识,促进了革命思想的传播。

教师:阅读教科书导言,以孙中山为代表的革命党人是如何扩大这种影响的?

学生:通过著书立说和创立一系列的革命团体。

材料一

章炳麟发表《驳康有为论革命书》

邹容《革命军》

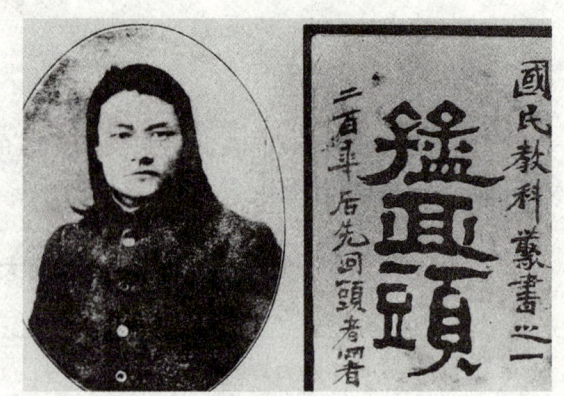
陈天华《猛回头》

教师：仔细观察这几幅图片，结合图中所出现的书名，我们可以推测在革命思想的传播过程中，革命派曾经和哪些人物进行过争论？

学生：与康有为等立宪派争论，争论的过程又可扩大革命思想的影响。

材料二　《革命团体分布图》（图略）

教师：这些革命团体的分布有什么特点？说明了什么问题？以同盟会为例，证明我们刚才的分析是否正确。

学生：沿海大城市分布较多，也有个别内陆城市和国外城市，说明资产阶级的发展壮大。同盟会中的"驱除鞑虏，恢复中华"具有很大的吸引力，恰好证明了革命思想的影响力。此外，推翻君主专制的要求又恰好证明了这是资产阶级提出的要求，符合革命团体分布在东南沿海通商口岸的特点，因为这里是民族资本主义发展较充分的地区。

教师：面对民族危机的加深和革命党人的步步紧逼，清政府是如何与革命派较量的？

学生：通过对时间轴的观察，清政府并没有坐以待毙，而是通过新政等一系列措施争取民心，和革命派展开较量。

教师：那我们就去了解一下清末新政吧，看看清政府是如何回击革命派的。同学们可以参看教科书相关内容。

材料三　着军机大臣、大学士、六部九卿、出使各国大臣、各省督抚，各就现在情形，参酌中西政要，举凡朝章国故、吏治民生、学校科举、军政财政，当因当革，当省当并，或取诸人，或求诸己，如何而国势始兴，如何而人才始出，如何而度支始裕，如何而武备始修，各举所知，各抒所见……

——《刘坤一张之洞奏条陈变通政治四端恳决意施行折》（1901年）

教师：同学们结合较量与妥协的主题，探讨清末新政有何影响？

学生：清末新政是清政府与革命派较量的方式之一。应该说清政府在一定程度上有所改变，清末新政取得了一定的成效。

教师：的确，清末新政在一定程度上推动了中国的进步，但是清政府所给出的回应是否满足了当时人们的需求呢？

材料四　当初次之失败也（1895年广州起义失败），举国舆论莫不目予辈为乱臣贼子、大逆不道……惟庚子失败（1900年惠州起义失败）之后，则鲜闻一般人之恶声相加，而有识之士,且多为吾人扼腕叹惜,恨其事之不成矣。

——孙中山《革命原起》(1918年)

教师:同学们从这一材料可以看出国人发生态度变化的主要原因是什么呢?

学生:对清政府失去信心,民心向背发生变化。

教师:我们可以发现,清政府的新政是与革命派的较量,也可以说是对人民呼声的一个妥协,然而,它的妥协满足了人民的需求了吗?从材料可以看出来,这点妥协是远远不够的。我们再回过头来看大事年表,清末新政实施几年后,清政府又采取了预备立宪这一妥协方式。

材料五 以今日之时势言之,立宪之利有最重要者三端:一曰,皇位永固。……一曰,外患渐轻。……一曰,内乱可弭。海滨洋界,会党纵横,甚者倡为革命之说。……今改行宪政,则世界所称公平之正理,文明之极轨,彼虽欲造言而无词可籍,欲倡乱而人不肯从,无事缉捕搜拿,自然冰消瓦解,大利三。

——载泽《奏请宣布立宪密折》(1906年)

教师:我们从载泽的奏折中可以看到,清政府预备立宪的直接目的和根本目的是什么?通过大事年表可以看出,这场预备立宪是否达到了他的目的?试说明理由。

学生:直接目的就是为了应付不断爆发的起义,根本目的是为了维护清政府的统治。通过大事年表可以看出,当时人们的呼声不仅仅是进行一系列的经济教育改革,更重要的是实行政治制度的重大变革。清政府在与革命派较量的过程中,祭出了预备立宪这个利器,这是对立宪派的妥协,赢得了立宪派的支持。然而,预备立宪时间上的拖延和皇族内阁的出台暴露了清政府的真实目的,使其失去了立宪派的支持。

教师:革命派和清政府在这一环节中都各自亮剑,在双方较量过程中,清政府有一定的妥协。那么同学们是否能在他们之间的较量和妥协中得出什么感悟并归纳辛亥革命爆发的原因呢?

学生:正是因为清政府在较量的过程中没有把握妥协的度,导致原本支持它的立宪派也倒戈了。此外,清政府还在妥协期间进一步倒逼人民,引发了保路运动,将来之不易的一点好形象毁得一干二净。

教师总结:我们在分析完清政府与革命派的较量与妥协后,逐渐厘清了辛亥革命发生的原因。

①民族危机的加深;②清末新政推动民族资本主义的发展和资产阶级壮大;③资产阶级革命团体的建立与革命思想的传播;④一系列革命武装起义的经验积累;⑤民众的觉醒;⑥保路风潮的刺激。

【设计意图】通过展示大事年表,培育学生的时空观念,让学生能够捕捉历史的细节,体会较量与妥协的主题,得出以孙中山为代表的革命派,面对民族危机,步步打击清政府,而清政府为应对立宪派和革命派被迫做出应对,并在与革命派较量的过程中有一定的妥协,但清政府没把握住妥协的度,导致武昌起义爆发。

环节二 双方再较量

双方再较量实际上说的是辛亥革命过程中的武力较量。

材料一 湖北的革命党人为发动起义进行了认真的准备，如成立了起义的领导机构，推蒋翊武为临时总指挥，孙武为参谋长，计划定于10月16日起义。1911年10月9日，孙武在汉口俄租界宝善里14号秘密制造炸弹时发生事故，不幸被炸伤。俄国巡捕前来搜查，孙武和其他人脱逃，但起义的文件、旗帜等被搜走。湖广总督瑞澂闻听此事后下令全城戒严，搜捕革命党人。10月9日晚，蒋翊武被捕，后跳出巡警署围墙逃跑。

——摘编自章开沅、林增平主编《辛亥革命史》（下）

教师：同学们在阅读完这则材料后，能得出什么历史信息？

学生：起义仓促偶然、群龙无首。（其他回答只要合理即可）

教师：山东于11月12日宣布独立，11月24日又宣布取消独立，独立时间一共才12天。11月15日，江苏巡抚程德全受革命力量的推动，用竹竿挑去巡抚衙门上的几块瓦片，宣布江苏省脱离清廷独立，作为江苏省城所在地的苏州，不费一枪一弹就赢得了独立。这两个省的独立情况，说明了什么问题？

学生：两个省的独立说明辛亥革命的起义风潮并未波及每个省，起义不是很彻底。

教师：在短短一个多月内，十几个省就独立了，说明了什么问题？

学生：进程速度过快为后来的革命失利埋下了伏笔，革命派中混进了大量的立宪派和旧官僚，起义进行得如此顺利不是革命派军事力量强大造成的，而是各种政治力量共同作用的结果。清政府在短时间内土崩瓦解，除了说明它的确不得民心外，也从侧面证明了此前清政府在与革命派较量的过程中，没有把握好妥协的度。

【设计意图】引导学生从历史细节入手，通过历史现象来解释问题，培养学生的历史解释能力。

环节三 较量亦或妥协

教师：民国成立前后，革命党人面临复杂的形势，武昌起义后不久，清政府任命袁世凯为内阁总理大臣，率北洋新军进攻武昌，1911年11月底至12月初，汉口汉阳两地沦陷，清政府军队兵临城下，双方对峙；此时，革命党人办公经费与军费均频频告急；革命党人内部对革命是否终结发生分歧。就革命党所面临的形势，你是选择较量（打）还是妥协（谈）？

学生：（各抒己见后，多数认为可能南北和谈才是最终出路）

教师：既然同学们认为和谈是最好的结局，那么南北双方又是如何谈的呢？在谈的过程中，双方又做了哪些妥协呢？

材料一 孙中山，同盟会领袖，数次领导革命起义，虽失败，但革命精神广为传播，辛亥革命前的十几年在国外宣传革命思想，武昌起义时在美国募集革命经费。

袁世凯，河南项城人，清末新政期间推动近代化改革，清政府先后任命其为直隶总督兼北洋大臣、内阁总理大臣，手握清政府的政治、军事大权，是守旧派。

教师：同学们，从简历可以看出，两个阵营的南北和谈问题其实主要聚焦在两派领袖身上，而两派领袖的焦点问题就是谁能出任大总统。同学们认为谁能出任呢？请你们各自站在守旧派、革命派、列强三方面思考。

学生：（各抒己见，并说明理由）

材料二 公果能来归乎？与吾徒共扶大义，将见四百兆之人，皆皈心于公，将来民国总统选举时，第一任之中华共和大总统，公固不难从容猎取也……

——黎元洪《复袁世凯书》(1911年)

材料三 兴思人才原有高下之分，起义断无先后之别。明公之才能，高出兴等万万"。以拿破仑、华盛顿之资格，出而建拿破仑、华盛顿之事功，直捣黄龙，灭此房而朝食，非但湘、鄂人民戴明公为拿破仑、华盛顿，即南北各省当亦无有不拱手听命者。苍生霖雨，群仰明公，千载一时，祈毋坐失。

——黄兴《致袁世凯书》(1911年)

材料四 今闻已有上海议会之组织，欣慰。总统自当推定黎君。闻黎有请推袁之说，合宜亦善。

——孙中山《致民国军政府电》(1911年)

材料五 我认为，行动的时间已经到了，如果列强不欲担负使北京政府瘫痪的后果。袁世凯必须得到支持，因为只有他是稳定的保障。

——《德驻京公使哈豪森致外电》(1911年)

教师：为什么当时的各派代表要做出那样的选择？在孙袁较量中，孙是如何妥协的，体现了孙中山的什么精神？袁又是如何妥协的？这样做的意义是什么？

学生1：立宪派和旧官僚出于感情和对革命派的不信任推举袁；黄、孙在军事不能保证全胜的情况下，为保存革命的力量，做出的无奈之举；列强对袁世凯的认同和为最大程度上榨取中国利益而推袁，这些都说明了只有在实力大致相同的情况下才有妥协。

学生2：各方代表都一定程度上支持实行共和制，说明妥协也是有底线的。袁世凯在各方的要求下，停止了武力进攻，逼清帝退位。清廷获得一定优待条件后表示同意，辛亥革命结束。

教师：既然各方人士包括孙中山自己都提出了希望袁世凯做总统，那为何孙中山又做了临时大总统呢？

学生：孙中山就任临时大总统，逼袁世凯促使清帝退位，保存了革命的力量，又达到了政治目的，说明了妥协是政治的一种弹性选择；孙中山在这样的情况下能够在后来主动让位，其精神值得敬仰。

教师：同学们回答得很好，这样我们就可以得出一个认识，辛亥革命最后的结果可以说是达到了大部分人的目的，但这场革命进程太快，没有深入到中国的各个层面，因此我们指望这样一场革命就能够解决中国的所有的疑难杂症是不现实的。因此，我们应该看到革命党人要做什么，做到了没有，而不要苛求他们一定要做到。

材料六 1912年2月12日，宣统帝宣布退位，清朝覆灭。《临时约法》规定中华民国主权属于国民全体，国民享有各项权利。1915年，袁世凯公开复辟帝制，遭到全国人民的强烈反对。83天后，袁世凯被迫取消帝制。

——摘编自章开沅、林增平主编《辛亥革命史》

材料七 从1912到1919年，中国新建的厂矿企业达470多家，投资近1亿元，加上原有企业的扩建，新增资本达1.3亿元以上，相当于辛亥革命前50年的投资总额。中国工厂使用的蒸汽动力……约增长了一倍。

——严中平《中国近代经济史统计资料选辑》

材料八 南京临时政府颁布了一系列政策法令，如：革除历代官厅"大人""老爷"等称呼，禁止蓄辫等。民国三年，戴季陶遇见一个老农，因戴氏身着日本服装，老农遂问其国籍。戴称"予中华民国人也"。老农"忽作惊状，似乎不解中华民国为何物者"。当戴氏告诉老农"你也是中华民国人"时，老农茫然恍然，连声说："我非革命党，我非中华民国人。"

——唐文权、桑兵编《戴季陶集》

材料九　我们同僚中很多人知'共和'，但是这个共和怎样共法，怎样建立新局面，新局面究竟如何，谁也不知道。

——摘自吴长翼编《八十三天皇帝梦》

教师：通过上述材料，你如何认识这场革命。

学生：（各抒己见，不作固定的答案要求，但对学生的答案要归纳角度）

教师：尽管革命不够彻底，仍存在一定的局限性，但辛亥革命最大的功绩在于它推翻了清王朝，达到了它当时所要达到的目的，因此我们才说这是一场伟大的民族民主革命。从这一系列的较量与妥协中，我们看到了以孙中山为首的革命派的无奈与无私，无奈的是在这一系列的革命过程中，所产生出的时局复杂，也说明了以孙中山为首的革命派存在着一定的局限性。但最后，我们要看到，孙袁这一妥协对中国局势的走向是如何影响的，在推动中国近代化时是否起到了积极作用。

【设计意图】通过学生对材料的解读，再一次凸显主题——较量与妥协，让学生明白为国家大计牺牲个人利益的大无畏精神，感悟孙中山的革命情怀，并设身处地体谅当时人物的抉择。在评价中不对辛亥革命的局限性做过多的苛责，只要学生明白中国救亡图存的道路艰辛坎坷。但在这一环节中，要强调课标新增补的民族民主革命这一新的内容。

七、教学评价设计

课前评价：学案（成果形式：纸质）

第19课　辛亥革命（学案）

课标要求：了解孙中山三民主义的基本内容，理解辛亥革命与中华民国建立对中国结束帝制、建立民国的意义及局限性

问题一：辛亥革命为何会在1911年发生？

1. 《辛丑条约》签订后，民族危机进一步加深，清政府试图通过新政自救，新政一定程度上发展了资本主义经济，使得资产阶级壮大，但却激化了社会矛盾。

2. 1905年，孙中山在东京创立了中国同盟会，并在机关报《民报》提出三民主义，中国同盟会的建立促进了革命运动的发展。

3. 一系列的武装起义和革命思想的传播沉重打击了清政府。

4. 在革命运动的推动下，1906年，清政府宣布预备立宪。但其组织皇族内阁，使立宪派转而支持革命。

5. 1911年，清政府宣布铁路国有，引起人们的强烈不满，引发保路运动，成为了辛亥革命的导火线。

问题二：革命后的政权有何特殊之处？

6. 1911年10月，新军工程第八营打响了武昌起义第一枪，起义军控制了武汉三镇，并成立湖北军政府。

7. 1912年1月1日，中华民国临时政府在南京成立，孙中山就职第一任临时大总统。新的共和政体就此诞生。1912年2月12日，清政府颁布《退位诏书》，宣告清王朝结束。

8. 3月11日，参议院制定的《中华民国临时约法》颁布，约法规定了国家主权属于国民，它是中国历史上第一部具有资产阶级宪法性质的重要文件。

9. 袁世凯在列强的支持下，武力胁迫革命党人，并施压清政府，窃取了辛亥革命的成果。

问题三：辛亥革命给我们带来了什么？

10. 辛亥革命是近代中国一次比较完全意义上的民族民主革命，政治上，它推翻了清政府，结束了两千多年的君主专制；经济上，它促进了民族资本主义经济的发展；思想文化上，它传播了民主共和理念，推动了中华民族解放；社会生活上，它冲破了封建思想。

11. 辛亥革命没有解决中国社会的根本矛盾，没有实现民族独立，人民解放的任务。它缺乏科学的革命纲领、能够发动大多数的民众，以及组织严密的革命政党的领导。

【设计意图】一是以问题为导向，通过学案这一抓手要求学生通读教科书，掌握辛亥革命这一课的相关知识构架，并能够对问题有一定的回答。二是在学案填写完成后，起到一箭双雕的作用，即学生可以掌握基础知识，明白教科书的大致结构，也可以给教师一定的拓展空间，不需要对学生在初中已经掌握的知识，或者是能够通过看书得到的知识进行重复讲解，课堂上可以通过展示史料，着重于学生对教科书的知识结论的思考，培养学生的史料实证能力。

课后评价：活动课（成果形式：PPT，活动报告）

活动课：缅怀革命英雄，培育家国情怀

【活动说明】任何一个民族，任何一个国家，都有着自己的英雄。习近平曾饱含深情地指出："对一切为国家、为民族、为和平付出宝贵生命的人们，不管时代怎样变化，我们都要永远铭记他们的牺牲和奉献。"

不懂历史的民族没有根，淡忘英雄的民族没有魂。一个时代有一个时代的主题，一代人有一代人的使命。新时代属于每一个人，每一个人都是新时代的见证者、开创者、建设者。当前，我们已经前所未有地靠近世界舞台中心，前所未有地接近实现中华民族伟大复兴的目标，前所未有地具有实现这个目标的能力和信心。向着未来进发，每一个中国人都应传承英雄精神，以永不懈怠的精神状态和一往无前的奋斗姿态，在新时代续写新辉煌。在这种大背景下，缅怀革命英雄，培育家国情怀，中学生正当时！

【活动主题】以"缅怀革命英雄，培育家国情怀"为主题，通过小组参观黄花岗七十二烈士墓和辛亥革命博物馆（二选一），探究革命英雄的伟大事迹或辛亥革命的伟大历程，感悟"天下兴亡匹夫有责"的使命感和英雄人物的革命情怀。

【活动目标】

①通过对辛亥革命进程的梳理、总结，加深对辛亥革命的了解，体会革命的艰辛与革命党人为国家前途奋不顾身的革命精神和国家情怀。认识到历史进程中的曲折与发展。认识到做任何事情，都是需要经过精心准备的。认识到团结合作的重要性。

②通过对黄花岗七十二烈士墓的参观，了解那一民族危机时期涌现出来的革命人物，理解并深刻体会家国情怀的内涵，思考如何继承和发扬这一精神，明确中学生身上应有的责任感和

使命感，树立起正确的人生观、世界观和价值观。

③在活动中，形成自己的报告资料和见解，每个人展示自己的活动成果，通过课堂展示和讨论、探究，提升历史学科核心素养。

【活动过程】

①预习辛亥革命这一课内容，找到辛亥革命中出现的广东人物和历史遗迹，上网查找相关内容；

②全班分成两个大组，一组前往辛亥革命博物馆，另一组前往黄花岗七十二烈士墓。每个大组再分成两组，选出小组长布置任务，并查阅相关资料，从大主题中确定小主题。

③前往辛亥革命博物馆的小组研究辛亥革命的前后进程。按时序梳理好革命前、革命进行时和革命后的各个派别、各个人物围绕革命所做的事迹，并体会为何要作出这样的抉择。如果是你，你会怎么做。通过参观辛亥革命博物馆，感悟革命进程的坎坷与多舛。

④前往黄花岗七十二烈士墓的小组，研究黄花岗起义的大致过程，查找在起义过程中的英雄事迹，可以采访当地人民中与黄花岗烈士墓相关的人士。通过参观黄花岗七十二烈士墓，体会革命者舍己救国，不怕牺牲的精神，为了奋斗目标不惜一切的爱国情怀。

⑤搜集好素材后，由小组长组织小组成员制成PPT、影像资料、图片资料等，并在课堂上分析这些素材。

⑥小组完成后，由小组长撰写研究报告，研究报告需将此次参观的前后准备工作和感悟如实记录。

⑦主题分享。由学生代表分享此次参观的内容，另一小组负责记录和提问。发言完毕后，双方共同研讨，最后形成全班的研究报告。

【设计意图】上述目标的设定实际上包括对学生核心素养的三个方面的要求。

一是着力培养学生的史料实证素养。班级分为两个小组，一个小组参观黄花岗七十二烈士墓，另一个小组参观辛亥革命博物馆，在学生参观的过程中，学生需要观察两处所展示出来的资料。七十二烈士墓是直接史料，而辛亥革命博物馆则史料众多，一手史料和二手史料皆有，需要学生辨析这些史料，知道这些史料是从哪里来的，它们为何会以这样的方式展示出来，又为何会以这样的态度来描述等。

二是培养学生的历史解释素养。学生需要将收集的素材展示出来，做成PPT，这一过程可以考查学生如何就一张图片，一段史料，一个故事等进行合理的使用，并作出合理的推断解释，以及判断哪些素材可以相互佐证。

三是培养学生的家国情怀素养。家国情怀素养的培养是这一活动最重要的目标之一，通过对辛亥革命和黄花岗烈士墓的参观，感悟革命烈士不怕牺牲，为人民的事业，为国家的富强英勇献身的精神，这种现场参观的形式无疑是家国情怀最直观的培育方式。

八、板书设计

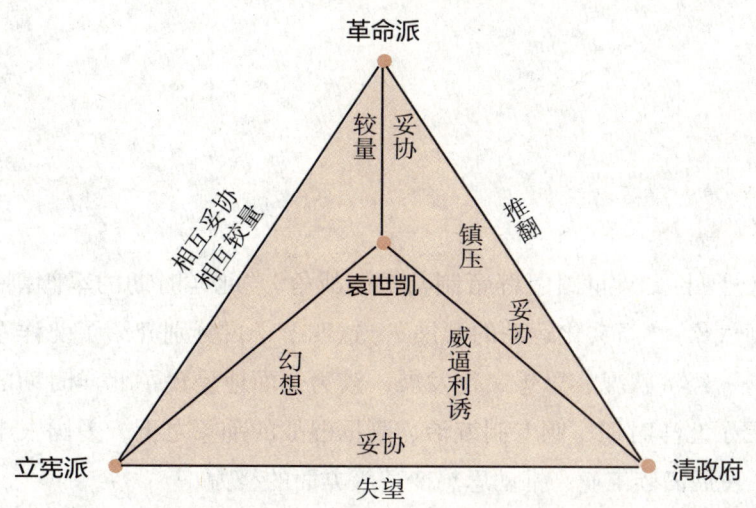

第19课　辛亥革命

九、教学反思

如何上好这一课，是一个较大的挑战。既要体现新课标的精神，体现历史学科的核心素养，又要注意新教科书与旧教科书的不同。

教师对这节课做了以下处理：①设立主题，使各环节均围绕该主题进行，并充分展现材料。材料力求精，不求多，一则材料可以反复使用，让学生有充分的时间来理解这个内容。此外，展现的材料能够让学生感同身受地理解当时的人为何要那样做，不那样做行不行。②让学生课前预习，课后复习，落实好学案，不简单复制学生已掌握的内容。③多给学生难以抉择的材料，力求培养学生的辩证思维，让学生明白历史是复杂的，不是那么轻易就能够得出结论的，进而感悟到历史对现实的启迪作用。

本课教学中存在这几个疑虑：①这类型的课适合哪类学生使用？一节课不可能是通用的，应该因材施教；②课堂只有40分钟，在这40分钟里，教师尝试了使用教科书，而没有教教科书，那效果如何呢？课堂上看，学生的反应尚可，那么应对考试呢？仍待反思。

（广东省广州市真光中学　吴树文）

十、点评

在本课教学设计中，教师较好地扮演了组织者和引导者的角色，鼓励学生主动发现和解决问题；同时强调知识的运用、情感的调动和体验，以此促进深度学习。比如提供孙中山和清政府在武昌起义前十年的大事年表，引导学生发现两者间的关联并作相关解释；通过对辛亥革命历史细节的再现，引导学生尝试以当事人所处的历史环境去思考问题；利用课外乡土历史资源，设计具有延伸学习意义的任务型活动，并以此作为教学评价的依据。

（广东省广州市教育研究院　邹樱）

第20课 北洋军阀统治时期的政治、经济与文化

一、教科书内容分析

本课包含四个子目："袁世凯复辟帝制与护国战争""北洋时期的军阀割据""民国初年经济、社会生活的新气象""新文化运动的开展"。这四个子目分别介绍了北洋军阀统治时期的民主制度、政治局势、经济状况、思想文化发展，较为全面地呈现了北洋时期的社会风貌，更是以辩证的方式介绍了北洋时期军阀专制统治、割据混战的乱象之下，爱国人士为推动社会进步在捍卫民主共和、发展民族工业、推动思想变革等方面的努力。

本课内容承接前一课《辛亥革命》，是辛亥革命后中国社会变化的全面体现，是辛亥革命"成功"和"失败"的历史见证，也是中国近代社会曲折前进的体现。辛亥革命以后中国出现了从君主专制到民主共和的巨变，本课内容反映了革命胜利后追求民主的努力和社会经济的发展、思想的进步等辛亥革命推动社会前进的表现，也有因社会巨变引发的种种混乱和走向民主和秩序重建过程的曲折性、复杂性。北洋社会存在的一系列问题反映了辛亥革命没有彻底改变中国的社会性质和人民的命运，民主革命的任务尚未完成，这也是第七单元《中国共产党成立与新民主主义革命兴起》相关内容的背景。

二、学情分析

本课教学对象为高一学生，在初中学习的过程中，学生对北洋政府统治时期袁世凯的独裁统治和袁世凯称帝、军阀割据、新文化运动有大致了解。通过对《中外历史纲要》前面课程的学习，学生对近代以来尤其是辛亥革命以后社会的变化有一定的认识，但对军阀割据的具体空间、时间认识不够清晰，对民国初年经济和社会的变迁了解较少，缺乏对北洋军阀统治时期社会的全面客观认识。高一年级学生具备一定的史料研习的能力，但准确解释民国初年社会变化的能力仍需提高。

三、教学目标

1. 运用时空定位，知道民国初年袁世凯专权复辟，了解军阀割据混战的政治形势以及当时革命党人捍卫民主共和的努力和斗争。

2. 通过文字、图片、图表等史料，认识北洋军阀统治时期社会经济的发展和文化的进步，坚持在"论从史出"的原则基础上合理解释这些现象。

3. 从历史唯物主义的角度分析北洋军阀时期政治、经济、文化的现象，形成对北洋军阀统治时期社会的全面、客观的认识，进一步提升对社会变化的复杂性的认识，形成家国命运相连的认同感，增强社会责任感。

四、教学重难点

重点：北洋军阀统治时期的政治状况，民国初年民族工业的发展和社会生活的新变化，新

文化运动的开展。

难点： 北洋军阀统治时期的政治特点，民国初年民族工业发展的原因，新文化运动的原因、内容和评价。

五、教学设计思路

本课以"辩证认识社会秩序重建历程中的北洋社会"为教学设计思路。以丰富多样的史料为依托创设相关情境，以任务探究的方式，提高学生学习兴趣，培育学生的历史学科核心素养；让学生在准确的时空框架下了解北洋军阀时期的社会状况，合理解释北洋社会的政治、经济、文化现象并理解政治、经济、文化现象之间的关系，客观全面认识北洋军阀统治时期中国社会的复杂性，理解在社会秩序重建中历史发展的曲折性，增强学生对国家、人民命运的理解和同情，培养人文情怀和历史使命感。

六、教学过程

1912年3月3日，法国某报纸刊登了一幅漫画，标题为《袁世凯剪下他的辫子》。（图略）
①袁世凯剪辫子意指什么？
②袁世凯剪辫子为何引起法国人的关注？

1912年2月12日，清帝正式退位，同一天，袁世凯宣誓拥护共和，声明"永不使君主政体再行于中国"，此为"剪辫子"。按照革命党与袁世凯达成的妥协，袁世凯即将就任中华民国临时大总统。画家以袁世凯剪去辫子这一场景对整个事件进行了概括，宣告一个旧时代的终结。袁世凯上台后，开启了中国近代历史上一段新的历史时期——北洋军阀统治时期，一直持续到1928年。

【设计意图】以漫画形式导入容易引发学生的兴趣，通过一系列问题的设计让学生调动已有知识，在思考中迅速神入民国初年的历史情境，为接下来的学习奠定基础。

北洋军阀是民国军阀势力之一，由袁世凯掌权后的北洋新军主要将领组成。甲午战争后，袁世凯负责在天津小站编练新军，后来，这支军队发展为北洋新军。通过编练新军，袁世凯不仅手握重兵，获得在政治舞台上升的资本，也培植了一批亲信，如段祺瑞、冯国璋、曹锟等人。这些人成为袁世凯之后北洋政府的政要。

北洋军阀统治时期的历史通常以1916年为界，分为袁世凯统治时期和袁世凯之后的军阀割据时期。对于北洋军阀统治时期的历史，有人认为这是近代中国历史上政治最黑暗、最反动、最腐朽的时期，也有人认为北洋军阀统治时期，中国并非黑暗一片，中国社会还在进步。到底真实的北洋社会是怎样的？

【设计意图】了解北洋军阀的由来，明确北洋军阀统治的时段定位，为理解后来的政治状况作一定的知识铺垫。了解北洋社会两种不同的解释，引发学生思考，激发学生的探究欲望。

学习任务一：阅读教科书，在时间轴上梳理袁世凯统治时期的主要政治事件，并尝试通过比较归纳这些事件的特点。

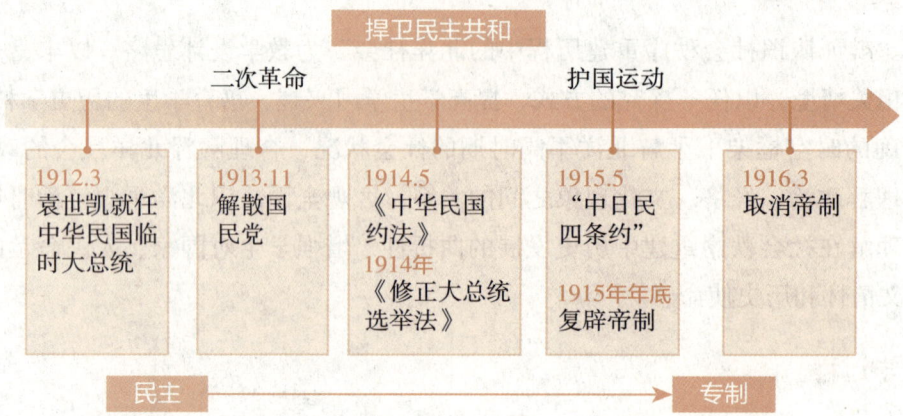

这些事件反映了袁世凯时期的政治有什么特点？

这一时期，一方面，袁世凯大肆破坏民主共和；另一方面，革命党极力维护民主共和。袁世凯复辟的短暂性表明辛亥革命后民主共和潮流的不可阻挡。

【设计意图】通过阅读教科书自主梳理袁世凯统治时期的主要政治事件，建立有关历史事件的时序观念。根据设问，引导学生对事件进行规律性总结。

学习任务二：阅读教科书，在地图中指出各主要军阀控制的势力范围，并根据教科书内容梳理军阀之间相互斗争的表现。

袁世凯去世后，缺乏一个强有力的人物控制政治局面，于是，各派军阀走向割据混战。其中，北洋军阀分成三大派系：直系、皖系、奉系。其余还有晋系、桂系、滇系等。

①分析北洋军阀之间的政治斗争和割据混战对中国社会产生了哪些影响？

②你认为哪些方面的史料可能为你的上述结论提供一定的证据？

【设计意图】通过在地图上辨析军阀割据的形式，形成准确的空间认知。通过知识的梳理，明确这一时期北洋军阀各派间政治斗争的表现和影响。政治上，政局动荡、政治黑暗；经济上，政府巨大的财政负担，人民生活的困苦。政治的动荡可以从当时政府领导人的频繁更换中得到验证，经济的破坏可以从财政赋税史料得到反映。

材料一

北洋军阀统治时期历任总统

职位	执政者	说明
大总统	袁世凯	北洋军阀统治中国的十几年间，北京政府先后更换了13任总统（包括临时总统、临时执政、摄政内阁和大元帅）、46届内阁
大总统	黎元洪	
大总统	冯国璋	
大总统	徐世昌	

职位	执政者	说明
大总统	黎元洪	
摄行大总统	高凌霨	
大总统	曹锟	
摄行大总统	黄郛	
临时执政	段祺瑞	
摄行临时执政	颜惠庆	
摄行临时执政	杜锡珪	
摄行临时执政	顾维钧	
军政府大元帅	张作霖	

材料二

北洋军阀统治时期部分省若干年财政开支状况表

单位：元

省别	1919年	1921年	1927年
山西	7 073 864	11 461 379	28 582 000
江苏	12 032 868	17 498 002	18 497 519
浙江	8 150 998	11 793 115	22 198 155
江西	6 339 881	8 146 490	13 358 293
湖北	7 572 646	12 319 747	68 250 083

——根据长野朗著，李占才译《中国的财政（续）》制表

依据表格中的数据说明上述省份财政支出的概况。针对表格数据你有何思考？

材料三

1910—1928年若干省盐税税率表

单位：元/百斤

省别	1910年	1928年		
	税额	正税	附税	合计
福建	—	2.00	4.00	6.00
安徽	1.50	3.00	5.68	8.68
广东	1.25	2.50	6.52	9.02
广西	1.25	2.50	1.90	4.40
浙江	0.82	7.80	2.00	9.80
江西	—	2.50	6.00	8.50
湖南		2.00	7.50	9.50

续表

省别	1910年 税额	1928年 正税	附税	合计
湖北	—	3.00	4.83	7.83
江苏	1.50	1.61	4.75	6.36
河南	1.37	2.50	5.00	7.50
河北	0.75	2.66	4.50	7.18
辽宁	0.50	2.00	4.75	6.75
美元数	1.11	2.83	4.78	7.62

——段艳《论北洋时期的地方财政》

材料三反映了什么现象？你认为这一现象可能带来什么影响？

【设计意图】根据材料二表格信息了解北洋政府地方财政在此期间支出急剧增长的状况。材料二、三印证了军阀割据混战导致经济的破坏和人民生活的影响，进一步理解"论从史出"的历史学习基本方法。

为何政治动荡、经济破坏、人民生活艰难的情况下，还有人认为这一时期社会有其进步性？你认为这种观点的依据主要有哪些？

学习任务三：结合材料和教科书内容，简要说明民国初年民族工业的发展状况并分析其原因。
材料一

欧战前后农商部注册工业公司年别表

年次	公司数	资本额（千元）
1913年末止	120	38 830
1914（1至7月）	26	4 318
计战前	146	41 148
1914（8至12月）	16	3 921
1915	53	11 606
1916	24	22 467
1917	41	3 765
1918	33	5 378
1919	65	44 728
1920	40	25 567
计战后	272	117 434
合计	418	158 582

——《第一回中国年鉴》

材料二 据海关统计，中国在1913年的进口总额为5.7亿余两，1915年减至4.5亿余两……以后逐年递减，到1918年，法国货的进口额比战前减少了三分之一，英国货减少了一半，德国货完全停止进口。与此同时，由于交战国急需从中国进口大量的面粉和日用百货，中国的出口贸易出现了年年增长的趋势，1915年到1918年的四年每年都比1913年增长了14.8%—20.5%。

——李迎超、梅倩《一战后民族工业短暂兴盛原因的再分析》

材料三

民国初年政府颁布的部分法令

1912年12月5日，工商部颁布了《暂行工艺品奖励章程》

1914年1月13日，袁世凯政府制订和颁布了《公司保息条例》（维持固定低息）

1914年3月11日，袁世凯政府颁布了《矿业条例》（保护开矿者利益）

1915年，财政部亦拟订了《农工银行条例》，为农副业生产融通资金。同年12月29日，又颁布《证券交易所法》

①概括材料一所反映的民族工业发展状况。

②结合材料二、材料三以及教科书的内容分析第一次世界大战期间民族工业迅速发展的原因。

【设计意图】通过材料一总结出民族工业发展迅速（速度、规模），并结合材料二、材料三和教科书知识可以理解民族工业发展的原因主要包括外部条件和内部因素。外部条件：①一战期间欧洲列强暂时放松对华经济侵略。内部因素：②中华民国建立，扫除了政治上的一些束缚和障碍，为中国资本主义经济的发展提供了一定条件。③临时政府颁布一系列法令措施鼓励实业。④群众性反帝爱国运动的推动。本设计意在通过史料分析，在史料实证的基础上以历史方法解释民国初年民族工业发展状况。

伴随着经济的发展，这一时期人们的生活也发生了变化。

1912年3月，北洋政府颁布的一些法令措施：
《大总统令内务部禁止买卖人口文》
《大总统令禁烟文》
《内务部咨各部省革除前清官厅称呼文》
《大总统令内务部晓示人民一律剪辫文》
《大总统令内务部通饬各省劝禁缠足文》

民国时期的妇女时装

①从材料图文中，总结当时社会生活出现哪些新气象？

②你认为哪些因素可能推动了民国初年社会生活的新变化？

【设计意图】从图文资料中直观感受当时剪发易服、废止缠足、废除旧习俗、女性受教育等社会生活新气象。从生活新变化的原因分析中认识北洋政府对推动社会进步的客观积极作用，有助于理解上层建筑反作用于经济基础的唯物史观基本观点。这其中的上层建筑也包括思想文化的变化——新文化运动，从而把新文化运动的学习与社会生活的变化互相联系。

学习任务四：一个时代的文化是特定时代的社会现状的反映，结合教科书内容和前面所学知识，你认为可以通过哪些史料了解新文化运动倡导者的目的。

【设计意图】 本设计意在使学生了解史料的种类及不同史料的价值，通过收集新文化运动中的《新青年》等刊物、新文化运动倡导者的主要文章以及当时社会的现状，理解新文化运动兴起的原因。在了解新文化运动的现象和内容的过程中，掌握多种史料来形成对新文化运动的正确解释，尤其要重视一手史料的价值。

材料一　三年以来，吾人于共和国体之下，备受专制政治之痛苦。……然自今日以往，共和国体，果能巩固无虞乎！立宪政治，果能施行无阻乎？以予观之，此等政治根本解决问题，尤待吾人最后之觉悟。

——陈独秀《吾人最后之觉悟》（1916年2月）

材料二　要拥护那德先生，便不能不反对孔教、礼法、贞节、旧伦理、旧政治；要拥护那赛先生，便不得不反对旧艺术、旧宗教。要拥护德先生又要拥护赛先生，便不得不反对国粹和旧文学。

——陈独秀《本志罪案之答辩书》（1919年）

① 概括上述材料中陈独秀的核心主张。
② 你如何理解他所提出的各项主张之间的关系及其进步意义？

【设计意图】 通过陈独秀的一手材料了解新文化运动倡导者的主张，并从中认识到各主张之间的关系。民主与科学作为本次运动的旗帜居于核心地位；而旧道德是专制制度的思想基础，所以要宣扬民主与科学就必须反对旧礼教、旧政治；新文学是更好地宣传新思想的媒介。在此基础上使学生认识到新文化运动对推动社会思想解放的作用。

新文化运动不仅推动了思想的解放，还是一场全面的社会转型运动，新文化运动影响下，各地纷纷出版刊物，学者提出了各种新思想，使这场运动涉及的内容更广泛和深刻。

材料三　自1918年起，北京的《晨报》《京报》《国民公报》，上海的《民国日报》《时事新报》等大批报刊，纷纷开始在全部或部分版面刊登白话文章，支持白话文运动。

——张积玉《〈新青年〉与现代白话文运动》

材料四　自由结婚是两性青年对于父母专制的反抗，自由离婚却是对于社会专制的反抗。

——陈望道《妇女评论》创刊宣言（1921年）

结合材料，说明新文化运动还有哪些影响。

【设计意图】 通过材料反映了新文化运动对报刊业、婚姻家庭等方面的影响。在史料分析的基础上形成对新文化运动更全面深刻的认识。

课堂总结

北洋军阀统治时期，政治上，一方面民主屡遭破坏、国家分裂、社会动荡，另一方面先进的中国人为捍卫民主共和进行不懈努力；这一时期遭遇日本对华侵略的加剧，但也从列强手中收回了一些权益。经济上，人民负担沉重，生活困苦，但是民族工业发展迅速，生活和社会习俗皆出现除旧布新的景象。思想上，虽然仍然存在专制、愚昧，但是也抵挡不住民主与科学旗帜的弘扬。所以，这是一个黑暗与光明并存的时代，是在经历辛亥革命巨变以后中国走向社会秩序重建过程中的一个混乱而艰难的转型时期。

七、教学评价设计

水平一：能够了解北洋军阀统治时期社会的政治、经济、文化等重大事件及各事件之间的相互关联，理解这些历史现象出现的必然性。能够知道北洋军阀统治的时间界定，辨识北洋军阀统治时期政治事件的时间，能够运用恰当的空间表达军阀割据的形势。能够在分析民族工业发展和新文化运动兴起的原因时，尝试从多种渠道获取相关史料，并较完整准确地从史料提取信息。能够辨析有关北洋军阀统治时期社会现象和特征的历史解释，发现其中与以往所知的不同。能够依据史实和史料对这一时期政治黑暗、社会发展等结论加以分析。能够理解北洋时期社会动荡和发展并存的现状，同情民众的疾苦，理解爱国政治家、实业家和思想家关心国家民族命运的高尚情怀。

水平二：能够了解北洋军阀统治时期社会的政治、经济、文化等重大事件之间的相互关联，了解历史现象的必然性。能够运用时间轴明确表达北洋军阀统治时期的政治、经济、文化重大事件，运用地图描述军阀割据混战的形势；能够认识这一时期袁世凯统治的特点、民族工业发展的历程和新文化运动的兴起与发展；理解社会政治状况对经济和文化的影响。能够知道文字、图片、图表等不同形式不同来源的史料的价值，明白史料在解释民族工业发展和新文化运动兴起的原因中的作用；在对军阀割据的影响、民族工业发展的原因、新文化运动的兴起原因和作用等方面，能够尝试用史料为依据论证自己的观点。能够选择、组织和运用相关史料和历史术语，对军阀割据、民族工业发展和新文化运动等事件提出自己的解释；能够在历史叙述中将北洋政府时期政治、经济、文化现象的描述与历史解释相结合。能够尝试从社会转型的角度解释北洋时期社会混乱的原因并感悟当时先进的中国人为捍卫民族国家利益、推动社会发展而无私奉献和努力的爱国情操，形成历史的使命感和责任感。

水平三：理解社会政治、经济、文化之间的相互关系的一般规律，以经济基础决定上层建筑，上层建筑反作用于经济基础的唯物史观探究北洋军阀统治时期的政治、经济、文化之间的关系。把握相关史事的时间、空间联系，能用特定的时间、空间等术语进行概括说明。探究军阀割据混战对社会的影响和民族工业发展的原因等问题时，能够对史料进行整理和辨析；能够用文字、地图和数据等多种类型史料进行互证，形成对该问题的更全面、丰富的解释。能够分辨对新文化运动、北洋社会特征等问题的不同历史解释。尝试从立场、史料、目的、时代等角度说明导致不同解释的原因。能够从北洋社会的复杂性中理解历史转折时期的社会特征，更全面、客观地认识社会发展的曲折和复杂性，理解当前社会转型期的现象。明白社会主义建设和中华民族复兴的巨大挑战，以国家主人的意识树立推动民族复兴和社会进步的人生理想。

水平四：理解社会政治、经济、文化之间的相互关系的一般规律，以经济基础决定上层建筑，上层建筑反作用于经济基础的唯物史观探究北洋军阀统治时期的政治、经济、文化之间的关系。能将北洋社会混乱和发展的一系列事件置于1912—1928年特定的时间和空间框架下，结合辛亥革命前后历史巨变和转型期的时空尺度对其进行分析、综合、比较，在此基础上做出合理的论述。能够比较分析不同来源、不同观点的史料；在新文化运动的内容和影响的分析中能够辨别史料作者的意图并在此基础上利用史料。在探究北洋社会的特点时，能够在结合各种史料的基础上，尝试验证社会黑暗说或社会进步说，或提出新的解释。能够从北洋社会的复杂性中理解历史转折时期的社会特征，更全面、客观地认识社会发展的曲折和复杂性，理解当前社会转型期的现象。明白社会主义建设和中华民族复兴的巨大挑战，以国家主人的意识树立推动民族复兴和社会进步的人生理想。

八、板书设计

第20课　北洋军阀统治时期的政治、经济与文化

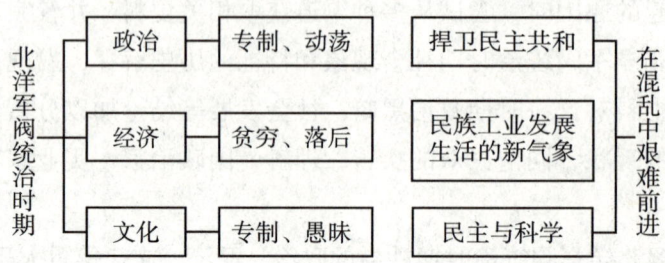

九、教学反思

本课教学设计较好地贯彻了以核心素养为导向，通过时间轴和地图的利用加强了学生的时空观念，并通过同一时空下历史事件的关联使学生理解了历史进程中政治、经济、文化之间的内在联系。教学中提供了漫画、表格、文字、图片等不同形式、不同来源的史料以及引导学生自主寻找史料依据等活动提高了学生史料搜集、辨析、整理和运用的能力，通过对史料信息的提取促进了学生对北洋军阀割据的影响、民国初年民族工业的发展、新文化运动的内容和意义等内容的理解，提升了历史解释的能力。通过自主探究和学习任务，激发了学生的积极性，激活学生的思维，发挥了学生主体作用。在政治、经济、文化的现象对比基础上，对学生形成这一时期社会混乱与进步并存的较为客观的新认知起到较好的作用。把北洋社会放在辛亥革命后历史巨变社会转型的时段中考查，使学生既理解当时社会混乱与进步并存的现象出现的原因，也能感悟历史进步的曲折艰难，从捍卫民主共和的努力、实业救国的理想和新文化运动的兴起中，学生感受了近代中国人为推动社会进步的努力，激发了学生的家国情怀。

本课在如何精选史料落实史料实证的目标，如何更有效设置综合性探究主题以及加强历史纵向联合等角度可以进一步改善。

（浙江师范大学附属中学　叶秋鸳）

十、点评

本课教学设计，以学生的"学"为出发点，在"激活与唤醒"中，使历史学科核心素养有效落地。史料新颖丰富典型，学习任务探究设计清晰聚焦，点燃了学生的求知欲，在探究中引导学生走进辛亥革命后历史巨变的社会转型时期，构建北洋社会的风貌，理解北洋社会的不同历史解释，领悟社会变革的复杂性和曲折性，感悟民族责任和情怀。

（浙江师范大学附属中学　陈亚利）

第七单元　中国共产党成立与新民主主义革命兴起

第21课　五四运动与中国共产党的诞生

一、教科书内容分析

本课有"五四运动与马克思主义的传播""中国共产党的诞生""国共合作与国民革命"三个子目。除了正文外，本课还补充了诸多栏目和配图，这些内容是本课教学的重要素材。此外，本课除了叙述历史事件，还提及了陈独秀、李大钊、陈望道等历史人物。历史不仅由一个个历史事件串联而成，也包含了许多历史人物。五四运动和中国共产党的诞生过程中就有许多历史人物的细节可以放大，引导学生从这些细节中体悟这群优秀中国知识分子的家国情怀，体验中国共产党人的创建"初心"。

本课教科书重要知识点较多，这就要求教师必须转变观念，依托新的知识观，紧扣课标对教科书进行取舍与整合，以期有效地达成教学目标。重点选取五四运动为共产党诞生提供的历史条件，陈望道翻译《共产党宣言》，中共一大、二大、三大，国民党一大，国民革命运动成果等，淡化五四运动过程、国民大革命的过程。此外，考虑"嘉兴南湖是红船起航之地"和"红船精神发源地"这一珍贵而独特的乡土教学资源，因此还增加了王会悟、"中共一大十三位代表简况"等课程资源。

二、学情分析

本课的授课对象是高一学生，通过初中学习已经对五四运动和中国共产党的诞生情况有所了解，同时对于家乡南湖红船和王会悟的故事也有所了解，但主要还是停留在感性认识阶段，学生对于五四运动与中国共产党诞生的关系以及对中国共产党诞生在中国近代史中的影响等重大问题还没有上升到理性认识的阶段。总之，学生对本课涉及的相关知识的了解停留在较浅的层次，更谈不上知识间的内在系统化，所以教师更需要在揭示中共一大、二大、三大等历史事件的内在联系上努力，更要引导学生体悟中国共产党建立时的"初心"及由此引发的中国革命诸多新变化。

三、教学目标

1. 运用时空定位，在中国共产党诞生的特定时空中，认识中国共产党成立这一事件所蕴含的诸多崭新的意义及对中国民主革命重大而深远的影响。

2. 通过史料分析，认识五四爱国运动的历史意义，认识马克思主义在中国的传播与中国共产党成立对中国革命的深远影响，认识中国共产党诞生在中国近代史上的地位。

3. 通过中共一大十三位代表和陈独秀、李大钊、陈望道、王会悟等年轻知识分子历史活动的介绍，从前人的思想和行动中去感受、感动和感悟，涵养家国情怀。

四、教学重难点

重点：新的革命领导力量（中国共产党）的诞生，新的奋斗目标的制定和新的救国作为（推动国共合作开展国民革命运动）。

难点：从李大钊等人物的事迹中体悟年轻中国共产党人的"初心"。

五、教学设计思路

本课的主题是"新"，具体而言，是新的革命领导力量、新的奋斗目标、新的救国作为，并由此引领中国革命进入新的时代。

围绕这一课的主题，以问题链——"中国共产党在怎样的历史条件下诞生？中共一大、二大、三大有哪些重要决定（本课核心问题）？中国共产党诞生后6年中做了哪些事情？"来重组和整合教科书，推进课堂教学；同时将1840—1949年的时间轴与军阀割据混战示意图相结合勾勒出中国共产党诞生的时空坐标，引导学生在具体的时空中理解中国共产党的诞生开启了中国新民主主义革命的新时代，并聚焦培养学生的时空观念和家国情怀。

六、教学过程

2019年恰逢五四百年纪念，2021年则是建党百年纪念。我们都知道嘉兴南湖是中国共产党的诞生地之一。南湖成为党的诞生地，和我们桐乡乌镇的一位年轻女子有关。你们知道她是谁吗？

她叫王会悟，是中共一大代表李达的夫人，她参与了中共一大的组织、保卫工作，特别是由于密探的闯入，在上海召开的会议需另选地点继续举行的关键时刻，是王会悟建议到嘉兴南湖续会并被采纳。

【设计意图】以地方史素材来激发学生的家国情怀，并引发学生的学习兴趣。

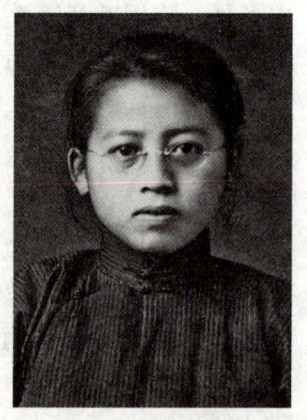

王会悟（1898—1993），浙江嘉兴桐乡人

中国共产党是在怎样的历史背景下诞生的？诞生以后又有哪些作为呢？让我们带着这些问题进入新课。

环节一　新的革命领导力量

1. 五四运动与马克思主义的传播

阅读《北洋军阀统治时期军阀割据示意图》，思考这张示意图告诉我们20世纪初的中国是一个怎样的中国？

20世纪初的中国是军阀割据下四分五裂的中国，依然是一个半殖民地半封建社会。

近代以来，中国出现过哪些反帝反封建的革命运动？

农民阶级领导的太平天国运动、资产阶级领导的辛亥革命。这些革命运动属于旧民主主义革命的范畴，都一定程度上推动了中国社会的进步，但始终没有改变中国半殖民地半封建社会的性质。在这样的大背景下，很多中国人把希望寄托在了1919年召开的巴黎和会上。

引导学生阅读教科书，完成五四运动的相关知识梳理：

导火线	巴黎和会中国外交的失败	
过程	第一阶段（5月4日—6月初）	第二阶段（6月5日—6月底）
	中心：（北京）	中心：（上海）
	主力：（学生）	主力：（工人阶级）
	形式：（罢课）	形式：（罢课、罢工、罢市）
结果	释放学生；拒绝签字	

结合《学思之窗》中习近平2019年4月30日《在纪念五四运动100周年大会上的讲话》和教科书正文，指出五四运动的历史意义？

五四运动是一场伟大爱国革命运动，也是一场伟大社会革命运动和一场伟大思想启蒙运动，这场运动与中国新的革命领导力量——中国共产党的诞生密切相关。

从刚才梳理的表格中，可以发现五四运动为中国共产党的诞生提供了哪些历史条件？

五四运动期间，上海工人罢工标志着工人阶级登上历史舞台，工人阶级的壮大和觉醒为中国共产党的诞生提供了阶级基础。

材料一

1920年8月，陈望道翻译的《共产党宣言》出版，这是马克思主义基本著作在中国出版的第一个中文全译本

以上材料又说明五四运动为中国共产党的诞生提供了什么条件？

五四运动后，马克思主义在中国广泛传播，成为新思想的主流。许多知识分子选择信仰马克思主义，这为中共的诞生提供了思想基础。

材料二 《各地共产主义小组分布图》（图略）

阅读材料和教科书，说明五四运动为中国共产党的诞生还提供了什么历史条件？

五四运动中涌现出一批优秀的知识分子，锻炼了一批骨干力量，这些人后来成为中国革命的领导干部。其中运动的领袖人物陈独秀和李大钊，时称"南陈北李"。他们在南方和北方陆续建立了共产主义小组，还有一些旅日、旅法留学生也在东京与巴黎建立了共产主义小组。可见，五四运动为中国共产党的成立还提供了干部上的准备。

综上，五四运动为中国共产党的诞生提供了以下历史条件：新的革命力量——工人阶级登上历史舞台；思想条件——马克思主义的广泛传播；干部上的准备和组织上的基础——陈独秀、李大钊等领袖的涌现，一批骨干力量得到锻炼以及在此基础上各地共产主义小组的成立。总之，五四运动为新的革命力量、革命文化、革命斗争登上历史舞台创造了条件，从而开启了一个全新的时代——新民主主义革命时代。

【设计意图】此环节对五四运动的具体过程仅用一张表格进行梳理，而将重点放在讨论五四运动为新的革命领导力量——中国共产党诞生提供了哪些历史条件，这样的设计主要基于课标的要求，对教科书内容进行了取舍与整合，淡化处理了五四运动过程，凸显其历史意义，既回应课题"五四运动与中国共产党的诞生"，揭示两者的关联，又兼顾关于五四运动过程的基础知识。

2. 中国共产党的成立

中共一大13位代表的基本情况

代表	出生年份	当时年龄	籍贯	求学、从教经历
李达	1890	31	湖南零陵	留日学生，回国后从教
李汉俊	1890	31	湖北潜江	留日学生，回国后从教
董必武	1886	35	湖北黄安	留日学生，回国后从教
陈谭秋	1896	25	湖北黄冈	师范生，从教
何叔衡	1876	45	湖南宁乡	清末秀才、师范生，从教
毛泽东	1893	28	湖南湘潭	师范生，从教
王尽美	1898	23	山东诸城	师范生
邓恩铭	1901	20	贵州荔波	中学生
张国焘	1901	24	江西萍乡	北京大学在校生
刘仁静	1902	18	湖北应城	北京大学在校生
陈公博	1892	29	广东南海	北京大学学生，从教
周佛海	1897	24	湖南沅陵	旅日大学生
包惠僧	1894	27	湖北黄冈	北大旁听生，记者，从教

——根据张志松著《中共"一大"代表人生轨迹与理想信念教育》制表

研读表格，从代表们的年龄能够看出什么特点？从他们的求学、从教经历看，这群人又具有什么特点？是什么力量让这群人会集在一起开会？

【设计意图】引入这段资料并辅之以三个小问，是为了凸显代表们是一群胸怀赤子之心的年轻知识分子，是信仰的力量（相信马克思主义、相信社会主义能够救国）、是为中国寻找新出路的目的让他们聚到一起。通过引导学生对这些问题的思考，感悟前代青年的爱国理想，培育学生们的家国情怀。

98年前，在嘉兴南湖的这艘游船上到底发生了怎样的故事呢？请同学们观看记录中共一大召开的视频，并思考：中共一大的时间？有哪些重要决议？如何评价这次大会的召开？

这次大会于1921年7月下旬在上海召开，8月初在嘉兴南湖继续举行，并作出了四项决定。确定了党的名称；通过了党的奋斗纲领——推翻资产阶级、实现共产主义；选举了党的领导机构；明确了党的中心任务是领导工人运动。这次大会的召开标志着中国共产党的诞生。从此中国有了新的革命领导力量。

【设计意图】此环节的设计是借用建党的视频资源引发学生的学习兴趣，通过视频的学习并结合教科书的叙述，学生可以了解中共一大的时间、重要决议和意义。同时也点出了本课主题中最关键的一个"新"——"新的革命领导力量——中国共产党的诞生"。

在中共一大召开过程中，王会悟发挥了重要作用。她出生在浙江省嘉兴市桐乡县乌镇，1918年到湖州湖郡女塾攻读英语。1920年与李达结为伉俪。1921年7月，中共一大会议在上海召开，王会悟作为中国第一批社会主义青年团员，参加了大会的筹备、会务和保卫工作。大会期间，由于密探闯入，会议必须另选地点。王会悟立即建议到嘉兴南湖去继续开会。与会者采纳了她的建议，在嘉兴南湖的一艘游船上，完成了"一大"所有议程，伟大的中国共产党正式诞生。

材料一　1921年7月23日，中共一大在上海召开。后因法租界巡捕介入，会议被迫中止。为躲避搜查，大会最后一天转移至嘉兴南湖一艘游船（红船）上进行，最终圆满落幕。这是一段大家耳熟能详的历史，而在这一过程中，提出由上海转移到嘉兴南湖开会的人即是王会悟。她见证了南湖红船的诞生，没有她便没有今天的南湖红船。

——王菊梅《王会悟：中共南湖会议的"红娘"》

材料二　正当代表们焦虑万分、举棋不定的紧急关头，王会悟自告奋勇地提出了自己的建议。她想起了自己在嘉兴女子师范读预科的时候曾经去游玩过的嘉兴南湖。她列举了南湖的诸多有利条件：南湖上有船出租，如果到那里租条船，在船上开会，又安全又方便；南湖的游客比西湖少，容易隐蔽；从上海到嘉兴，只有上海到杭州的一半路，南湖离嘉兴火车站也很近，交通非常方便。她还强调说"我在嘉兴读过书，熟悉地理环境，我可以乔装成'歌女'，在船头放哨。万一发生什么意外，还可分散到我同学家里，比较安全。"

——孙蔡威《王会悟对中共一大的历史贡献》

中共一大代表为什么会接受王会悟"转移到嘉兴继续开会"的建议？

【设计意图】以教师讲历史故事的方式增强历史学习的情境感、趣味感同时进一步拓展他们的视野，引导他们通过了解中共一大选择转移到嘉兴召开背后的原因；王会悟这个历史人物是教科书中没有出现的，但在此处引入却是自然的，一方面教科书中呈现南湖红船，王会悟确实和红船的故事密切相关；另一方面面对本地（嘉兴）学生授课，引入地方史可以拉近学生与这段历史的距离，引导他们关注家乡的历史和人物，从而在润物细无声中唤起他们的家国情怀。

环节二　新的奋斗目标

中共一大后的第二年，中国共产党又在上海召开了第二次全国代表大会。这次大会对党的斗争纲领有了新的调整。

中国共产党是中国无产阶级政党。他的目的是要组织无产阶级，用阶级斗争的手段，建立劳农专政的政治，铲除私有财产制度，渐次达到一个共产主义的社会。

中国共产党为工人和贫民的目前利益计……奋斗的目标是

（一）消除内乱、打倒军阀，建设国内和平；

（二）推翻国际帝国主义的压迫，达到中华民族完全独立；

（三）统一中国（东三省在内）为真正民主共和国……

——《中国共产党第二次全国代表大会宣言》（1922年7月）

从一大到二大，党的纲领有什么新变化？为什么党对奋斗目标进行了这样的调整？

【设计意图】通过材料研读和问题的思考，引导学生了解在中共一大提出推翻资产阶级、实现共产主义这个理想目标的基础上，中共二大明确提出了对内推翻封建军阀，对外推翻帝国主义，统一中国为真正的民主共和国这一近期目标。事实上，军阀和帝国主义确实是当时中国各种问题的根源。通过这一环节的设计，引导学生理解中国共产党不仅是仰望星空，有着远大的理想，同时也能脚踏实地从中国实际出发，调整革命的目标，从而引出本课的第二个"新"即"新的奋斗目标"。

环节三　新的救国作为

在中国共产党诞生以后，面对军阀割据四分五裂的中国现状，如何探寻救国之道呢？中国共产党有怎样的救国作为呢？

材料一　（二）……半殖民地的中国，应该以国民革命运动为中心工作，以解除内外压迫。

（三）依中国社会的现状，宜有一个势力集中的党为国民革命运动之大本营，中国现有的党，只有国民党比较是一个国民革命的党……

（五）工人阶级尚未强大起来，自然不能发生一个强大的共产党——一个大群众的党，以应目前革命之需要。因此，共产国际执行委员会议决中国共产党须与中国国民党合作，共产党党员应加入国民党。中国共产党中央执行委员会曾感此必要，遵行此议决，此次全国大会亦通过此议决。

——中国共产党第三次全国代表大会《关于国民运动及国民党问题的议决案》（1923年）

请根据材料指出中共三大有什么重要决议？

中共三大决定实行国共合作，共产党员加入国民党。

为什么要实行国共合作而不是单独开展革命斗争呢？

中国共产党自诞生之日起就以领导工人运动作为中心任务。以1922年1月香港海员罢工为起点，在一年多时间里，全国罢工达百余次，参加罢工工人在30万以上，形成第一次工人运动高潮，但1923年的京汉铁路大罢工遭到了军阀的残酷镇压。从这样的实践中，中国共产党逐步认识到中国革命的敌人异常强大，工人阶级单枪匹马，势单力薄，要取得革命的胜利，必须联合其他革命力量。中共三大的决定是源自对革命实践的总结，是中国共产党从中国革命实际出发做出的新的救国作为。

材料三　共产党人作用凸显。只有400人左右的中共，其党员代表占到了国民党一大代表人数约13%，远超国民党党员与代表人数比例；中共党员在大会产生的中执委正式和候补委员中，更占到了25%。在随后召开的一届一中全会所产生的国民党权力机关——中央党部的7个部中，中共党员占据了组织部和农民部2个部长，组织部、工人部、农民部3个部长秘书（相当于副部长）的席位。在中央执委会3名常委中，中共党员也占有一席之地。

——王建朗、黄克武主编《两岸新编中国近代史·民国卷》（上）

1924年国民党一大召开标志着国共合作的实现，这则材料说明这次国共合作有怎样的特点？

这次国共合作是真正意义上的国共合作，国民党方面表现出较大的诚意，中国共产党在国民党的权力部门所占的比例较大，因而也意味着接下来的国共合作中中国共产党能够发挥重要的作用。

依据《国民革命军北伐路线示意图》和教科书整理国民大革命运动的成果。

国民大革命运动的成果如下：1925年国民政府在广州成立，通过两次东征消灭了陈炯明的势力，广东革命根据地得到巩固和统一。1926年，国共两党合作北伐，使革命势力从珠江流域发展到长江流域，基本推翻了北洋军阀的反动统治。

【设计意图】从中共三大决定开展国共合作到国民党一大的召开以及国民大革命成果的取得，通过以上史实的梳理，引导学生了解中国共产党在诞生以后的历史贡献：为了中国革命的前途，从实际出发决定开展国共合作，所掀起的国民大革命运动基本推翻了北洋军阀的反动统治。从而凸显本课的又一个"新"，即"新的救国作为"。

然而，就在革命凯歌式行进的过程中，中国共产党遭遇了建党以后的第一个惊涛骇浪，那就是蒋、汪先后叛变革命。蒋介石于1927年4月12日在上海等地发动反革命政变，大肆捕杀共产党人和革命群众；同年7月15日，汪精卫集团在武汉"分共"。这两次政变直接导致第一次国共合作的破裂和国民大革命的失败。不过，中国共产党在经历了短暂的混乱后，顽强地从血泊中站立起来，重新开始了探索，并最终在实践中找到了一条新的革命道路。这部分内容将在下一节课中重点学习与探讨。

中国共产党从成立到第一次国共合作正式实现还不到两年半……到大革命失败也只有六年。在大革命失败时，毛泽东不到三十四岁，瞿秋白、周恩来……刘少奇、赵世炎等都只有二十多岁。这样一个年轻的党，在成立后短时期内能够推动起那么大的一场革命高潮，创造出这样一个局面，而且站在它的前列。这是十分不容易的，这说明这个党内确实集中了一大批中华民族的优秀儿女。他们提出了反帝反封建的明确政治纲领，进行了规模空前的发动群众、特别是广大下层群众的工作。这两点，在中国历史上没有其他任何政党能够做到。

——金冲及《二十世纪中国史纲》

依据材料并结合所学，讨论诞生初期的中国共产党有哪些特点？如何评价中国共产党的诞生？

诞生初期的中国共产党非常年轻又很优秀。在她诞生以后，制定了新的奋斗目标，开展了新的救国作为，组织了规模空前的群众运动。这些在中国历史上没有其他任何政党能够做到。中国共产党的成立给中国人民带来了光明和希望，给中国革命指明了方向，具有"开天辟地"的意义。

20世纪初，中国内有军阀割据混战，外有列强争夺侵略。在这样的时空舞台上，发生了五四运动，中共一大、二大、三大，国民党一大，国民革命运动等一系列重大事件，而在这些史事的背后是包括一群年轻爱国知识分子在内的中华民族各阶层的参与和推动，这群年轻的知识分子的建党大业奠定了新中国的基石。他们曾经的探索与奋斗，他们所取得过的辉煌，他们的生命及其精神，永远地闪烁在中华民族乃至全人类的灿烂星空中。

七、教学评价设计

正当代表们焦虑万分、举棋不定的紧急关头，王会悟自告奋勇地提出了自己的建议。她想起了自己在嘉兴女子师范读预科的时候曾经去游玩过的嘉兴南湖。她列举了南湖的诸多有利条件：南湖上有船出租，如果到那里租条船，在船上开会，又安全又方便；南湖的游客比西湖少，容易隐蔽；从上海到嘉兴，只有上海到杭州的一半路，南湖离嘉兴火车站也很近，交通非常方便。她还强调说"我在嘉兴读过书，熟悉地理环境。我可以乔装成'歌女'，在船头放哨。万一发生什么意外，还可分散到我同学家里，比较安全。"

——孙蔡威《王会悟对中共一大的历史贡献》

（1）结合所学指出，代表们为何会"焦虑万分、举棋不定"？
（2）根据材料概括"转移到嘉兴继续开会"有哪些有利条件？
（3）中共一大最后是在嘉兴南湖一艘游船上胜利闭幕，但闭幕的时间学术界还有争议。请查一查，目前主要有哪几种说法？

【答案提示】

（1）法租界巡捕突然搜查会场，导致会议被迫中断；会议的主要议程还没有完成；续会地点因保密需要一时很难找。
（2）交通便利；比较安全；王会悟熟悉当地情况；
（3）此问没有标准答案，意在引导学生在教师指导下尝试利用各种收集资料的方式或途径，并体验"史料实证"之意义。

八、板书设计

第21课　五四运动与中国共产党的诞生

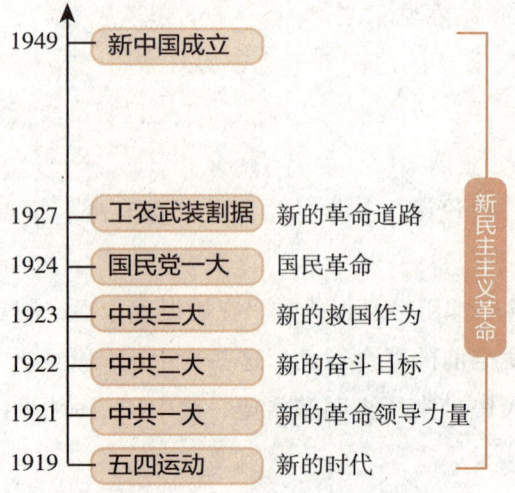

九、教学反思

1. 本课教学内容较多，教学时间紧张，在史料的选择方面可以更加精简，使教学时间更加充裕，从而留给学生更多的思考空间。

2. 本课家国情怀核心素养的培养主要通过对历史人物事迹的感触与体悟来达成，但是在实际教学中对这些历史人物的事迹尚未能做到充分挖掘，细节的渲染也尚未到位。

（浙江省桐乡市高级中学　郑婷婷）

十、点评

基于对知识观和课程观的准确理解，教师对本课课程标准及教科书内容的解读到位，对本课课魂的设置也有自己的积极思考。教师借助一群年轻共产党人的登场，并依托学案、地方课程资源、问题链和板书等多种教学工具，以"新的革命领导力量"的诞生为重点，将中共诞生的宏大背景、具体条件和意义构建成一个形成内在逻辑联结的整体，生动地展现了"党的初心"，扣击了学生的心灵，水到渠成地涵养着家国情怀等学科核心素养。

（浙江省嘉兴市教育研究院　戴加平）

第22课 南京国民政府的统治和中国共产党开辟革命新道路

一、教科书内容分析

在吸取国民革命失败的教训后，中国共产党认识到掌握武装力量的重要性，开始构建自己的革命武装。毛泽东在具体的革命实践中，探索出一条符合国情的"工农武装割据"新道路。但年轻的中国共产党犯了"左"倾错误，革命出现挫折，第五次反"围剿"失利，红军被迫进行战略转移。其后，中共中央召开了具有转折意义的遵义会议，挽救了党，挽救了红军，挽救了中国革命。在教学过程中，我们也要关注到另外一位"主角"——国民党的活动。本课存在两条线索：以中国共产党在国民革命运动失败后，武装反抗国民党反动统治，探索新的革命道路为主线，以南京国民政府的建立、国民党反动派镇压革命为副线。

值得注意的是，1927—1936年，除了国共之间的对峙外，还有中日民族矛盾的激化。随着中日民族矛盾成为主要矛盾，成熟的中国共产党审时度势，以国家和民族利益为先，促成第二次国共合作，实行全民族抗战，为抗日战争最后的胜利奠定了基础。

二、学情分析

学生在初中阶段已学过这一时期的史实，因此本课适当简化教师对史实的讲述。但学生基础各异，且多关注感性的历史事件，对历史演进趋势的原因、影响和评价缺乏理性的考量。本课常见问题主要集中在史实易混淆，对材料信息的解读和表述有偏差，信息查找能力不足。因此，在教学过程中要注重思维和能力的衔接，从直观、有趣、动情的角度出发，达到思维升华，完成五大核心素养相对应的层次要求。

三、教学目标

1. 运用地图和时间轴，整理中国共产党领导的武装起义及长征路线。
2. 通过对史料进行解读和解释，体会党在探索革命道路过程中的曲折和艰辛。
3. 通过对"工农武装割据开辟革命新道路"子目的解读，对比中俄武装革命道路的不同。
4. 探究"长征精神"，认识长征的艰难险阻，体会中国共产党人为了信仰不怕牺牲、克服苦难的乐观精神。

四、教学重难点

重点：开辟农村包围城市、武装夺取政权道路的过程，红军长征。

难点："工农武装割据"思想的意义，红军长征的意义。

五、教学设计思路

本课设计以学生为中心,根据课程标准制定学生需要达成的学习目标,并把它与核心素养的水平划分相结合,做到核心素养落地。教学过程中,在材料、过渡语句、史实陈述等方面有意识地制造冲突或转折,激发学生兴趣。尽量选用当时革命者的言论创设情境,以便吸引学生注意力,引导学生思考中国共产党如何一步步从实践中探索出一条符合中国国情的革命道路,并能认识到这个过程是曲折的、不易的。在解读南昌起义、秋收起义、开辟革命新道路、红军长征等史实时,不仅要突出中国共产党探索革命道路中艰辛的过程,更要折射出中国共产党人在革命年代担负起民族救亡的历史重任,英勇无畏、不怕牺牲的革命精神。

六、教学过程

中共一大和中共三大比较

会议	革命活动	结果	失败原因	经验教训
中共一大	领导工人运动,组织工人罢工	失败	反动势力太过强大	建立革命统一战线
中共三大	国共合作	失败	党内右倾机会主义错误,放弃革命领导权;国民党右派叛变革命	掌握革命的领导权,建立革命武装

中共一大和中共三大探索出怎样的革命道路,结果如何,其经验和教训是什么?

【设计意图】联系中共一大和三大,既有助于学生复习巩固,也有助于引导学生认识到中共探索革命道路的历史渊源,从而导入本课,引出"南昌起义"。

学习任务一 中国共产党逐步探索符合中国国情的革命道路

分任务1:南昌起义、八七会议、秋收起义

1927年8月1日,周恩来、朱德、贺龙、叶挺等领导了南昌起义。南昌起义获得的评价很高,但事实上,当时起义的战略目的并未实现。起义部队攻占南昌后一路南下,计划占领广州进行第二次北伐。但南下途中遭到敌人堵截,革命队伍损失惨重,不得不兵分两路。

【设计意图】初中阶段,学生已掌握该部分史实,故对起义过程做简化处理。适当补充史实,为中国共产党向农村转移埋下伏笔。同时创设情境,制造转折冲突,激发学习兴趣。

如果说南昌起义是中国共产党从行动上摆脱右倾机会主义错误,那么中共是如何从思想上纠正右倾错误,进一步探索革命道路的?

引导学生归纳"八七会议"主要内容并总结经验得失:①总结大革命失败教训;②清算陈独秀的右倾机会主义错误;③提出土地革命和武装反抗国民党反动派的方针;④毛泽东提出"须知政权是由枪杆子中取得";⑤决定发动秋收起义。八七会议提出武装反抗国民党,是吸取第一次国共合作失败教训的成果。

【设计意图】 引导学生总结要点，训练"论从史出""史论结合"的思维方式。

八七会议给正在思想混乱和组织涣散中的中国共产党指明了新的出路。根据八七会议的精神，中国共产党决定在秋收时节发动一次武装起义。

西江月·秋收起义

毛泽东（1927.9）

军叫工农革命，旗号镰刀斧头。匡庐一带不停留，要向潇湘直进。

地主重重压迫，农民个个同仇。秋收时节暮云愁，霹雳一声暴动。

（注释：匡庐指修水、铜鼓县；潇湘指平江、浏阳县）

阅读毛泽东诗词，可知秋收起义攻占目标和南昌起义相同——进攻大城市。思考数次武装暴动的失败能给党怎样的启示。

【设计意图】 选取毛泽东诗词，感同身受。通过对比两次起义，得出中国革命道路的方向不在城市，而在农村。

分任务2：工农武装割据新道路的内容

我们要把工作重心转移到农村，在农村开辟根据地，进行武装斗争。

材料一 大体来说，土地的百分之六十以上在地主手里……没收一切土地重新分配，是能得到大多数人拥护的。

……

怎样对付敌人，怎样作战，成了日常生活的中心问题。所谓割据，必须是武装的。哪一处没有武装，或者武装不够，或者对付敌人的策略错了，地方就立即被敌人占去了。

——毛泽东《井冈山的斗争》（1928年）

材料二 在白色势力的四面包围中，军民日用必需品和现金的缺乏，成了极大的问题……党如不能对经济问题有一个适当的办法，在敌人势力的稳定还有一个比较长的期间的条件下，割据将要遇到很大的困难。

——毛泽东《中国的红色政权为什么能够存在？》（1928年）

结合教科书和上述材料，认识工农武装割据新道路的内容包括开展土地革命，进行武装斗争和根据地建设。

分任务3：通过中共党内关于革命道路的分歧，认识革命道路必须符合本国国情

中国共产党把武装斗争、土地革命和根据地的建设结合起来，扎根农村，不脱离人民群众，开辟了农村包围城市，最后夺取城市的道路，使得革命形势呈现一片大好的局面。但在当时，党内也存在分歧。

材料一 争取一省与几省首先胜利，无产阶级的伟大斗争，是决定胜负的力量，没有工人阶级的罢工高潮，没有中心城市的武装暴动，决不能有一省与几省的胜利。不特别注意城市工作，"以乡村包围城市"，"单凭红军来夺取城市"，是一种极错误的观念。

——《新的革命高潮与一省或几省的首先胜利》（1930年6月11日）

材料二 在国际共运史上，巴黎公社革命和俄国十月革命，都是从中心城市开始发动并取得成功的，由此形成了欧洲各国无产阶级革命的一个共同模式，即"城市中心"的道路。从20世纪20年代末开始，共产国际和前苏联党的一些领导人，把马克思主义教条化，把共产国际指示和俄国革命经验神圣化，用以指导各国革命，并强令各国党要忠实地执行，

不得有丝毫的违反。

——吕偲、刘丽琼《"城市中心论"对探索农村包围城市道路的影响》

中国与俄国国情不同,所以采取的革命道路也不一样。两国各自的革命道路都是基于国情的选择。

【设计意图】通过解读"工农武装割据"思想,达成以下目标:①使学生能理解历史概念,做到"史论结合";②通过史实总结,使学生认识中国革命需要依靠广大人民群众的力量,通过材料,对比中俄武装革命道路的不同,培养唯物史观;③通过探索革命道路的曲折过程,培养学生以史为鉴的能力和相应的情感价值观。

学习任务二　国民党1927—1930年基本史实

中国革命如火如荼,我们把目光转向国民党。

引导学生整理表格:

时间	史事
1927年秋	"宁汉合流",标志着国民党一党专制统治的确立
1928年	南京国民政府继续北伐
1928年	张作霖被炸死(皇姑屯事件)
1928年年底	张学良东北易帜,南京国民政府在形式上基本统一了全国
1930年	中原大战,最终以蒋介石获胜而结束
1930—1934年	国民政府对红军发动五次"围剿"

【设计意图】根据课标要求,南京国民政府统治时期仅作了解。故回归教科书,学生根据设问,提取信息。

学习任务三　长征及长征精神

中原大战后,蒋介石终于腾出手来,应对红军和革命根据地。从1930年10月至1933年3月,蒋介石先后发动了四次"围剿",均被红军打退。但在1934年9月第五次"围剿"时,中共中央的"左"倾错误,导致第五次反"围剿"失利。中央红军被迫于1934年10月进行战略转移,开始长征。

分任务1:长征路线

带领学生观察《红军长征路线示意图》。

【设计意图】长征虽然是本课重点,但内容简单,不必过多展开。提取文本信息,转化为空间示意图,训练学生时空观念。

分任务2:通过视频,感受长征精神

历时两年,行程两万五千里的长征,锻炼了革命的骨干,播下了革命的种子,铸就了长征精神。通过观看视频与所学,概括长征精神。

学生阐述自己对长征精神的认识,互动交流。教师对学生的认识进行互动评价。

【设计意图】通过多媒体手段,创设情境,感悟红军长征的精神。

七、教学评价设计

依据课程标准的要求和本课教学内容，作出教学水平层次划分。

水平一：能够从史料中提取相关信息。能够说出宁汉合流、东北易帜、南昌起义等历史事件。能够了解唯物史观的基本观点——具体问题具体分析和实践是检验真理的唯一标准。

水平二：能够利用南昌起义、井冈山革命根据地开辟等史实，整合中共开辟革命新道路的过程。能够运用史料说明工农武装割据思想的正确性；能够选择相关历史术语，解释"工农武装割据思想"；能够利用地图描述长征过程。通过党对革命新道路的探索，培养对党、国家的认同感。能够了解唯物史观的基本观点。

水平三：能够对工农武装割据思想、长征等史实有整体的认知和概括性的说明。能够运用唯物史观的观点解释俄国革命道路不符合中国国情。能够对南昌起义、秋收起义等史实进行辨析。

水平四：通过中俄革命道路的比较，探究工农武装割据是一次正确的革命探索。能够选择恰当的时空尺度对长征及长征精神进行分析。理解中国革命离不开人民群众，特别是离不开农民阶级在探索、开辟革命新道路中的重要作用。能够通过学习长征精神，立志为新时代中国特色社会主义建设和中华民族伟大复兴作出自己的贡献。

八、板书设计

第22课　南京国民政府的统治和中国共产党开辟革命新道路

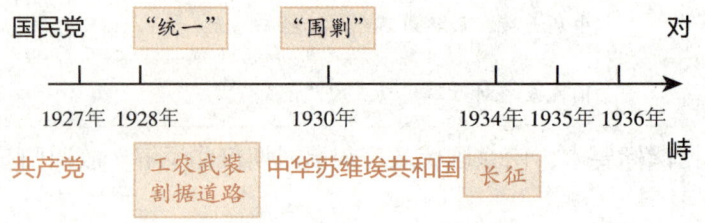

九、教学反思

1. 本设计运用地图、年表归纳梳理长征相关史实和国民党的一些活动，有助于提升学生的时空观念素养；通过史料的分析和解读来提高学生对史实的理解，提高学生的历史解释素养和史料实证素养；通过对长征精神的解读培养学生的家国情怀。

2. 在讲解中国共产党开辟革命新道路的探索过程时，深入浅出，层层递进，引导学生从革命遭遇的问题中得出经验教训，理解工农武装割据理论的正确性，渗透唯物史观。

3. 关于工农武装割据理论的相关设问上还可以优化；关于《新的革命高潮与一省或几省的首先胜利》观点错误的反证稍显证据不足，可以处理成为什么共产国际指引的道路和中国共产党的道路出现分歧，让学生解释，最后落脚到具体问题具体分析等唯物史观的基本方法上，也可加强学生的历史解释素养；在南京国民政府的成立这个知识的处理上有些太过简单，应强化学生对这个政府性质的认识，理解其反动实质。

（浙江省温州市第五十八中学　刘扬帆）

十、点评

该教学设计特别强调对学生家国情怀素养的渗透与培养，紧紧围绕中国共产党对中国革命道路的探索展开，突出中国共产党在探索中国革命道路中的艰辛与不懈，充分展现无数革命先烈英勇无畏、不怕牺牲的革命精神。这种渗透与培养在教学过程中主要通过3个学习任务、8个分任务由学生自主、合作完成，这既是学生知识内化的过程，也是学生思维提升与素养落地的过程。

（浙江省温州市教育教学研究院　王少莲）

第八单元　中华民族的抗日战争和人民解放战争

第23课　从局部抗战到全面抗战

一、教科书教学内容分析

本课共分三个子目："局部抗战""全面抗战的开始""日军的侵华暴行"，主要内容包括日本发动侵华战争的背景、经过和侵华暴行，以及中国人民从自发局部抗战到全面抗战开始的过程。

二、学情分析

本课的授课对象为高一年级学生。在初中阶段，《中国历史》八年级上册教科书已用五课时内容讲述了中华民族的抗日战争，内容涵盖九一八事变与西安事变、七七事变与全民族抗战、正面战场的抗战、敌后战场的抗战、抗日战争的胜利。因此，高中的教学要区别于初中阶段的教学，避免简单重复。高一学生有一定的基础知识储备，但科学的历史思维尚未完全形成，历史分析能力相对缺乏。

三、教学目标

1. 了解九一八事变、华北事变、一二·九运动、西安事变、卢沟桥事变、抗日民族统一战线等有关抗战的重要史实或概念，了解中国人民抗日战争的历史脉络和空间格局。
2. 学会从"抗战背景"的相关历史图片、文字史料中获取有效信息；用唯物史观的基本方法，分析抗战必须民族团结的原因以及走向团结抗战的基本过程。
3. 分析日本发动侵华战争的原因，培养历史解释素养。
4. 从日本侵华暴行的史实中认识日本发动的战争的侵略本质，牢记历史，不忘国难；认识到中国人民在民族危亡时以民族利益为重，团结合作，是获得14年抗战伟大胜利的基础。

四、教学重难点

重点： 日本的侵华罪行，抗日民族统一战线的形成过程。

难点： 抗日民族统一战线形成的原因。

五、教学设计思路

教科书将抗日战争分为《从局部抗战到全面抗战》和《全民族浴血奋战与抗日战争胜利》两课。本教学设计将两节课作为一个整体，使用一个主题，使教学更加聚焦。

习近平在纪念抗日战争胜利70周年讲话中指出，抗战精神是以爱国主义为核心的民族精神的体现，其核心内容之一就是"万众一心，共赴国难的民族团结意识"。据此，本课教学力图通过设置情境，引导学生形成"团结铸就胜利"的认识，弘扬和培育民族精神，培养爱国主义情感，形成对国家、民族的历史使命感，树立为祖国现代化、人类和平与进步事业做贡献的理想。

本教学设计分成四个有机组成部分："局部抗战到全面抗战——团结源于现实""全民族浴血奋战——团结凝聚力量""抗战取得胜利——团结获得胜利"和"提升认识，引发思考——团结共筑梦想"。本节内容准备完成第一个环节"局部抗战到全面抗战——团结源于现实"。

六、教学过程

这是一枚纪念章，通过纪念章提供的信息，说出这是在纪念哪一重大历史事件？

提示：抗日战争胜利70周年。

纪念章由抗日战士浮雕、延安宝塔山、黄河、橄榄枝、光芒五大元素构成，表达对抗战英雄的崇敬，彰显"铭记历史、缅怀先烈、珍爱和平、开创未来"的主题。共有约21万人获颁纪念章，颁发范围有五大对象：

①参加过抗日战争的八路军、新四军、中国共产党领导的华南抗日游击队、东北抗日联军和各地游击队健在的老战士；

②抗日战争时期在中国共产党领导下从事地方工作和地下工作的健在的老同志；

③曾在国民党军队参加抗战并于解放战争时期及其以后参加革命工作（或入伍）以及回乡务农的老战士、老同志；

④为中国人民抗日战争胜利作出贡献的海内外爱国人士、抗战将领中的代表人士；

⑤为中国人民抗日战争胜利作出贡献的国际友人中的代表人士。

通过对五大对象构成的分析，分析这场伟大的抗日战争的胜利是如何得来的？

提示：团结抗战获得了最终胜利。

【设计意图】通过国家对为抗战胜利作出巨大贡献的英雄的表彰，让学生认识到这场伟大的胜利有很多人作出了巨大的贡献。中华民族获得抗日战争的胜利，世界人民获得反法西斯战争的胜利都是团结合作的结果。借此，引出本课的主题并导入新课。

课堂讲解

环节一 日本的侵华暴行

材料一 我对华政策的主旨精神是确保远东地区的和平，实现日中共荣。至于其实行方法，鉴于日本在远东地区的特殊地位，应区别对待中国与满蒙地区，实施不同的政策。

（7）满蒙地区，特别是东三省地区，是在国防与国民生存方面有重要利害关系的特殊地区，我们必须给予其特别的考虑。

（8）如果，动乱蔓延至满蒙地区，并威胁到日本的特殊地位与权益，不管威胁来自何处，日本都必需斗争，伺机而动。

——《对华政策纲领》（1927年）节录

材料二 继承列祖列宗伟业，开拓万里波涛，使国威布于四方

——明治天皇《御笔信》（1868年）

① 根据上述两则材料，分析这场战争发生的原因是什么？
② 结合所学知识，探究日本发动侵华战争的原因还有哪些？

【设计意图】通过第一个问题，让学生认识到日本侵华战争始于九一八事变，中国的抗战也自此开始。通过材料可以看出，东北地区在日本侵略计划中具有特殊地位，灭亡中国，称霸世界是其既定国策。通过第二个问题，让学生学会从教科书内容和自己所学分析日本发动战争的其他原因，诸如经济危机的影响、国际社会的纵容、国共内战等，从而对日本的侵华原因有一个全面的认识。

材料三 我总是坚信中日两国之间的冲突是所谓"亚洲家庭"兄弟间的争吵。对日本来说通过武力来营救日本侨民，保护我们受到威胁的权利和利益是不可避免的经历。这就像是兄长在长时间忍耐后痛打其年轻而又桀骜不驯的弟弟一样。这一行动是使中国恢复理智，不是出于仇恨而是出于爱。

——《书证第3498号 松井石根宣誓证词》（1946年）

战争结束后，远东国际军事法庭举行东京审判，松井石根在庭审现场发表了如上言论。依据材料说明松井石根认为这场战争的性质是什么？你有不同意见吗，举例说明？

学生收集教科书中日军暴行的内容，并加以归纳。

教师对学生找到的日军暴行进行进一步史料佐证和评价，对重点的事件和概念进行进一步解释说明，比如南京大屠杀，松井石根人物经历等。

日军的暴行主要有：①发动战争，侵占大片领土；②南京大屠杀；③研制细菌和化学武器，七三一部队活体试验、细菌战、化学战；④扶植傀儡政权（以华制华）；⑤经济掠夺（以战养战）；⑥"三光政策"；⑦重庆大轰炸；⑧"慰安妇"制度。

对于日军"亡我中华、毁我家园、毒我民众、杀我同胞"的累累罪行，你有何感想？我们如何才能避免这一惨剧？

【设计意图】通过对日军暴行相关资料的收集，深刻理解这场战争的性质，用事实揭穿侵略者美化战争的谎言，对当前日本右翼势力和部分日本教科书企图掩盖发动侵略战争史实的行为予以回击；同时，警示后人勿忘国耻，珍爱和平，吸取教训，避免悲剧重演，培养学生史料实证和家国情怀素养。

日军的侵略日益扩大，给中华民族带来了巨大的灾难，请同学们两人一组进行合作，按照年代尺模式对日军侵华的过程进行梳理概括，并标注出来。

学生通过合作，模仿制作年代尺，结合地图，对日本侵略的时空脉络有一个基本的了解。

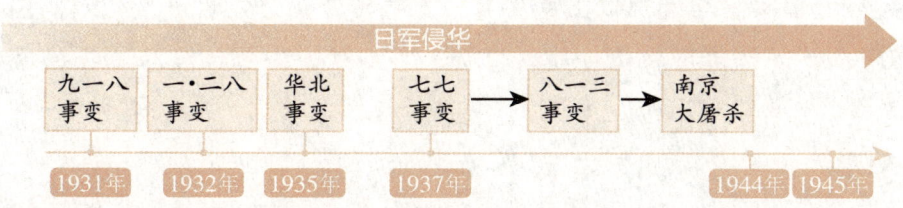

【设计意图】年代尺和地图是历史学习中非常有效的手段，能够让学生对历史事件的发生有一个深刻的时间、空间印象，增强学生的时空观念。通过地图让学生意识到中国的局部抗战未能阻止日军侵略的步伐，激发学生进一步思考，探寻原因，培养学生历史解释素养。

环节二　走向全民族抗战

材料一　1927—1935年，国共之间共有五次大规模的"围剿"与反"围剿"的激烈较量，形成国共的对峙。

材料二　1929—1930年，在中国大地上爆发"蒋桂战争""蒋冯战争""中原大战"等三次大规模的新军阀战争，特别是中原大战，这是中国近代史上规模最大的一次军阀混战，波及二十多个省，造成30多万人死亡。

从1931年"九一八事变开始，日本为什么能如此顺利地侵占半个中国？

【设计意图】引导学生通过分析材料得出，中国的内争和分裂使日本乘机发动侵华战争，并不断深入扩大战争。要打击日军的侵略，必须结束内战，团结一心。

材料三

中日两国战争期间数据对比

项目		中国	日本
经济实力	工业总产值	13.6亿美元	60亿美元
	生铁产量	95.9万吨（含东北）	239.7万吨
	钢产量	55.6万吨（含东北）	635万吨
	石油产量	0.02万吨	39.3万吨
	汽车、飞机、舰船制造能力	0	9500/1580/99.7万吨
军事实力	陆军	182个师，200多万人	448.1万人
	海军	100余艘，约6万吨旧式的	近80万吨，其中航母6艘
	空军	600余架，其中作战飞机305架	陆海军航空兵近2700架飞机

——军事科学院军事历史研究部《中国抗日战争》；[日]石岛纪之《中国抗日战争史》

① 根据材料，思考中日双方存在哪些差距？
② 结合所学知识，思考战争胜负的重要因素是什么？

【设计意图】运用表格，使学生学会解读图表，提取历史信息，培养史料实证素养。通过材料和设问，让学生认识到中日两国在国力上差距悬殊。第二问具有一定的开放性，旨在使学生能够说出自己的真实想法，使"现实在场"，培养历史解释素养。在物力财力不足的情况下，人是战争胜负的重要因素。只有充分发挥人的作用，聚集全民族力量，才有可能获得战争的胜利。以此，让学生更深刻地理解全民族团结合作的必要性。

材料四　战时国军士兵90%以上是文盲，无科学常识者几占99.9%。新兵入伍后半年，还不知如何瞄准，如何使用表尺与目测距离，大多数士兵打仗时只是胡乱扳放……士兵"不仅体格孱弱……技能差，且不沉着，往往过早发射，甚至一发现敌人，即到处放枪，无疑暴露自己的位置。"

——王奇生《革命与反革命——社会文化视野下的国民政治》

材料五　在被俘和击毙的日军官兵身上都能找到《步兵操典》小册子……书上勾画的重点和读书心得比比皆是……用兵行阵时，上至将官，下至士卒，俱按战术战斗原则作战，一丝不乱，令敌人不易有隙可乘。

——沈克尼《侵华日军作战训练的依据——步兵操典》

【设计意图】通过史料驳斥一些影视剧中的失实演绎，让学生懂得尊重历史。另外，让学生知道战争期间中日士兵的知识和军事素质差距悬殊，思考在种种不利的因素下该如何应对。

种种不利，迫使中国人民走上团结的道路，但经历了非常曲折的过程。请同学们两人为一组进行合作，再次使用年代尺标注出中华民族走向团结抗战的过程。

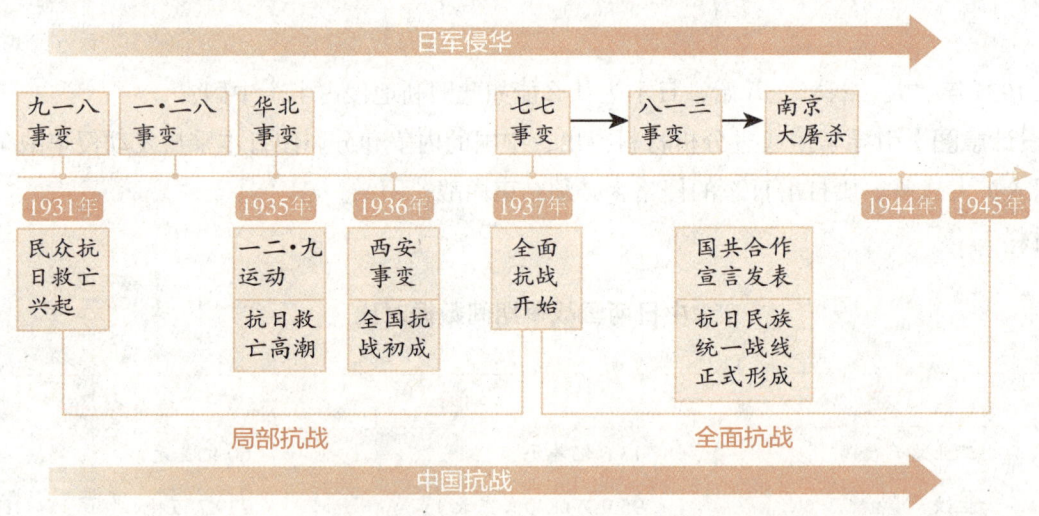

【设计意图】通过年代尺，了解抗战的细节，从而对中华民族从局部抗战走向全面抗战的过程有更深刻的了解。同时，对其中一些重要人物和故事进行讲述，使学生既认识到抗战的宏观大趋势，也能看到微观小细节。

抗战开始于1931年，但是抗日民族统一战线最终形成于1937年。在此期间，不同阶层和力量自发的抗日救亡运动逐步向团结抗战转变，局部抗战演变成全面抗战。这其中，中国共产党与国民党的态度显得尤为重要。请同学们阅读教科书，结合年代尺，找出国共两党在这一阶段的态度和表现。

材料六 九一八事变发生后，中共中央和中央工农民主政府即相继发表宣言和通过决议，号召全国军民反对日本帝国主义的侵略。一九三三年一月十七日，中华苏维埃临时中央政府、工农红军革命军事委员会发表宣言，提议在三个条件下（一、停止进攻苏维埃区域，二、保证民众的民主权利，三、武装民众，保卫中国及争取中国的独立统一与领土完整）同愿意抗日的任何军队订立合作抗日的协定。当时，共产党并迅即派遣一批有丰富斗争经验的军事政治干部，奔赴辽宁、吉林、黑龙江三省组建人民抗日武装，开展反日游击战争。

一九三二年一·二八事变发生后，共产党即发动上海市各阶层人民，积极援助国民党爱国将领蒋光鼐、蔡廷锴率领的十九路军，抵抗日本侵略军对上海的进攻。

一九三三年，共产党同国民党爱国将领冯玉祥等合作，组织抗日同盟军，抵抗日本侵略军向热河、察哈尔的进攻。

一九三四年至一九三六年，南方革命根据地的主力红军，根据中共中央的战略部署，先后举行长征，北上抗日，同陕北地区的红军汇合在一起，准备随时开赴冀、察、绥抗日前线。

一九三五年，中共中央和中央工农民主政府发表了著名的"八一宣言"，号召全国同胞和国民党爱国将士，同共产党和工农红军一起组织国防政府和抗日联军。

一九三五年十二月，中共中央在陕北瓦窑堡召开政治局会议，制定了抗日民族统一战线的政治路线。此后，党中央和毛泽东同志做了大量工作，同全国各党各派各军各界商谈联合抗日事宜。

一九三五年末至一九三六年春，共产党领导了北平的一二·九学生爱国运动，向国民党当局提出"停止内战、一致抗日"的强烈要求，推动全国抗日斗争走向高潮。

一九三六年，中共中央和工农红军，同张学良将军率领的东北军和杨虎城将军率领的十七路军，签署了停止内战、联合抗日的协定，并和平地解决了"西安事变"，迫使蒋介石停止了"剿共"战争。接着，国共两党即正式开始合作抗日的谈判。

——中共中央党校中共党史教研室《中共党史专题讲义（抗日战争时期）》

【设计意图】学生通过阅读总结出：在民族危难面前，中国共产党首先提出反抗侵略，并组建抗日武装，领导东北抗日斗争，体现了共产党人的表率作用和抗战决心；中国共产党从民族根本利益出发，积极争取国民党爱国将领，努力促成抗日民族统一战线的建立。

材料七 1935年起，蒋介石在国内外通过三条渠道寻找共产党进行秘密接触：一是由曾养甫、谌小岑出面，通过翦伯赞、吕振羽与中共北方局以及长江局代表谈判。二是通过宋庆龄、宋子文派以牧师身份活动的中共党员董健吾秘密到达陕北，向中共中央转达国民党要求谈判的信息。三是令驻苏武官邓文仪找中共驻共产国际代表谈判。

——郝彭证《全国抗战爆发前国共秘密接触和对话的三条渠道》

① 国民党的方针政策有什么变化？
② 国民党政策变化原因是什么？最根本的原因是什么？

【设计意图】从教科书内容可以得知：国民政府的态度从对内反共、对外不抵抗到最终联共抗日。由补充材料可以分析得知：1935年华北事变使中日民族矛盾进一步激化，这是抗日民族统一战线形成的根本原因。在抗日民族统一战线建立过程中，中国共产党积极活动，发挥了巨大的作用。

课堂总结

抗日战争是以国共合作为基础的全民族抗战，体现了中华民族的觉醒和民族的凝聚力。从敌后战场到正面战场，从国统区到沦陷区，从国内社会各阶层到海外华侨，从汉族到少数民族，充分体现了从局部抗战走向了全民族团结抗战的特点。

实现了团结的中国人民在接下来的抗日战争中会有怎样的表现，这种团结的局面会有怎样的发展和演变，这种团结的精神带领中国人民走向最终的胜利，她带给我们哪些宝贵的经验？下节课，我们将继续来探讨。

七、教学评价设计

材料一　2014不是1917，2014更不是1894，与其拿一战前的德国来做文章，不如以二战后的德国来做榜样。……我希望日本的领导人能够懂得这些基本的道理，能够尊重人类良知和国际公理的底线。

——王毅在十二届全国人大二次会议中外记者会上答记者问

材料二　（2014年2月）27日下午，十二届全国人大常委会第七次会议经表决通过了两个决定，分别将9月3日确定为中国人民抗日战争胜利纪念日，将12月13日设立为南京大屠杀死难者国家公祭日。

——新华社北京2月27日电

（1）材料一中提到的"1894年"中日之间发生了什么重大事件？这一事件对中国造成了什么影响？

（2）20世纪30—40年代日本在中国犯下了哪些违背"人类良知和国际公理的底线"的滔天罪行（请写出三例）？

【答案提示】

（1）事件：中日甲午战争；影响：中国战败签订了丧权辱国的《马关条约》，使我国半殖民地半封建化程度大大加深，刺激列强掀起了瓜分中国的狂潮。（其他有理亦可）

（2）罪行：南京大屠杀、毒气战、七三一部队的细菌战和活体实验。（写出三个即可）

八、板书设计

第23课　从局部抗战到全面抗战

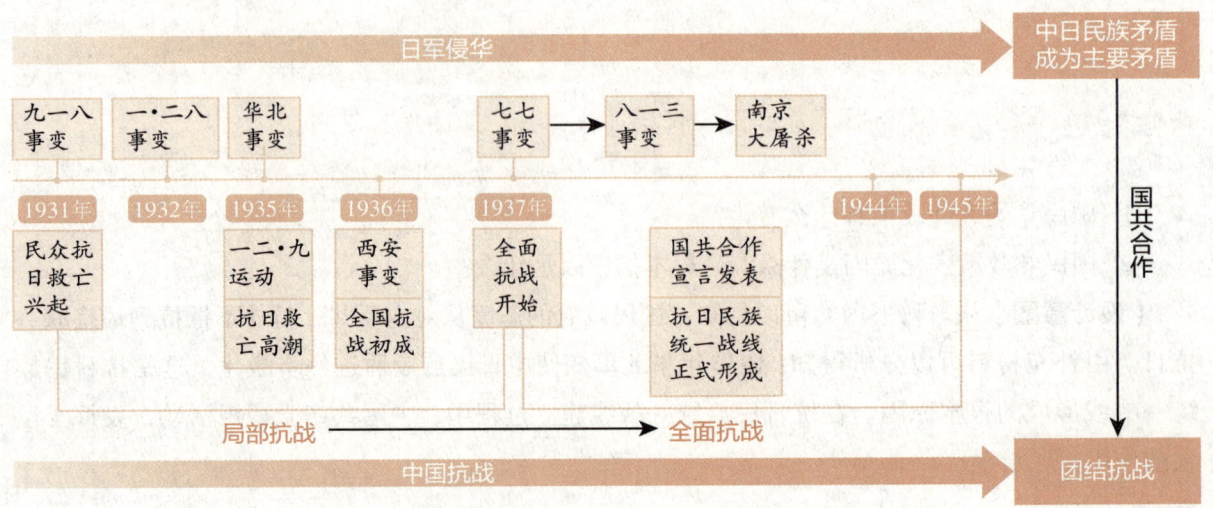

九、教学反思

1. 本教学设计充分考虑到学生学情，避免与初中学习内容简单重复，兼顾高一年级学生的学习能力以及基础知识水平，合理设置问题，逐步提升思维，培养学生历史学科核心素养。

2. 以和平的理念、合作的精神为价值指向，以"团结铸就胜利"为主题贯穿整个抗日战争教学，落实家国情怀素养。

3. 通过提供一系列的材料，设置一系列的问题，反复设问"为什么需要团结"，深化了对团结必要性的理解，培养历史解释素养。

4. 选取适当、多样、经典的细节故事，以小见大，努力营造能打动学生心弦的历史课，激发学生的历史学习兴趣。

5. 充分使用年代尺这一教学手段，使学生对抗战的进程有非常深刻的了解，培养时空观念。

6. 有待加强之处是，虽然把两节课的主题统一定为"团结"，但在实施中存在着连贯性能否保持和梯度上是否有递进的疑惑。

（浙江省宁波市柴桥中学　郑志成）

十、点评

本课设计以"团结"为主线展开，主题鲜明适切，结构完整，逻辑严谨。同时，以真实、有情节、生动形象的故事提升学生的学习兴趣，以学法指导为抓手落实历史学科核心素养的培育，符合一堂"好课"的标准。适当、经典、多样的史料选用，极具历史学科特性；适度、丰富、精心的学生课堂活动设计，使学生有更强的学科体验。总体而言，该教学设计依据课程标准要求，始终贯穿对历史学科核心素养的培育，使立德树人真正落到实处。

（浙江省宁波市北仑区教育局教研室　翁晓波）

第 24 课　全民族浴血奋战与抗日战争的胜利

一、教科书内容分析

本课分四个子目，其中第一、第二子目涵盖了全面抗战爆发后，围绕抗日民族统一战线，中国国民党所领导的正面战场和中国共产党所领导的敌后战场抗战的大致经过及发生的主要战役，以及民族工业和高校内迁、敌后军民开辟并发展抗日根据地的主要史实。第三子目专门论述了在世界反法西斯战争爆发后，中华民族的抗日战争对世界反法西斯战争的重要地位和作用——东方主战场。第四子目论述了中国共产党为抗战胜利所作的准备——中共七大，日本最终无条件投降的经过，以及抗战胜利对中华民族伟大复兴进程的历史意义。从内容上来看，本课讲述了中华民族如何在极为艰难困苦的条件下，坚持抗争并赢得最终胜利的经过，这有利于从中汲取历史经验，增强民族团结与民族自豪感。教科书还提供了地图、歌曲、照片和原始文献资料，这对于全面、客观、有血有肉地呈现抗战历史是非常有意义的。同时，教科书注重对重要理论问题的关注，即明确提出了中国战场是世界反法西斯战争的东方主战场、中国共产党是全民族团结抗战的中流砥柱、抗战胜利开启了中华民族伟大复兴的光明前景这三个观点，这对于正确认识和把握抗战史指明了方向，需要在教学设计中加以落实。

二、学情分析

1. 学生对本课内容有一定了解，对正面战场、敌后战场、游击战、阵地战有印象，对抗日战争的重大战役和战争的结果有所了解，部分学生能够复述某场战役的经过和中国的抗战与世界反法西斯战争的联系。但这些认知建立在感性的基础上，没有形成理性的历史认知，缺乏必要的辨析。

2. 学生思维水平有限，还不能做到多角度全面分析和看待问题。如在正面战场的评价问题上，停留在纯军事角度或纯精神角度；对敌后战场，看到了游击战对日军的有效打击，却没有理解根据地建设对敌后抗日力量生存、发展、壮大至关重要的作用；对中华民族的抗战在世界反法西斯战争中的作用，缺乏理性的认识甚至是理性的态度，部分同学存在历史虚无主义的倾向，对部分内容存在不当的评价。

3. 学生的历史学习能力和方法较为欠缺，历史学习的意识不强。部分同学对历史学习存在错误认知，停留在死记硬背阶段，缺乏必要的分析，在学习时不求甚解、简单直接。

三、教学目标

1. 核心目标

通过了解全民族浴血奋战的经过，认识中国抗战的艰苦历程，理解抗战胜利对中华民族伟大复兴的历史意义。

2. 分教学目标设定

（1）利用地图，说明正面战场各战役的情况与敌后抗日根据地存在的价值；

（2）对正面战场、敌后战场相关资料进行辨析，还原真实的正面战场与敌后战场；

（3）在归纳的基础上，客观评价正面战场与敌后战场的作用，理解中国共产党是全民族抗战的中流砥柱；

（4）结合东方主战场、敌后抗日根据地的开辟与中共七大，说明抗战胜利对中华民族伟大复兴的意义；

（5）认识抗战的艰巨与全民族浴血奋战的悲壮，对爱国主义与民族自豪产生认同。

四、教学重难点

重点： 正面战场、敌后战场抗战的主要史实和中国抗日战争胜利的意义。

难点： 中国坚持抗战并走向胜利的正确之路，中国共产党是全民族抗战的中流砥柱。

五、教学设计思路

1. 利用"最近发展区"理论设计教学环节

在本课的设计中，第一个思路就是要有意识地从学生的认知基础出发开展课程内容的建构，对于合理正确的认知基础，要予以强化；对于不合理的认知基础，应在教学实践中予以打破，并重建起正确的认知。因此，本课先后设计了两个教学环节，均是要求学生从一张历史照片出发，谈谈对抗战中的正面战场和敌后战场两大战场的基本概况的了解和认识。应该说学生通过这两张图片获得的观感与他们过往的认知有关，但同时又都未能反映历史的全貌。

2. 凸显"史料实证"与"历史解释"素养的培育

本课的设计凸显了对"史料实证"与"历史解释"的培养。在对历史照片的理解与认识中，要求学生结合教师展示的史料（照片）和自身的知识储备（其他史料），对正面战场、敌后战场的抗战情况进行自主地分析和判断。同时，本设计要求学生能够利用课文和材料对一系列问题进行阐述，从而达成对历史的建构。这尤其体现在对几个重要的问题的处理上，即中国战场为何能成为世界反法西斯战争的东方主战场，抗日战争的胜利为何能成为中华民族伟大复兴的转折点，这一伟大胜利为何能开辟古老中国凤凰涅槃、浴火重生的征程。

3. 合理整合各子目教学内容，摸清各子目、各内容间的关系

本课教科书分四个子目。第一、第二、第三子目着眼于抗战的经过，第四子目着眼于抗战的结果和意义。本课中的三个主要的历史认识，即中国共产党是抗日战争的中流砥柱、中国战场是世界反法西斯战争的东方主战场、抗战胜利开辟了中华民族伟大复兴的历史征程，要建立在对正面战场与敌后战场的抗战及这两个战场之间的相互关系的理解与认识的基础上、建立在对抗日战争在中华民族近代以来抗击外敌入侵的斗争中所处地位的认识基础上、建立在中国战场与欧洲战场、北非战场、太平洋战场的关系的认识基础上去理解和把握。本设计围绕这些联系进行了适当的整合。

六、教学过程

课堂导入

面对日军的全面侵华，国共实现第二次合作，组成抗日民族统一战线，全国同胞共赴国难，开始了全面抗战。那么，中华民族是怎样进行全面抗战的？全面抗战具有怎样的地位和作用？这节课我们将一起来学习。

【设计意图】回顾上节课所学知识，引出对本节课内容的学习。

课堂讲解

环节一 正面战场：一寸山河一寸血，十万青年十万军

本环节旨在使学生了解正面战场抗战的经过与结果，认识正面战场的艰巨，对正面战场作出客观评价。

活动一

材料一

国民革命军中央教导师

材料二 一寸山河一寸血，十万青年十万军。

——国民政府军事委员会开展知识青年从军运动口号（1944年）

阅读图片与材料，谈谈你对正面战场的印象。

【设计意图】了解学生对正面战场的已有认知，调动其学习兴趣。从图片中，学生可以提炼出中国军队军容齐整、士气高昂等历史信息，形成正面战场就是国军正面抗击日军侵略的印象。同时，引导学生思考正面战场的抗战是否顺利，能否阻挡侵略者的脚步，为何抗战时期一句流传甚广的口号是"一寸山河一寸血，十万青年十万军"，从而引起学生的学习兴趣。

活动二

材料一

1937年上半年中日军力对比表

项目	中国	日本
常设陆军兵力	192个师，202.9万人	17个师，60余万人
后备陆军兵力	50万人	248万人
海军兵力	军舰66艘，5.9万吨	军舰290艘，118万吨
空军兵力	305架飞机	1559架飞机

——根据《中国抗日战争史》（中）制表

阅读材料，提取信息，说明为什么正面战场是"一寸山河一寸血"？

【设计意图】引导学生基于史实，客观、全面地看待中日实力对比，感受正面战场的惨烈与悲壮，为下一环节认识全面抗战初期正面战场的战果奠定基础。正面战场的悲壮，是由中日两国国力和军力的巨大差距所决定的。

活动三

任务表一：正面战场战役详情表（由教师与学生共同整理得出）

正面战场战役	结果	意义
淞沪会战	日军占领上海	粉碎日军"三个月亡华"企图
忻口会战	日军占领太原	取得首次大捷——平型关大捷
徐州会战	日军占领徐州	取得最大规模胜利——台儿庄大捷
武汉会战	日军占领武汉	将日军拖入战略相持阶段
第三次长沙会战	中国军队取得胜利	对世界反法西斯战争产生积极影响

材料一 （蒋介石致八路军贺电）贵路军一战攻克平型关，毙敌遍野，俘虏甚多。忠勇之气，益寒敌胆。

——《平型关战役文献资料汇编》

材料二 第三次长沙会战，面对10余万日军进攻，中国军队重兵防御，拼死抵抗，歼灭大批日军，最终取得会战胜利。此时，英美盟军在太平洋战场接连败退。

——《中外历史纲要》（上册）

阅读材料和教科书，说明五大战役的结果和意义，在此基础上总结正面战场的作用，并作出评价。

【设计意图】引导学生基于史实，对正面战场做出全面客观的评价。面对日军的侵略，中国军队奋起抵抗，在正面战场进行了一系列的会战，沉重打击了日军的嚣张气焰，鼓舞了中国军民的抗敌意志，并在战略层面挫败了日军速战速决的企图。但正面战场军民的英勇抗战却未能阻止侵略者步步深入。广大国土沦陷，中华民族仍处于危难之中。

活动四

材料一

中日工业对比表（1937）

项目	日本	中国
工业产值（美元）	60亿	13.6亿
生铁产量（吨）	239.7万	95.9万（含东北）
钢产量（吨）	635万	55.6万
石油产量（吨）	39.3万	0.02万

——根据《中国抗日战争史》（中）制表

材料二　亡国论者看到敌我强弱对比一个因素，从前就说"抗战必亡"，现在又说"再战必亡"。

——毛泽东《论持久战》（1938年）

依据材料，结合所学知识，分析为何正面战场不能阻止日军快速深入国土？

【设计意图】深化学生对正面战场失利的认识——中日国力军力的巨大差距决定了中国军队不能通过正面抗击的手段阻止日军，战局不利对民心士气造成了不利影响，而人心的动荡又呼唤着抗战与胜利如何为之道，从而引出下一个环节——敌后战场部分内容的学习。

环节二　敌后战场：游击健儿逞英豪

本环节旨在使学生了解敌后战场抗战的主要经过与取得的成果，理解敌后战场对于抗战胜利的意义以及中国共产党为什么能成为抗战的"中流砥柱"。

活动一

材料一

百团大战中，八路军占领娘子关

材料二　游击健儿逞英豪！扛起了土枪洋枪，挥舞着大刀长矛，保卫家乡，保卫黄河，保卫全中国！

——冼星海《保卫黄河》（1938年）

阅读图片与材料，谈谈你对敌后战场的印象。

【设计意图】 引导学生调用已有知识，激发学习兴趣。在上一环节中，学生已经开始思考抗战的胜利之道，他们的注意力已经转向敌后战场，以及与正面抗击不一样的作战方式——游击战。这张照片及材料也含有这样的历史信息——人民群众发起的游击战争使用着简陋的武器从侧后方有效地打击侵略者。既然正面抗击不能阻止，那就只能是游击战了。

活动二

材料一　除直接消灭共产党的势力外，还要捣毁其机关的设施，铲除地下组织，毁坏生活资源，以经济封锁相配合……

——日军华北方面军《剿共施策要纲》（1941年）

材料二　（新四军）危害民族，为敌作伥，丧心病狂，抗命叛变……撤销该军番号，军长革职，交军法审判，依法惩治。

——《国民政府军事委员会就皖南事变通电》（1941年）

阅读材料，提取信息，分析敌后战场面临的形势。

【设计意图】 引导学生全面认识游击战与敌后战场。得出敌后战场上中国共产党的抗日力量面临着日伪军的封锁、扫荡与国民党顽固派的反共两方面的压力，敌后战场的游击战一度面临极大的困难。认识到这一点，是理解其后中国共产党进行根据地建设、团结广大民众、依靠人民坚持全民族抗战的意义的基础。

活动三

材料一　民主政权建设，是抗日根据地建设首要、根本的任务。根据地政权……要实行"三三制"原则，团结一切赞成抗日又赞成民主的阶级、阶层。

——中共中央党史研究室《中国共产党的九十年·新民主主义革命时期》

材料二　用自己动手的方法解决吃饭、穿衣、住屋、用品问题之全部或一部，克服经济困难，以利抗日战争。

——毛泽东《反投降提纲》（1939年）

材料三

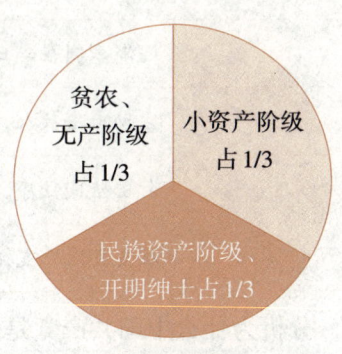

"三三制"民主政治示意图

阅读教科书与材料，归纳中国共产党在敌后战场所采取的政治、经济、军事抗战措施，分析这些措施对中国共产党在敌后战场坚持抗日斗争的作用。

任务表二：敌后战场上的敌我较量（由教师与学生共同整理得出）

领域	日伪军	中国共产党、八路军
政治上	铲除抗日组织	民主政治、团结人民
经济上	摧毁、掠夺、封锁	自力更生，发展生产
军事上	扫荡、"囚笼"	游击战争，打破"囚笼"

【设计意图】引导学生认识到敌后战场中抗日力量的生存与抗战之道——除了军事上的游击战以外，更重要的是采取了团结人民的民主政治和进行根据地建设的措施，这为中国共产党在敌后的生存、发展、打击日军提供了基础。这种依靠根据地、依靠人民、坚持和发展抗日民族统一战线的抗战路线，才是中国抗战坚持并走向胜利的正确之路。这是本课的第一个难点。

活动四

材料一 《华北敌后抗日根据地形势图》（图略）

材料二 在抗战中，人民军队发展到132万，建立了19块根据地，解放了近1亿人口，收复了100万平方千米的土地。

——《中外历史纲要》（上册）

材料三 华北治安战已一蹶不振……（华中）清乡工作终于陷入了分裂瓦解的结局。

——[日]防卫厅防卫研修所战史室《华北治安战》

材料四 我们说抗日战争是持久战……敌强我弱，我有灭亡的危险，但敌尚有其他缺点，我尚有其他优点。敌之优点可因我之努力而使其削弱，其缺点亦可因我之努力而使其扩大，我方反是……所以我能最后胜利……

——毛泽东《论持久战》（1938年）

任务表三：敌后战场的发展及其意义（由教师与学生结合教科书整理归纳得出）

敌后战场的发展进程	敌后战场对敌人作战的意义
全面抗战爆发，敌后战场的开辟	逐渐牵制在华日军一半以上兵力
敌后战场发起百团大战	主动出击敌人，逐渐成为主战场
沦陷区的抗战斗争	打击殖民秩序，破坏日军"以战养战"
根据地不断发展壮大	收复失地、支持抗战、鼓舞人心

归纳敌后战场坚持抗战的意义，分析为什么中国共产党是全民族抗战的"中流砥柱"？

【设计意图】突破本环节第二个难点，即中国共产党为何能够成为全民族抗战的"中流砥柱"。这和敌后战场在抗战中的历史地位和作用是分不开的。正是由于中国共产党领导下的敌后战场在极端艰难和不利的环境下坚持抗战，不但在战略上配合支援了正面战场，打击了侵略者的嚣张气焰，更重要的是实践了毛泽东在《论持久战》中提出的正确观点，通过依靠人民、坚持抗日民族统一战线，逐渐扭转了战争中的被动形势，赢得了战争的主动权，将这场战争变成了日本所不能承受的"持久战"，使得日军图谋通过占领中国、汲取中国的资源以继续战争的图谋彻底失败。这就是中国抗战的胜利之道，而依靠人民、发动人民、坚持统一战线、坚持抗战的中国共产党，自然就是全民族抗战的"中流砥柱"。

环节三　中国抗战：反法西斯战争的东方主战场

本环节旨在使学生了解中国在反法西斯战争中的地位与作用的相关史实，理解中国战场是世界反法西斯战争的东方主战场。

材料一　1919年1月，巴黎和会上，作为战胜国之一，中国代表提出废除外国在华一切特权、取消"二十一条"等要求，但英美等国操纵的和会，决定将德国在中国山东的权益转让给日本。

1942年，戴安澜率第二百师作为远征军的先头部队赴缅参战。同古会战中，远征军以牺牲800人的代价，歼灭日军4000多人，予敌重创，打出了国威。在冬瓜保卫战中，他指挥的远征军掩护了英军的撤退。……5月18日，戴安澜在朗科地区指挥突围战斗时身负重伤，26日在缅北茅邦村壮烈殉国。

1943年11月，中、美、英3国政府首脑在埃及开罗举行会议，通过了《开罗宣言》，规定"日本所窃取于中国之领土，归还中华民国。"同年，中国与英美达成协议，废除不平等条约，取消在华特权，订立新的条约。接着又与10个西方国家废除旧约，签订新约。

——《中外历史纲要》（上）

材料二

日本各战场兵力、军费、战费比例表

项目		年份					
		1931	1937	1941	1943	1944	1945
兵力投入	中国战场	33%	80%	65%	44%	31%	31%
	南方战场	0%	0%	7%	35%	40%	13%
军费支出	中国战场	—	—	36%	32%	44%	54%
	南方战场	—	—	11%	29%	34%	10%

注：南方战场包括东南亚和西南太平洋岛屿等地。

阅读教科书和材料，思考英美等国对中国的态度发生变化的原因。

【设计意图】引导学生认识抗战对世界的贡献，包括中国本土抗战与远征军开辟国外战场的作用，指出中国抗战以巨大代价抗击了日军的主要兵力，为反法西斯战争的胜利做出了重大贡献，理解"东方主战场"的概念。

环节四　抗战胜利：雪国耻、昭复兴

本环节旨在使学生理解抗战胜利对中华民族伟大复兴的历史意义。

材料一　勇敢的中国人民抗击日本的侵略，歼灭了无数日军，摧毁了大量的日本军用物

资。援助中国进行的英勇抗战并最终发起反击是非常必要的，因为中国的抗战是最终战胜日本的重要因素。

——[美]罗斯福《炉边谈话》（1940年）

材料二　同样的侵略战争，不同的结局

1842年《南京条约》　　　　　　　　　　　1895年《马关条约》

1901年《辛丑条约》　　　　　　　　　　　1945年侵华日军投降

材料三　一句话，走团结和民主的路线，打败侵略者，建设新中国。

——毛泽东《论联合政府》（1945年）

材料四　"提出联合政府口号"是企图颠覆政府，危害国家……今天的中心工作，在于消灭共产党。

——《中国国民党历次代表大会及中央全会资料》

结合教科书与材料，用史实说明抗战胜利是怎样洗雪中国国耻的，是怎样开启中华民族的"复兴之路"的？

【设计意图】引导学生认识抗战胜利对中华民族发展的重要意义：成为中华民族近代屈辱命运的转折点，对外洗雪了国耻、提高了国际地位，对内推动了人民的觉醒，锤炼了民主的力量，开启了民主、独立的光明前景——新民主主义的新中国。但是，这一前景并不是唯一的道路，中国同时还面临着另一种前途——重回专制与独裁。随着抗战的胜利，中华民族很快面临着两种命运、两条道路的抉择，从而为此后的国共内战埋下了伏笔。

七、教学评价设计

本课的教学评价设计分为两部分，分别是课内评价与课后评价。在课内评价中，尝试让学生说明中国共产党为什么能够成为"抗战的中流砥柱"，要求学生调用其所掌握的历史知识，即中国共产党领导敌后战场抗日军民开展抗敌斗争的一系列举措，提炼出中国共产党在艰难的敌后环境下坚持斗争，团结根据地军民，打退国民党的反共高潮，维护抗日民族统一战线等历史贡献，在这一过程中训练了学生运用所掌握史实进行历史解释的能力。同时，为了更好地让学生进行自主评价，本课还设计了一个自查检测清单：

> **本课自查清单**
> 1. 正面战场的主要抗战方式和力量是什么，战果如何？（水平1）
> 2. 敌后战场的主要抗战方式和力量是什么，战果如何？（水平1）
> 3. 中国战场为什么是世界反法西斯战争的东方主战场？（水平2、3）
> 4. 为什么抗日战争的胜利开启了中华民族伟大复兴的光明前景？（水平2、3）

这个课后评价聚焦核心素养中的"历史解释"，在问题设计上具有能力的层级性和梯度性，第1、2问对应的是学业质量水平要求中的第1级，要求学生能够说出正面战场、敌后战场抗战的经过（方式和力量）及其结果（战果）；第3、4问对应的是学业质量水平要求中的第2、3级，要求学生调用相关史实阐明观点，可以预见不同质量水平的学生将做出不同水平、不同层次的解释。通过这样的方式，完成了对学生学业质量水平的评价。

八、板书设计

第24课　全民族浴血奋战与抗日战争的胜利

一、正面战场
　　1. 正面战场的重大战役
　　2. 评价正面战场：英勇不屈、挫败敌谋、未能阻敌深入

二、敌后战场
　　1. 游击战是抗敌制胜的法宝吗？
　　2. 坚持抗日民族统一战线，持久作战
　　3. 正确道路，中流砥柱

三、东方主战场
　　1. 重大贡献
　　2. 巨大牺牲

四、抗战胜利的意义
　　民族荣耀、重归大国、光明前景、仍需抉择

九、教学反思

1. 关于在教学中落实核心素养培育的几点想法

（1）钻研吃透新课标，使课堂教学不"跑题"；
（2）找准核心素养与教科书、教学的契合点，让核心素养落地；
（3）学科素养培育应凸显史料实证与历史理解。

2. 几点不足之处

（1）课堂时间有限，展示材料过多，对学生的阅读能力要求过高；
（2）互动形式仍以集体回答为主，活动形式较为单一；
（3）缺乏较为行之有效的教学评价手段。虽然在课后列出了学生自主测评清单，但清单较为注重的是知识评价，对素养培养情况的评价手段比较匮乏；

3. 未来的解决思路

（1）勤阅读、多反思，继续提升教师自身的专业素养；

（2）立足课标、钻研教科书，把握课标精神的导向与教科书处理的关系和线索。

（广东华侨中学　邓琳琛）

十、点评

本教学设计充分利用了教科书这一最基本最重要的课程资源，从如何利用教科书内容发展学生学科核心素养角度，分析课程内容并制定了相应的教学策略；从历史解释的角度，对教科书呈现的历史叙述进行了逻辑建构，并据此设计了思路清晰、环环相扣的教学过程；另外还引导学生整合教科书中的史实作为建构历史解释的依据。教师充分理解了教科书传导的正确思想导向和价值判断，关注学生的认知误区，引导学生用史实发言，用材料说话，自觉反对历史虚无主义，提升家国情怀素养。本设计在材料的选取和使用方面，还有待精减优化，合理处置。

（广东省广州市教育研究院　邹樱）

第 25 课　人民解放战争

一、教科书内容分析

人民解放战争是中国共产党领导人民反对帝国主义、封建主义和官僚资本主义，推翻三座大山的最后时期，是中国共产党领导人民武装夺取全国政权，取得新民主主义革命胜利的最后阶段。这段历史大致可分为两个阶段。其一，国共两党围绕未来如何建设国家的问题进行较量，对应教科书第一子目。其二，关系中国命运的战略决战——人民解放战争走向胜利，对应教科书第二、三、四子目。教科书最后一段，点明了中国共产党取得新民主主义革命胜利的根本原因，突出了课程标准的要求。

二、学情分析

高一学生通过初中阶段的学习，对解放战争的相关史实已有一定的了解，但基本停留在感性认识层面，对于解放战争全局的把握和理解还不够深刻。由于缺乏中国共产党和国民党在解放战争过程中方针、政策的对比，学生无法从深层理解中国共产党引领人民革命取得胜利是人民选择的结果。

三、教学目标

1. 了解全面内战爆发的背景及人民解放战争的进程。

2. 通过阅读教科书，提炼概括国民党政权在人民解放战争前期和后期统治的具体表现。通过梳理国民党政权违背民意的表现，分析造成其在大陆统治灭亡的原因。

3. 通过梳理材料，掌握中国共产党为争取和平民主所作出的相关努力。分析中国共产党领导人民取得中国革命胜利的原因，认识到人民解放战争的胜利是人民作出了正确的选择。运用唯物史观来分析史实中的因果关系。

四、教学重难点

重点： 国民党政权在大陆统治灭亡的原因，中国共产党领导人民取得中国革命胜利的原因和意义。

难点： 中国共产党领导人民取得中国革命胜利的原因和意义。

五、教学设计思路

围绕"人民"来分析解放战争。指导学生对国共两党在解放战争过程中的方针政策进行梳理、提炼，通过对比分析，理解中国共产党能够顺应时代发展潮流，维护民族利益，领导中国革命最终取得胜利。同时，突出"人民"在战争中的地位和作用，看到人民选择的重要性与战争结果的必然性。启发学生学会归纳、概括。

六、教学过程

课堂导入

展示抗战相关的视频资料，呈现抗日战争给中华民族带来的巨大创伤。

教师：中国人民渴望和平，中华民族需要独立，这一切破灭于一场接踵而来的战争。这场战争让疲惫的中国人民不得不再次陷入战火，再次面临选择。

【设计意图】通过短视频突出抗日战争时间之久及对中国人民的伤害，加深学生对民族创伤之重的感知、对和平方式建国的必要性和民族独立的迫切性的理解，引导学生进一步探究解放战争过程中人民作出选择的原因。创设情境，对学生进行情绪上的调动，达到情感上的共鸣，培养学生在新情境下解决问题的能力。

课堂讲解

1. 国民党政权的反动统治——人民意愿之毁灭

中国的老百姓，足足有三十多年没有享受过和平的日子，一面受敌人的侵略，一面不断内战……我们对于战后和平的期望，就像饥饿的人等饭吃那样的急迫。……我们反对内战，不管用什么法律来解释，我们还是要反对，如果内战，全中国人民都要遭受无穷的损害。

——张生等致《新华日报》编者的信（1945年）

教师：这虽是一位群众的普通书信，但字里行间却反映出抗战后全国人民怎样的希望？

学生：全国人民要求和平建国、民主统一。

教师：当时代表中国的合法政权是国民党领导下的南京国民政府。阅读教科书，摘录并概括南京国民政府在解放战争前及过程中，分别在政治、经济、军事等方面都采取了哪些政策与措施？思考其推行的政策、措施体现了国民党政权具有怎样的性质与目的？

学生1：从政治方面看，战前，国民党坚持独裁和内战方针，否决和平建国纲领案；战中，国民党包办"国民大会"，通过《中华民国宪法》；接受北平和谈，却又拒绝在《国内和平协定》上签字。

教师：国民党领导的南京国民政府应该代表人民利益，但却坚持独裁，再三否定中国共产党和各民主党派提交的民主建国方案，可见，国民政府的政治方向是与民愿相背离的。

学生2：从经济方面看，国民党滥发纸币，导致通货膨胀，物价飞涨；官僚资本巧取豪夺，排挤打击民族资产阶级。

教师：近代中国长年的战争已对国民经济造成极大破坏，国统区经济政策的实施更使经济形势雪上加霜。广大人民生活水平不断下降，民不聊生。国民政府在经济上的态度是将民之根本——民生问题置之不顾。

学生3：从军事方面看，国民党撕毁《双十协定》，发动内战。

教师：国民政府坚持走独裁的道路，不可能实现以和平方式建国，战争无法避免。

教师：综合以上内容可以看出，国民政府的倒行逆施是不合民意，违背民愿的。中国人民盼望和平民主的意愿随之破灭。国民政府在人民中的信誉一落千丈，其政权也因此面临统治危机。被国民政府抛弃了的人民必须重新选择，为民族重生寻找新的引领者。在抗日战争中起着中流砥柱作用的中国共产党勇于承担起引领人民进行斗争、争取民族独立和人民解放的使命。

【设计意图】充分利用教科书中的材料，引导学生进行自主学习，提炼并归纳出国民党政府违背民愿，坚持选择独裁之路的相关表现。培养学生通过阅读对教科书内容进行分类整理的能力。在提炼概括的过程中，教师辅助学生思考并体会国民政府因抛弃人民、失掉民心，从而导致政权面临统治危机的结局。

2. 中国共产党肩负使命——人民前途之点亮

教师：分析中国共产党在解放战争前和战争中，在政治、经济、军事方面的政策、措施。

学生1：从政治方面看，中国共产党争取和平的建国方针，赴重庆谈判，签署《双十协定》；参加政协会议，通过和平建国纲领案；进行北平和谈，促成《国内和平协定》。

教师：中国共产党政策上号召和平、民主、团结，力求建立一个新民主主义的国家。多次努力争取以和平方式建国，走和平民主统一的道路。政治方向与民愿相符合。

学生2：从经济方面看，中国共产党在解放区进行土地改革。

教师：中国共产党为调动广大农民的力量，在解放区推行土地改革。随着土改完成，解放区有一亿多无地和少地的农民分到土地，激发了农民生产和革命的积极性。农民踊跃参军，支援前线，大大增加了人民解放军的有生力量，从而为战争后期取胜提供了可靠保证。

学生3：从军事方面看，中国共产党带领人民被迫迎战，陆续实施战略防御、战略反攻、战略决战（三大战役）。

教师：人民解放军在战略防御阶段，采用集中优势兵力，消灭敌人有生力量的策略，促成人民解放军和国民党军力量对比的变化；在战略反攻阶段，大胆挺进大别山，调动国民党军回援，扭转了解放战争的战略态势；在战略决战阶段，坚决消灭国民党军重兵集团，为中国革命在全国的胜利奠定了基础。

综合对比国共双方在政治、经济、军事上的表现，中国共产党能够认清所肩负的责任与使命，制定顺应民愿的方针，发动群众。在广大人民群众支持与配合下为争取国家独立、民族复兴进行了不懈的斗争。为人民之生、民族之兴点燃了新的明灯。

【设计意图】以分组讨论的方法，实现师生互动和学生间的互动。教师在分组讨论中进行学法的相关指导，提升学生的学科核心素养。通过学生讨论和教师点评，引导学生认识到人民选择的重要性和人民力量的决定性，理解中国共产党的政策顺应民意，赢得人民支持，是其最终取得革命胜利的根本原因，以此培养学生运用唯物史观的基本观点和方法来认识历史，作出正确的历史解释的能力。

3. 新民主主义革命胜利的意义——人民力量之选择

教师：新民主主义革命，是中国共产党领导广大人民反帝、反封建、反官僚资本主义的革命，是中国人民的革命。阅读教科书，指出中国人民革命的胜利具有怎样的意义。

学生：中国人民革命的胜利，是马克思主义普遍原理与中国革命具体实践相结合的胜利，是毛泽东思想的胜利，从根本上改变了中国社会的发展方向，是20世纪人类历史上最具影响的伟大事件之一。

教师：毛泽东思想是中国新民主主义革命的指导思想。回顾所学内容，列举在国共十年对峙时期、抗日战争时期，毛泽东思想是如何结合中国革命的实践，在指导中国革命中发挥关键作用的。

学生1：在国共十年对峙时期，毛泽东依据中国农民占人口绝大多数的国情，开辟了工农武装割据，以农村包围城市，武装夺取政权的道路，促成了农村革命根据地蓬勃发展的局面。

学生2：在抗日战争时期，毛泽东依据中国是一个弱国，同时又是一个大国的国情，提出了通过持久作战赢得对日作战最后胜利的战略指导理论，增强了全国人民坚持抗战的信心和决心。

教师：除了"持久战"的理论以外，抗日战争时期，毛泽东还形成了新民主主义革命理论。所谓新民主主义革命，就是无产阶级领导的，人民大众的，反对帝国主义、封建主义和官僚资本主义的革命。结合本课所学解放战争时期的史实，说明中国共产党的哪些政策体现了新民主主义革命这一指导理论的要求。

学生1：中国共产党在解放区开展土地改革，满足了广大农民的愿望，打击了封建势力。

学生2：中国共产党联合各民主党派，反对国民党的专制统治，使国民党在政治上愈加孤立。

教师：除此之外，中国共产党还发动国统区的青年学生和广大人民，开展反饥饿反内战运动，在解放战争后期，开展了护厂护校等运动，配合了人民解放军在前线的作战。

总之，中国人民革命在每一阶段的胜利，都是在密切联系中国革命实际的毛泽东思想指导下所取得的。因此，中国人民革命的胜利，可谓毛泽东思想的胜利。

【设计意图】通过回顾所学知识，总结中国革命的成功经验，凸显革命指导理论的重要价值，即为每一阶段的革命确定正确的路线、方针、政策，以此引导学生理解教科书中关于中国人民革命胜利意义的抽象表述，更好培育学生的家国情怀。

课堂总结

通过对战争过程的了解，我们看到了战争背后的人民力量的强大和争取民族独立的迫切要求。民主革命的胜利是人民做出了正确的选择，是人民坚持斗争的结果。既然被人民和历史所选择，既然肩负人民意愿和民族使命，中国共产党就必须勇敢斗争。战争的胜利不是终点而是阶段性使命的完成和新使命的起点，历史在前进，中国共产党必须引领民族继续前行。

七、教学评价设计

教学评价应采用知识性、技术性、表现性等多元化评价来衡量学生的学习情况。学生通过梳理、研读教科书所提供的史料，依照国共两党在解放战争期间政策对比进行信息整理，并可以对相应资料进行再补充。要注意对一手史料的筛选与运用，以达成史料实证素养的培养。师生合作探究过程中要进行动态评价，使学生树立唯物史观，认识并理解"人民"在这场战争中的地位与作用，中国共产党顺应历史发展潮流，得到民众支持，所以取得新民主主义革命胜利。形成性评价通过学生小论文的形式完成。小论文要做到论据充分且可靠，史论结合。

八、板书设计

第25课 人民解放战争

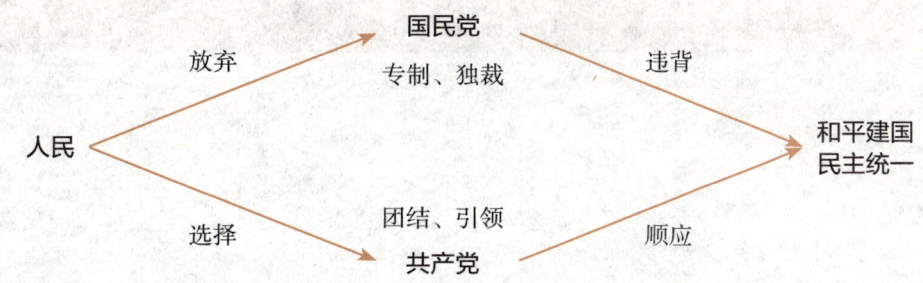

九、教学反思

1. 本设计选准并突出本课主题。教科书依据时间来叙述史实，强化了历史的时序性，同时本课的内容量可以说是很大的。教师一定要转变以往的理念，授课时应依据课标明确教学核心，也就是该课的主题，大胆整合教科书内容，围绕教学核心突出重点，切忌将全部史实细节充斥课堂。

新旧教科书的变化之处是教师讲授本课的切入点。本设计定位"人民"来解读解放战争，突出"人民的选择""人民的力量"为本课的主题。如果照本宣科将课讲成流水账，那就掩盖了历史的内涵，也无法达成学科核心素养的要求。

2. 准确把握课程标准，充分利用教科书中的资料。教科书除了依照编年形式强化了时序性之外，最大特点是对史实翔实的介绍。教师在授课过程中如何做到对教科书内容处理得详略得当是备课过程的关键任务。本设计通过研读课标解读，准确理解课标要求，制定出科学的课堂教学预期目标。同时，充分利用教科书所给出的材料，教师额外补充的内容尽量减少，以免喧宾夺主。

3. 教学结构设计要简明、清晰。教科书翔实的内容，丰富的史料非常方便学生们自学，教师的课堂讲授不要出现完全照搬教科书内容的复述。要将繁多的教科书内容进行科学且合理的整合，使课堂呈现的结构与脉络简明扼要，清晰易懂。可以根据学情做适当的知识延伸与拓展，通过参与学生的探究学习，来进行史料分析等学法的指导，从而实现学科核心素养的培养。

（天津市第四十一中学　林明）

十、点评

本课叙述了抗战胜利后的国内局势和人民解放战争的全过程。课程标准要求分析国民党政权在大陆统治灭亡的原因，探讨中国共产党领导人民取得中国革命胜利的原因和意义。

本课对于高一的学生来说，在记忆和理解上都存在一些困难，教师需要大胆取舍，按照逻辑理出线索，凝聚学习的主题。本课的主题是国民党抛弃人民，中国共产党顺应历史潮流，代表广大人民的根本利益，最终取得中国革命的胜利。教师的启发有两条线索：中国共产党的政治、经济和军事政策、措施是主线，国民党的倒行逆施是辅线。这样的设计，线索清晰、层次分明、重点突出、主题鲜明。教师的精彩诠释提升了学生的学习兴趣和思维水平。

（天津市河西区教育中心　郎越轩）

第九单元 中华人民共和国成立和社会主义革命与建设

第26课 中华人民共和国成立和向社会主义的过渡

一、教科书内容分析

本课共有四个子目，相对完整地展现了1949—1957年中国历史的概貌，涉及政治、经济、文化、外交、军事等多个领域，范围广，容量大。教师在授课的过程中，如果面面俱到，很难在规定的课时内完成教学任务。这就要求教师重新整合教科书，灵活处理教科书，合理分配教学时间，讲授过程要重难点突出，详略得当。

通过本课的学习，教师要让学生真正体会到新中国成立的伟大意义，认识到巩固政权斗争的必要性与艰巨性，充分理解中国走向社会主义道路是历史的选择、人民的选择，坚持社会主义道路是中华民族走向复兴的基本前提。

二、学情分析

本课部分内容在初中教科书已经有所涉及，中华人民共和国的成立、土地改革、抗美援朝、社会主义改造等都是学生相对比较熟悉的内容。因此，在教学过程中教师授课应有所侧重，对于学生已经掌握的基础性、史实性的知识不作过多处理。

但是，初中教科书基础性较强，普通高中历史课程要在义务教育历史课程的基础上，进一步运用历史唯物主义观点来揭示历史发展基本规律和趋势。这就要求教师授课要有大局观、发展观，帮助学生对历史事件形成一个完整、系统的认知体系，提升学生分析问题、认识问题的能力，这样才更能符合高中学段的特征。对于较为陌生、抽象的内容，教师可以借助文字材料、图片或者是影像资料，把难度较大的问题更直观、更具体地展示给学生，以利于学生更好地认识和理解，逐步实现"头脑理论化、知识体系化、概念清晰化"，帮助学生完成历史学习思维方式由初中到高中的转变。

三、教学目标

1. 了解新政协召开的基本史实，能够说出新中国成立的历史意义。
2. 能够列举出新中国成立之初巩固政权的基本措施以及主要的外交成就。

3. 知道新中国为走向社会主义采取的主要举措，了解新中国的三大基本政治制度，理解毛泽东思想的继续发展。

4. 体会新中国成立的伟大历史意义，培育爱国主义精神。

四、教学重难点

重点：新中国成立的意义及向社会主义过渡的措施。

难点：巩固政权的斗争与中国选择社会主义道路的必然性。

五、教学设计思路

本课内容涉及范围广、容量大，因此，本设计在教学过程中格外注意合理安排教学时间，力求对教科书内容处理详略得当，重难点突出。单纯从知识落实的角度来看，本课的难度不大，但其现实意义较强，有很大的思想教育价值。

"中华人民共和国的成立"这一部分内容，本设计积极引导学生从背景、过程、意义三个方面分析，重点突出新中国成立的意义；对"人民政权的巩固"与"开创独立自主的和平外交"两大部分重新整合，从军事、经济、外交三个领域全面分析新中国成立之初面临的国内、国际形势；"社会主义基本制度的建立"部分的教学设计，力图打通历史与现实、历史与未来的联系，通过对比和展望帮助学生更好地理解中国走向社会主义道路的必然性与光明前景，培养学生的中国特色社会主义道路自信、理论自信、制度自信和文化自信。

本设计始终立足于落实历史学科核心素养，注重培养学生积极进取的人生态度，塑造健全的人格，帮助学生树立正确的世界观、人生观和价值观，使学生形成对祖国的认同感和正确的国家观，最终达到"立德树人"根本目标。

六、教学过程

课堂导入

> 中国现时社会的性质，既然是殖民地、半殖民地、半封建的性质，它就决定了中国革命必须分为两个步骤。第一步，改变这个殖民地、半殖民地、半封建的社会形态使之变为一个独立的民主主义的社会。第二步，使革命向前发展，建立一个社会主义的社会。……谁不懂得这个历史特点，谁就不能指导这个革命和进行这个革命到胜利，谁就会被人民抛弃，变为向隅而泣的可怜虫。
>
> ——毛泽东《新民主主义论》（1940年）

教师：本课内容涉及两种不同性质的革命：新民主主义革命和社会主义革命。1940年，毛泽东明确提出"中国革命分两步走"的思想，为中国革命指明了方向。解放战争的顺利进行为新中国的成立和新民主主义革命的胜利打下了坚实的基础，新中国成立的意义有哪些？新中国是如何站稳脚跟并逐步过渡到社会主义的？这是我们这节课需要解决的核心问题。

【设计意图】本节课内容可以划分为两大板块：新民主主义革命的基本结束和社会主义革命的胜利进行。因此，以毛泽东的"中国革命分两步走"的战略作为理论引领，既有助于提升学生的理论修养，又可以帮助学生形成本节课的整体架构。

> 知识卡片：
>
> 新民主主义革命，是反对帝国主义、封建主义和官僚资本主义的革命。
>
> 社会主义革命，是消灭一切剥削制度，建立社会主义社会的革命。
>
> 新中国成立是新民主主义革命基本胜利的标志，三大改造的实质是中国的社会主义革命。

 课堂讲解

1. 中国人民站起来——中华人民共和国的成立

全国主要城市解放日期（部分）

城市	解放日期	城市	解放日期	城市	解放日期	城市	解放日期
哈尔滨	1946.4	郑州	1948.10	青岛	1949.6	武汉	1949.5
石家庄	1947.11	沈阳	1948.11	长沙	1949.8	泉州	1949.9
济南	1948.9	天津	1949.1	杭州	1949.5	南京	1949.4
太原	1949.4	上海	1949.5	南昌	1949.5	保定	1948.11
广州	1949.10	厦门	1949.10	昆明	1949.12	拉萨	1951.5
贵阳	1949.11	重庆	1949.11	长沙	1949.12	海口	1950.4

教师：请同学们观察上述表格，截止到1949年9月，还有哪些地区没有解放？

不难看出，截止到9月，除了西南、西北部分地区外，绝大多数地区已经解放。在这样的背景下，成立政权、巩固已有的胜利果实，更好地领导今后的解放事业成为水到渠成、顺理成章的事情。

为筹建新中国召开的最重要会议是什么？该会议有哪些主要内容？请同学们认真阅读教科书，完成下列表格：

会议名称	中国人民政治协商会议第一届全体会议
时间	1949年9月21日
地点	北平
主要任务	筹建新中国
纲领性文件	《中国人民政治协商会议共同纲领》
文件性质	临时宪法
主要内容	规定新中国的国体和奋斗目标

【设计意图】新政协的内容难度不大，以基础知识为主。通过知识表格的形式，让学生自主学习，效果较好，效率较高。关于政协会议以及中国共产党领导下的多党合作和政治协商制度

的相关知识，可以安排学生课下做进一步的了解。

教师：新政协的召开为中华人民共和国的成立做了充分的准备，完成了新中国成立的最后一块拼图。1949年10月1日下午3时，盛大的开国大典在天安门广场如期举行，成为举世瞩目的大事！新中国的成立使我国在政治上彻底摆脱了颓势，不仅开创了中国历史的新纪元，使中华民族以崭新的姿态屹立于世界民族之林，而且为世界上被压迫民族的解放事业提供了光辉的榜样，壮大了世界和平、民主和社会主义的力量。

【设计意图】新中国成立的重点不是知识落实，而是进行爱国主义教育。教师引导学生从国内、国际两个层面入手，将新中国成立放到民族复兴的历程中通盘考虑，放到二战后的民族解放浪潮中考量，帮助学生全面了解新中国成立的伟大意义，拓宽学生的视野。

2. 中国人民站稳了——人民政权的巩固与外交突破

材料一 一个政党掌握政权后，首先要考虑如何巩固和延续政权，理所当然要探索执政的规律。

——张荣臣《对中国共产党执政规律的探索》

新中国成立初期，在军事、经济、外交等领域面临哪些困难？

提示：军事上，国民党残余部队、土匪、反革命武装大量存在；朝鲜战争爆发，严重威胁国家安全；美国第七舰队阻挠中国人民解放台湾。经济上，农村部分农民仍处于无地、少地的状态；城市投机盛行，物价飞涨。外交上，以美国为首的帝国主义阵营对新中国敌视、包围和封锁。

教师：面对经济、军事、外交等多领域的严峻形势，中国共产党人没有退缩，中国共产党以大无畏的勇气和高超的政治智慧，一一化险为夷，将中国带入了一个全新的境界，令世界人民刮目相看，为新中国赢得了尊严，为民族复兴打下了坚实的基础。

中国共产党和中央人民政府采取了哪些措施，有效地巩固了政权、扩大了国际影响？阅读教科书，完成下列表格：

领域	措施
军事	①追歼残敌，肃清土匪和一切反革命武装
	②抗美援朝，保家卫国
经济	①进行土地改革，废除了封建土地制度
	②打击投机分子，"银元之战""米棉之战"，稳定物价与社会秩序
外交	①建国初的外交"三大方针"
	②1953年提出"和平共处五项原则"
	③1954年参加日内瓦会议
	④1955年参加万隆会议

【设计意图】本部分内容涉及军事、经济、外交三大领域，内容庞杂，篇幅较长。利用表格的形式，有助于学生系统、全面地掌握基本知识。对于上述举措，教师不必一一详解，平均用力，应该重点选取学生相对陌生、教科书介绍不多、有重要教育意义的内容重点讲解，这对于历史学科核心素养的落实是非常有帮助的。

材料二

朝鲜战争初期中美两国陆军师编制装备对比表

编制/装备	美军陆军师	志愿军陆军师
步兵团	3	3
炮兵营	4~5	2
坦克营	1	0
坦克（辆）	149	0
榴弹炮（门）	72~84	0
无后坐力炮（门）	120	0
高射炮（门）	64	0
70毫米以上迫击炮（门）	76	42
步兵炮、山炮（门）	—	24
火箭筒（具）	543	27
装甲车（辆）	35	0
汽车（辆）	3800	0
无线电通信机（部）	1600	20
人数	18 000	13 000

——摘编自徐焰《朝鲜战争中的经济实力较量》

材料三

中国人民志愿军跨过鸭绿江

邱少云烈火中永生

教师：新中国成立初期，最大的外部挑战就是朝鲜战争，面对气势汹汹的美帝国主义，中国人民没有退缩。在实力、装备如此悬殊的情况下，党和政府毅然决然地出兵朝鲜，在战场上涌现出一大批英雄先烈，如邱少云、黄继光、罗盛教、杨根思。正是凭借着中国人民顽强的战斗意志和崇高的爱国精神，最终迫使当时的第一强国低下了高贵的头颅，无奈地在《朝鲜停战协定》上签字。

正如毛主席所说："打得一拳开，免得百拳来。"这一仗打出了新中国的国威、打出了国家尊严，使新中国在军事上彻底摆脱了颓势，更为新中国维持持久的和平国际环境奠定了坚实的基础。朝鲜战争的胜利雄辩地证明：新中国再也不是那个任人欺凌的东亚病夫，新中国在国家核心利益问题上绝不会退缩！

【设计意图】历史是一切社会科学的基础，历史学科承载着重要的人文价值教育、思想政治教育功能。抗美援朝战争的相关内容是很好的爱国主义教育素材，也是传播正能量、抵制历史虚无主义的很好素材。教师在这方面多下功夫、多花心思是十分有意义也是十分必要的。

问题卡片

①新中国成立初期的土地改革，建立的是土地公有制吗？

②"不亚于拿下了一场淮海战役"，毛泽东为什么给予"银元之战""米棉之战"如此高的评价？

③新中国成立后重新与苏联订立条约，理顺外交关系，体现了新中国成立初期三大外交方针的哪一个，为什么？

④日内瓦会议对中国外交的意义何在？

⑤万隆会议的特点是什么？周总理提出了怎样的方针，促进了会议的成功？

【设计意图】采用问题引领的方式，加深学生对其他巩固政权、扩大国际影响措施的深化理解。

教师：从新中国成立之初到50年代中期，短短几年时间内，中国共产党就领导全国人民站稳了脚跟。新中国在军事与外交上彻底摆脱了颓势。实践证明，中国共产党不仅善于打破一个旧世界，更善于建设一个新世界。政权的巩固、经济的恢复以及国际影响力的扩大，均为新中国向社会主义过渡打下了坚实的基础。

3. 中华民族腾飞的新起点——社会主义基本制度建立

教师：以上这些措施完成了新民主主义革命遗留的任务，巩固了人民民主政权，为社会主义革命的进行奠定了坚实的基础。社会主义基本制度的建立，使中华民族走向复兴有了一个崭新的起点，中华民族的复兴大业即将迎来新的高潮。新中国是如何走向社会主义，建立社会主义基本制度的，这是接下来我们探讨的重点问题。

1953年9月25日，《人民日报》正式公布了由毛泽东提出的过渡时期总路线，拉开了中国社会主义改造即社会主义革命的序幕。

知识卡片：过渡时期总路线

内容：要在一个相当长的历史时期内，基本上实现国家工业化和对农业、手工业、资本主义工商业的社会主义改造。

特点：变革生产关系与发展生产力并举。

目的：确立公有制的主体地位，基本建立社会主义经济制度。

教师：社会主义改造的具体措施有哪些？社会主义改造的完成有何伟大意义？

提示：农业、手工业通过组建合作社的方式完成社会主义改造，农村土地制度由私有变为集体所有；资本主义工商业的改造通过全行业公私合营，最终改造为社会主义公有制企业。三大改造的完成标志着社会主义基本制度在中国的确立。

材料一　现在我们能造什么？能造桌子椅子，能造茶碗茶壶，能种粮食，还能磨成面粉，还能造纸。但是，一辆汽车、一架飞机、一辆坦克、一辆拖拉机都不能造。

——毛泽东《关于中华人民共和国宪法草案》（1954年）

教师：上述材料反映出当时我们面临怎样的经济基础？第一个五年计划优先发展的工业部门是什么，其超额完成有何重要意义？

材料二

解放牌汽车

喷气式飞机

"一五"计划的实施是我国走向社会主义、建设社会主义的开始。"一五"计划，优先发展重工业，使我国初步建立了独立的工业体系，初步形成了合理的工业布局，是未来中国经济腾飞的起点。今天的中国，诸多领域均走在世界前列，寻根溯源，都离不开"一五"期间奠定的工业化基础。新中国的历史是一个整体，我们不能用后四十年来否定前三十年，没有那前三十年，也不会有后面的四十年。

【设计意图】今天中国的经济建设取得了辉煌的成就，多项经济指标名列世界前茅。这些成就的取得，人们更多地归功于改革开放，往往忽视新中国成立之初工业化基础的建立对今天经济腾飞的贡献。教师引导学生关注"一五"计划，有助于帮助学生形成对新中国经济建设发展历程的完整认知。

教师：经济基础决定上层建筑。生产关系的变革、大规模的计划经济建设推动了新中国民主政治建设的发展和毛泽东思想的丰富完善。

1954年，新中国在民主政治建设领域取得的最显著成就是什么？三大政治制度具体指什么？毛泽东思想在新中国成立后又有哪些新发展？

【设计意图】社会主义基本制度的建立涵盖经济、政治、文化等诸多方面，"三大制度"的确立，毛泽东思想的新发展都属于中国进入社会主义初级阶段的重要标志。

课堂总结

教师：1949—1957年是新中国历史上极不平凡的时期。其间，党领导全国人民完成了新民主主义革命的遗留任务，建立了中华人民共和国，确立了社会主义基本制度，成功实现了中国历史上最深刻最伟大的社会变革，为当代中国一切发展进步奠定了根本政治前提和制度基础，为新中国的工业化和经济腾飞打下了坚实的基础。历史证明，中国人民的选择是正确的，中国人的努力是值得的，中国的前途是无比光明的。最后让我们用一段《人民日报》的文字来结束我们今天的探寻之旅。

走社会主义道路是历史的选择、人民的选择。中华民族的兴衰起落，足以见证正确道路的磅礴伟力。不忘初心，牢记使命，高举中国特色社会主义伟大旗帜，为实现中华民族伟大复兴的中国梦不懈奋斗。这是对坚定不移走中国特色社会主义道路的郑重宣示。

——吴德刚《沿着中国特色社会主义道路实现伟大梦想》，《人民日报》2017年10月24日

七、教学评价设计

学生学习评价量表

项目	优秀	良好	一般	得分
合作交流 （10~25分）	主动交流 很好沟通 （20~25分）	被动交流 有一定沟通 （15~20分）	很少交流 基本无沟通 （10~15分）	
思考表达 （10~25分）	积极主动思考 表达清晰流畅 （20~25分）	认同别人观点 表达基本通畅 （15~20分）	没有自己观点 基本不表达意见 （10~15分）	
知识落实 （10~25分）	掌握扎实 灵活运用 （20~25分）	基本掌握 大致理解 （15~20分）	知识盲点较多 理解能力不足 （10~15）	
感悟提升 （10~25分）	有深刻感悟 强烈认同感 （20~25）	有自己感悟 能基本认同 （15~20）	感悟不深刻 认同感不强 （10~15分）	
合计得分				

核心素养达成评价量表

项目	优秀	一般	得分
唯物史观 （10~20分）	能够史论结合、实事求是地论证历史与现实问题，理解人民群众在新中国发展历史上的作用，认知新中国成立初期的发展规律（20分）	能够理解唯物史观是科学历史观，了解人类社会形态从低级向高级发展的规律，认识到社会主义是一种优越的社会制度（10分）	

续表

项目	优秀	一般	得分
时空观念 （10~20分）	对历史和现实问题进行独立探究时，能够将其置于具体的时空框架下，并能灵活运用相关材料加以说明（20分）	能够理解空间和环境因素对认识历史与现实的重要性，能够将某一具体史实定位在特定的时空中（10分）	
史料实证 （10~20分）	在对历史和现实问题的探究中能够恰当运用史料进行论述；能够符合规范地引用史料，比较分析不同的史料（20分）	能够掌握获取史料的基本方法，能够在问题的论述过程中，尝试运用史料来论证自己的观点（10分）	
历史解释 （10~20分）	能够在正确的历史观和方法论的指导下，全面、客观地论述新中国成立等相关历史问题（20分）	能够组织相关材料和使用相关术语对新中国成立等史实做出合理的解释（10分）	
家国情怀 （10~20分）	能够将历史学习与民族发展结合起来，形成强烈的历史认同感与民族自豪感，激发出为民族复兴贡献力量的豪情壮志（20分）	能够发现新中国成立前后认同民族国家的事例，找到中国走向社会主义道路的历史依据，做到爱祖国、爱人民（10分）	
合计得分			

八、板书设计

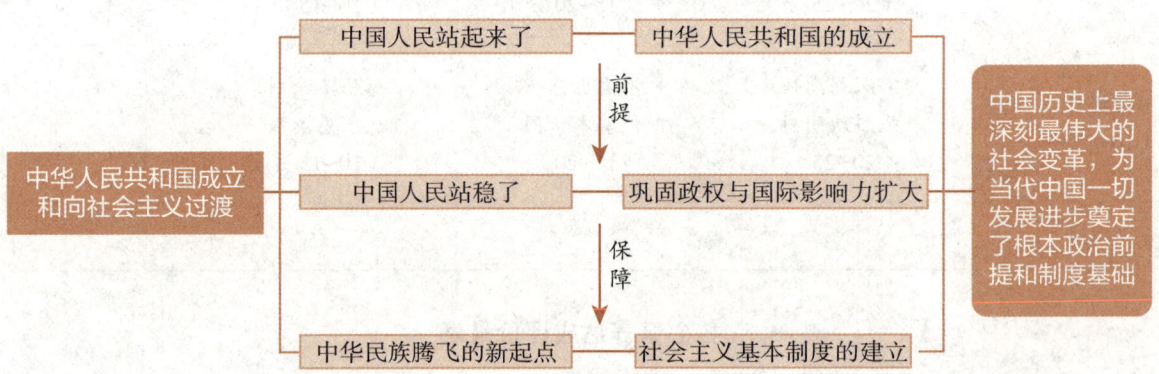

第26课　中华人民共和国成立和向社会主义过渡

九、教学反思

本课内容涉及政治、经济、思想、军事、外交等多个领域，课堂容量较大，教学难度不小。本课讲授过程中遇到的最大问题或者说最大的困惑有如下几点：如何合理分配时间？如何确定教学重难点？对于庞杂的知识点，比如"一五"计划，需要处理到什么程度？

单纯从知识落实的角度来讲，本节课难度不大。但要充分发挥本节课的思想教育和价值引领的功能，使历史学科核心素养落地生根，就需要授课教师好好地下一番功夫，费一番脑筋了。教师在授课的过程中，对于教科书中有明确解释、理解难度不大的知识点，通常会利用知识表格或者问题引领的方式，引导学生自主探究，既节省了时间又起到了不错的效果。对于那些学生相对陌生和需要进行思想教育和价值引领的内容，则提供新情景、新材料以及联系现实的方式灵活处理，效果不错，但也花费了大量教学时间。

（山东省济钢高级中学　徐学进）

十、点评

本课设计的最大亮点，是突出培养学生家国情怀的主题立意，抓住本课是整个中国新民主主义革命的"终章"和社会主义建设的"序曲"这一特点，以习近平的讲话导入点题，课中通过设置感悟朝鲜战场革命先烈的顽强意志和爱国精神、认识"一五计划"对中国工业化建设的深刻影响等系列教学情境，最后以《人民日报》的"郑重宣示"回应升华主题，使学生在潜移默化中深刻认识"以毛泽东同志为主要代表的中国共产党人经过长期奋斗，完成了中国历史上最深刻最伟大的社会变革，为当代中国一切发展进步奠定根本政治前提和制度基础"这一历史结论。同时，本课中问题导学、主干知识表格的使用等，对于克服教学内容偏多、优化教学效率也是较有效的尝试。

（山东省济南市教育教学研究院　边海长）

第27课　社会主义建设在探索中曲折发展

一、教科书内容分析

本课分"全面建设社会主义""文化大革命""伟大的建设成就"三个子目，分别从我国社会主义建设时期的正确与失败探索及在此过程中所取得的伟大成就进行阐述。社会主义建设经历过成功与失败，但在曲折发展中探索出适合中国国情的社会主义建设道路，积累了重要经验，建立了独立的国民经济体系，为改革开放以来所取得的成就提供了物质基础、宝贵经验和理论准备，具有开创性、奠基性意义。

二、学情分析

初中历史教科书对20世纪50—70年代中国探索社会主义建设道路的主要史实作了较为完整的介绍，学生对本课知识有较好的知识储备。但是，本课对新中国在政治、经济、外交、国防等领域所取得成就的表述较少，学生能从文本中归纳主要成就，但对其理解程度有限，培养史料实证的历史素养需补充课外材料。

从高一学生认知规律和心理特征分析，学生感性体验较多，理性思考不足，学生有效地掌握上述两个课标内容有不小难度。此外，基于培养学生的历史学科思维的需要，本课内容梳理较多，历史分析与细节故事有限，学生的学习兴趣和积极性可能不足。

三、教学目标

1. 能够按照时间顺序，梳理20世纪50—70年代中国探索社会主义建设道路的基本史实。
2. 了解毛泽东对中国革命和社会主义建设的贡献，认识毛泽东思想对近现代中国的深远影响。
3. 依据史料，概括20世纪50—70年代中国探索社会主义建设道路的特点，归纳其主要经验教训，对此作出历史唯物主义的解释，提炼这一时期的成就在新中国历史上所具有的开创性、奠基性意义。
4. 感悟这一时期中国人民艰苦奋斗、奋发图强的精神风貌。

四、教学重难点

重点：中国探索社会主义建设道路的基本史实，相关成就在新中国历史上所具有的开创性、奠基性意义。

难点：感悟中国人民艰苦奋斗、奋发图强的精神风貌。

五、教学设计思路

本课教学主题是从社会主义建设在探索中曲折发展的历史，认识其所具有的开创性、奠基性意义。本课从1981年中共十一届六中全会公报对《关于建国以来党的若干历史问题的决议》的评价出发，以《历史决议》中的部分内容为轴，先将我国建设社会主义的一系列重大事件进行梳理，进而科学分析在这些事件中党的指导思想的正确和失误，从中总结宝贵经验。在此基础上，总结这一时期我国所取得的主要成就，归纳出这一时期为社会主义现代化建设提供的物质基础，并介绍以王进喜为代表的骨干力量所作出的贡献和体现的艰苦奋斗、奋发图强精神。在所呈现的史料基础上，说明这一时期的成就"初步但有力地显示了社会主义制度的优越性"，具有开创性和奠基性的地位。最后，通过对《历史决议》形成始末的介绍，体会其起草工作的艰辛与曲折，从而更好地理解中共十一届六中全会公报对《历史决议》的评价，并以俄国思想家赫尔岑的名言——"充分地理解过去，我们可以弄清楚现状；深刻认识过去的意义，我们可以揭示未来的意义，向后看，是为了向前进"作总结升华。

六、教学过程

课堂导入

全会一致通过的《关于建国以来党的若干历史问题的决议》，运用马克思主义的辩证唯物论和历史唯物论，对建国三十二年来党的重大历史事件特别是"文化大革命"作出了正确的总结，科学地分析了在这些事件中党的指导思想的正确和错误，分析了产生错误的主观因素和社会原因，实事求是地评价了伟大领袖和导师毛泽东同志在中国革命中的历史地位，充分论述了毛泽东思想作为我们党的指导思想的伟大意义。

——《中国共产党第十一届中央委员会第六次全体会议公报》（1981年）

【设计意图】 通过材料一，让学生对新中国成立以来党的重大历史事件的评价有基本认识，并以此培养学生的历史解释能力。

课堂讲解

学习任务一　从重要探索中总结宝贵经验

学生：快速浏览教科书，梳理1956—1976年我国社会主义建设过程中的重要探索。

教师：在学生回答的基础上，补充解释"七千人大会"等一些教科书描述较少的历史事件。

学生：分别用一句话评价这些重要探索，并归纳社会主义探索历程的特点。

教师：引导学生分析。1956—1976年，我国社会主义建设在探索中曲折发展，提供的主要经验包括，通过中共八大正确分析我国主要矛盾变化、1957年毛泽东提出关于正确处理人民内部矛盾的重要思想、1962年七千人大会等探索史实，得出了"强调国情、实事求是"的经验；通过"大跃进"和人民公社化运动等探索失误的史实，得出了"应尊重客观经济规律"的经验；通过"文化大革命"等史实，得出了"坚持以经济建设为中心，加强民主法制建设"的经验；通过中美关系走向正常化、中日正式建交的史实，得出了"坚持独立自主，发展和平共处五项原则"的经验。

三中全会以来，我们党已经逐步确立了一条适合我国情况的社会主义现代化建设的正确道路。这条道路还将在实践中不断充实和发展，但是它的主要点，已经可以从建国以来正反两方面的经验、特别是"文化大革命"的教训中得到基本的总结。

——中国共产党中央委员会《关于建国以来党的若干历史问题的决议》（1981年）

【设计意图】 通过基础知识的梳理，让学生能够在历史叙述中将史实描述与历史解释相结合。

学习任务二　从重大成就中理解物质基础、感悟精神力量

材料一　我们现在赖以进行现代化建设的物质技术基础，很大一部分是这个期间建设起来的；全国经济文化建设等方面的骨干力量和他们的工作经验，大部分也是在这个期间培养和积累起来的。这是这个期间党的工作的主导方面。

——中国共产党中央委员会《关于建国以来党的若干历史问题的决议》（1981年）

材料二　《1956—1976年主要成就和人物楷模分布图》（图略）

学生：通过材料一和所学知识，举例说明这期间我国社会主义建设取得的主要成就和人物楷模，并根据材料二和所学知识，提炼"物质技术基础"的主要内涵。

教师：通过所呈现的地图，我们可以看到1956—1976年的20年间，我国成功地爆炸了原子弹、氢弹，试制并成功发射了人造卫星等，取得了许多科技成就，而在这期间建设起来的一些基础设施和项目，至今仍在国民经济和社会生活中发挥着重要作用，从而可以提炼出材料一中"这个期间"的建设为我们现在进行现代化建设提供的"物质技术基础"指的是独立的、比较完整的工业体系和国民经济体系，进一步认识大规模的三线建设所取得的巨大成就。同时，我们在地图上可以看到在这一时期涌现出王进喜、邓稼先、钱学森等先进典型和英雄模范人物，他们为这些成就的取得作出了重要贡献。

材料三　1958年，邓小平要求在经济比较发达、交通条件较好的地区加快石油勘探工作，并寄希望于东部地区的石油勘探。

1959年，松基3井顺利出油。时任黑龙江省委第一书记的欧阳钦同志建议将松基3井所在的"大同"更名为"大庆"，大庆油田这个响亮的名字由此响彻大江南北。

1960年，第一列挂着21节油罐的列车满载大庆原油开出萨尔图火车站。

1963年，周恩来总理在第二届全国人民代表大会第四次会议上宣布："我国需要的石油，过去绝大部分依靠进口，现在已经可以基本自给了。"

1976年，大庆油田原油年产量首次突破5000万吨大关。

1978年，中国原油年产量达到1亿吨，进入世界产油大国的行列。

——据尚真等《新中国石油石化工业50年大事记》整理

教师：在材料三中可以看到，大庆油田的开发与建设可谓一路凯歌，而以王进喜为代表的大庆石油工人为此作出了重大的贡献。大庆油田的勘探和发展历程，既受到了大跃进运动、苏联撤走专家并撕毁合同、连续三年经济困难、"文化大革命"等不利因素的影响，又见证了王进喜等工人先锋的奉献精神，展现了以王进喜为代表的众多的社会主义建设者艰苦奋斗、奋发图强的精神风貌。

【设计意图】通过呈现地图和大庆油田创业史的材料，让学生进一步理解"物质技术基础"的内涵，培养其独立探究历史问题的能力，并感悟精神力量。

学习任务三　理解并阐明这一时期的成就所具有的独特价值

材料一　尽管我们的社会主义制度还是处于初级阶段，但是毫无疑问，我国已经建立了社会主义制度，进入了社会主义社会，任何否认这个基本事实的观点都是错误的。我们在社会主义条件下取得了旧中国根本不可能达到的成就，初步但又有力地显示了社会主义制

度的优越性。

——中国共产党中央委员会《关于建国以来党的若干历史问题的决议》(1981年)

材料二

1952年与1978年我国主要指标对比表

项目	1952年	1978年
原煤产量	0.66亿吨	6.2亿吨
钢产量	135万吨	3178万吨
粮食产量	16 392万吨	30 477万吨
在校学生数	5444万人	21 351万人
医院、卫生院数	3540个	64 421个

——根据国家统计局《统计表：建国以来国民经济发展的巨大成就》制表

教师：通过上述材料及教科书内容，可分析出我国在探索适合中国国情的社会主义道路过程中取得的重要成果：经济上，建立了独立的工业体系和国民经济体系；社会上，人民物质生活和文化生活水平逐步提高，教育和医疗卫生事业蓬勃发展，骨干力量大批成长起来，无数先进典型和英雄模范人物涌现，形成具有特定内涵的时代精神；外交上，这一时期与我国正式建交的国家数量不断增长，极大地改善了中国的安全环境。这段历史所提供的物质基础、宝贵经验和理论准备，具有开创性和奠基性的意义。

【设计意图】通过反复运用材料并呈现新材料，让学生在尽可能占有史料的基础上，提出更完整的历史解释。

学习任务四　基于《历史决议》起草始末深化对这一时期的历史认识

1979年9月29日，叶剑英在庆祝新中国成立30周年大会上发表讲话。历史决议的起草工作提上了日程。

1979年10月30日，胡乔木等召集起草小组开了第一次会议，正式开始工作。

1980年6月27日，邓小平看过《〈决议〉草稿》后说："不行，要重新来。现在这个稿子没有体现原先的设想。"

1980年9月10日，胡乔木评价最新修改后的决议稿时说："这个稿子，我也说不上是第几次稿子了，要作很大的变化，实在说我也变不出来了。"

1981年5月19日，在讨论决议最新修改稿的政治局扩大会议上，邓小平说："现在的方法，把稿子推敲得更细致一些，改得更好一些，把它定下来；定了以后，提到六中全会。设想就在党的六十周年发表。"

1981年6月26日，陈云看了最终的修改稿后说："改得很好，气势很壮。"

——摘编自程中原《〈关于建国以来党的若干历史问题的决议〉的形成始末》

教师：俄国思想家赫尔岑曾说："充分地理解过去，我们可以弄清楚现状；深刻认识过去的意义，我们可以揭示未来的意义。向后看，是为了向前进。"通过材料，可认识到《关于建国以来党的若干历史问题的决议》形成过程的曲折性，从而进一步理解《历史决议》评价毛泽东作为探索中国社会主义道路的开创者的历史地位、毛泽东思想作为中国共产党集体智慧的结晶所具有的重要的历史价值，以及本课所学的这段历史带来的物质基础、宝贵经验和理论准备所具有的开创性与奠基性的意义。

【设计意图】通过历史情境的再现，让学生能够更全面、客观地认识和评价历史问题。

七、教学评价设计

（一）水平划分

水平1：能够提取教科书信息，梳理20世纪50—70年代我国社会主义建设道路的重要探索。

水平2：能够归纳20世纪50—70年代中国探索社会主义建设道路的经验，尝试运用以史实为依据论证自己的观点；能够基于毛泽东对中国革命和社会主义建设的贡献认识毛泽东思想对近现代中国的深远影响。

水平3：能够在探究这一时期的伟大成就在新中国历史上所具有的开创性、奠基性意义的过程中，对不同史料进行整理，形成整体认识。

水平4：能够感悟这一时期中国人民艰苦奋斗、奋发图强的精神风貌，并与现实生活相联系。

（二）例题设计

我国社会主义建设在探索中曲折发展。阅读材料，回答问题。

材料一 1956年9月26日，中国共产党第八次全国代表大会通过《中国共产党章程》，提出了全面开展社会主义建设的任务。八大的共识是，随着新中国的成立，三大改造取得的决定性胜利以及亚非地区的和平和国际形势的缓和，阶级斗争已不再是主要矛盾，经济不发达才是主要矛盾，其实质也就是先进的社会主义制度同落后的社会生产力之间的矛盾。遗憾的是，八大精神没有得到持续的全面贯彻。

——摘编自杨鹏《中国社会当前的主要矛盾是什么》

材料二

1956—1976年我国社会主义建设的主要成就

领域	成就
国防科技	1958年，第一座实验性原子反应堆建成，标志着中国开始跨入原子能时代 1964年，第一颗原子弹成功爆炸 1967年，第一颗氢弹成功爆炸 1970年，第一颗人造地球卫星"东方红一号"成功发射
医学和农业科技	1965年，在世界上首次人工合成结晶牛胰岛素 1973年，袁隆平成功培育出籼型杂交水稻
交通及重工业	全国除西藏外，各省、市、自治区都有了铁路，青海、新疆等第一次通了火车 石油实现自给，中国人靠洋油过日子的时代宣告结束

（1）依据材料一，指出中共八大的主要成果。结合所学知识，概述我国在20世纪50—70年代"八大精神没有得到持续的全面贯彻"的主要表现。

（2）依据材料二并结合所学，用一句话归纳1956—1976年我国社会主义建设的主要成就，并分析其与中国特色社会主义道路的关系。

【答案提示】

（1）主要成果：提出了社会主义建设的主要任务；分析了国内主要矛盾的变化；主要表现："大跃进"和人民公社化运动，忽视了客观经济规律；"文化大革命"不是任何意义上的革命或社会进步。

（2）主要成就：建立起比较独立的工业体系和国民经济体系；关系：为新的历史时期开创中国特色社会主义道路提供了物质基础。

八、板书设计

第27课　社会主义建设在探索中曲折发展

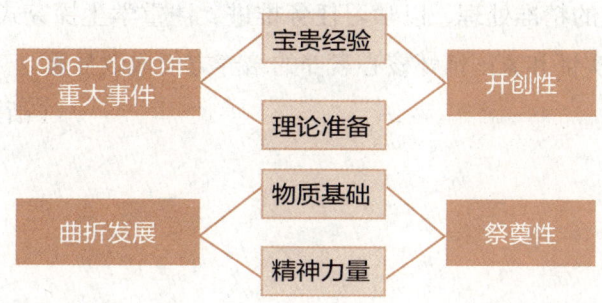

九、教学反思

本课介绍了中国1956—1976年社会主义建设探索的历程，学生在初中已有一定的知识储备，如何使本课在激发学生兴趣的同时体现高中历史课程的新要求，是本课教学设计的重点。

1. 主题鲜明，立意新颖

本课从《历史决议》出发，最后又回到《历史决议》本身，通过中国共产党对这段历史的评价，贴合国情地对《历史决议》中多段材料进行解读，并以此承上启下，全课一气呵成，环环紧扣，首尾呼应，主题鲜明，立意新颖，较好地激发出学生学习的积极性。

2. 学生为主，培养能力

本课从头至尾的每一个学习环节，把学生置于学习主体的地位，教师只是引导者。本课的课堂实践中多次请学生回答问题，并让其进行小组合作梳理、讨论，培养其获取和解读信息、归纳总结、合作探究、语言表达和思辨能力，较为充分地落实了课前所制定的教学目标并达成核心素养的基本要求。

3. 感悟历史，升华情感

在课程开展的整个过程中，让学生在听老师讲人物故事或者自己讲的过程中感悟这一时期中国人民艰苦奋斗、奋发图强的精神风貌，并通过《历史决议》的形成始末和赫尔岑的名言，提炼总结这一时期在新中国历史上所具有的开创性、奠基性的历史地位，既拉近了历史与现实的距离，也让学生逐渐体会到历史学科的深度与厚度，进而激起其立志为新时代中国特色社会主义建设、中华民族伟大复兴作出自己贡献的家国情怀。

但回顾本课，仍存在一些不足。比如，课堂所提供的史料难度较大，学生在回答部分问题时无从下手，或者多次重复其他同学的答案，无法切中要害。又如课堂内容较多，节奏较快，学生对许多知识浅尝辄止，如"了解毛泽东思想对近现代中国的深远影响"等个别课标要求在课堂上无法得到全面落实。

（浙江省温州中学　郭振豪）

十、点评

本课教学设计呈现三个特点：

1. 对教科书内容的整体处理，以《关于建国以来党的若干历史问题的决议》为轴，全面回顾我国1956—1976年社会主义建设的探索历程，并归纳这段历史提供的宝贵经验、理论准备、物质基础。

2. 对历史时段的准确定位，从专业阅读出发，解读课程标准，凸显1956—1976年社会主义建设的成就在新中国历史上所具有的开创性、奠基性意义，立意深刻。

3. 对学生学习方式的精准处理，以学习任务推进，注重学生探究式学习，设计新颖，富有张力，尤其在学生史料实证和家国情怀核心素养的培养方面成效显著。

（浙江省温州中学　黄维汀）

第十单元　改革开放与社会主义现代化建设新时期

第 28 课　中国特色社会主义道路的开辟与发展

一、教科书内容分析

本课内容可以分为两条并行的线索。其一是中共十一届三中全会后，中国共产党领导各族人民开创并发展中国特色社会主义这条主线，包括中共十一届三中全会实现伟大转折、拨乱反正和民主法制建设，以及改革开放大幕拉开后各领域的历史进程。其二是在"一国两制"构想指导下，实现香港、澳门回归，推动海峡两岸关系的历史性发展，努力实现祖国统一大业这条副线。

上述两条线索虽各有侧重，但最终统一于中华民族伟大复兴这一更大的主题。首先，正是由于改革开放四十多年来中国特色社会主义事业的发展，中华民族伟大复兴才展现出前所未有的光明前景；其次，正是在中国特色社会主义旗帜指引下，中国的改革开放取得举世瞩目的成就，为推进祖国统一大业奠定了坚实的基础；最后，祖国统一大业，本就是中国特色社会主义事业的组成部分，更是中华民族的根本利益所在。

二、学情分析

改革开放和社会主义现代化建设时期这段历史，是学生在初中学过的。但初中的内容比较浅显，因此，学生尚未深入理解中国特色社会主义和中华民族伟大复兴等概念的内涵和价值。学生在高中阶段再次学习这部分内容时，需要教师充分利用材料，启发学生思维，深入浅出地引导学生理解各种理论性较强的知识点，并实现对家国情怀的培育。

三、教学目标

1. 认识真理标准问题讨论和中共十一届三中全会的历史意义；

2. 通过了解改革开放的历史进程，深化对中国特色社会主义的认识，坚定对中国民族伟大复兴的信念；

3. 通过香港、澳门回归和海峡两岸关系发展的史实，认识"一国两制"的重大意义，理解完成祖国统一大业是中华民族的根本利益所在。

四、教学重难点分析

重点：中共十一届三中全会实现伟大的历史转折，改革开放的历程

难点：中国特色社会主义对中华民族伟大复兴的意义

五、教学设计思路

本课的设计，围绕中国特色社会主义推动中华民族伟大复兴这一主题，分为以下几个部分：导入新课、中国特色社会主义的开创与发展、中国特色社会主义的发展历程、中国特色社会主义与祖国统一大业、课堂小结。首先，讲述中国特色社会主义的开创和发展，选取十一届三中全会和邓小平南方谈话两个切片分别对应"开创"和"发展"。其次，通过史事的排比和分析，回归中国特色社会主义事业的发展历程，既关注改革和开放的具体事件，也关注改革开放过程中，中国共产党的理论创新和政策创新。最后，在中国特色社会主义大框架下，讲授"一国两制"构想和祖国统一大业，强调改革开放在推进祖国统一大业中的决定性作用，强调"一国两制"构想也是中国特色社会主义的重要内容。

六、教学过程

课堂导入

改革开放以来，我们总结历史经验，不断艰辛探索，终于找到了实现中华民族伟大复兴的正确道路，取得了举世瞩目的成果。这条道路就是中国特色社会主义。

——习近平在参观《复兴之路》展览时的讲话

什么是中国特色社会主义？如何理解它与实现中华民族伟大复兴之间的联系？

【设计意图】上述材料引出了本课的两个核心概念——中国特色社会主义和中华民族伟大复兴，并指出了两者之间的关系。通过这段材料，点明本课主题，引导学生围绕主题进行思考。

课堂讲解

学习任务一　中国特色社会主义的开创与发展

中国特色社会主义的开创，与中共十一届三中全会密不可分。在三中全会召开前，邓小平在中央工作会议上作了题为《解放思想，实事求是，团结一致向前看》的报告。这篇报告实际上成为三中全会的主题报告。

材料一　要搞四个现代化，把社会主义经济全面地转到大生产的技术基础上来……现在，我们的经济管理工作，机构臃肿，层次重叠，手续繁杂，效率极低。……如果现在再不实行改革，我们的现代化事业和社会主义事业就会被葬送。

实现四个现代化是一场深刻的伟大的革命。……全党同志一定要善于学习，善于重新学习。……这些年来，应当承认学得不好。主要的精力放到政治运动上去了，建设的本领没有学好，建设没有上去……所以全党必须再重新进行一次学习。

——邓小平《解放思想，实事求是，团结一致向前看》（1978年）

①依据材料第一段，结合教科书相关内容，分析中共十一届三中全会对社会主义现代化建设事业的意义。

提示：中共十一届三中全会，提出改革经济管理工作，开启了改革开放和社会主义现代化建设新时期。

②依据材料第二段，结合教科书相关内容，谈谈你对"中共十一届三中全会，实现了新中国成立以来的伟大转折"的理解。

提示：中共十一届三中全会，停止了"以阶级斗争为纲"的错误口号，把党和国家的工作中心重新转移到经济建设上来。

教师：中国的社会主义事业，从中共十一届三中全会开始，进入到一个新的历史时期。这既是因为我们开始改革传统的经济体制和管理体制，使三中全会之后中国发生了很多制度上的变化，也是因为党和国家的工作重心发生了转移，建设的问题得到了比以往更多的重视。总之，中共十一届三中全会具有开创性的历史意义。

中国的社会主义事业进入了新的历史时期，但为什么要称之为"中国特色社会主义"呢？"特色"有哪些具体的含义？

材料二　革命是解放生产力，改革也是解放生产力。……社会主义基本制度确立以后，还要从根本上改变束缚生产力发展的经济体制，建立起充满生机和活力的社会主义经济体制，促进生产力的发展……

改革开放迈不开步子，不敢闯，说来说去就是怕资本主义的东西多了，走了资本主义道路。要害是姓"资"还是姓"社"的问题。判断的标准，应该主要看是否有利于发展社会主义社会的生产力，是否有利于增强社会主义国家的综合国力，是否有利于提高人民的生活水平。

计划多一点还是市场多一点，不是社会主义与资本主义的本质区别。计划经济不等于社会主义，资本主义也有计划；市场经济不等于资本主义，社会主义也有市场。计划和市场都是经济手段。社会主义的本质，是解放生产力，发展生产力，消灭剥削，消除两极分化，最终达到共同富裕。

——邓小平《在武昌、深圳、珠海、上海等地谈话要点》（1992年）

①依据上述材料，结合教科书内容，概括邓小平对改革和社会主义的本质的认识。

提示：邓小平认为，改革就是改变束缚生产力发展的经济体制和各种制度；社会主义的本质是解放生产力，发展生产力，消灭剥削，消除两极分化，最终实现共同富裕。

②依据第二、三段材料，结合教科书内容，指出当时改革面临什么问题，邓小平所理解的社会主义与传统观点有哪些不同。

提示：当时改革的速度不够快，遇到思想理论上的障碍。邓小平认为，计划和市场都是经济手段，计划经济不等于社会主义，市场经济也不等于资本主义；认为中国特色社会主义应该发展社会主义市场经济。

教师：改革开放既是一个充满实践创新的过程，也是一个伴随着理论创新的过程。以邓小平为代表的中国共产党人，打破了既有的、僵化的对社会主义的认识，科学揭示了社会主义的本质，提出了发展社会主义市场经济等一系列符合中国特色的理论。

接下来，我们来具体回顾，在中国特色社会主义这面旗帜下，我国的改革开放都取得了哪些重大的进展。

学习任务二 中国特色社会主义的发展历程

改革开放大事年表

序号	年份	史事
1	1978年	安徽省凤阳县小岗村农民自发包产到户。
2	1978年	中共十一届三中全会召开。
3	1980年	深圳、珠海、汕头、厦门四大经济特区建立。
4	1983年	废除人民公社和生产大队,设立乡镇人民政府和村民委员会。
5	1984年	14个沿海港口城市设立。
6	1984年	城市经济体制改革全面推开,以国有企业改革为核心。
7	1988年	海南经济特区建立。
8	1990年	开发开放上海浦东地区。
9	1992年	中共十四大提出建设有中国特色社会主义市场经济体制目标。
10	2001年	中国加入世界贸易组织。

请将上述大事年表中12件大事按主题分类,并简要说明。

提示:分为改革(序号1、2、4、6、9)和开放(序号3、5、7、8、10)两类。经济体制改革经历农村改革、城市改革和社会主义市场经济体制改革三个阶段,对外开放经历经济特区、沿海开放港口城市、开发开放浦东、加入世界贸易组织等阶段。

教师:从总体上看,改革开放40年的历程大致可以划分为五个阶段。第一阶段,改革开放起步阶段(1978年12月—1982年8月)。这一时期是中国社会主义改革的理论创新和思想准备阶段。第二阶段,改革开放全面展开(1982年8月—1991年年底)。这一阶段的改革总体上是处于"摸着石头过河"的状态,改革过程中有成绩,也有失误。第三阶段,改革开放的新阶段(1992年年初—2000年年底)。这一时期,经济体制改革的目标已非常明确,那就是建立社会主义市场经济体制,这也是中国改革的攻坚阶段。第四阶段,改革开放持续推进(2001—2012年)。这一阶段的重点是在改革开放取得伟大成就的基础上,抓住重要战略机遇期,推动科学发展、促进社会和谐,完善社会主义市场经济体制。第五阶段:改革开放全面深化(2012年至今)。党的十八大以来,中共中央提出和推进全面深化改革,聚焦完善和发展中国特色社会主义制度、推进国家治理体系和治理能力现代化的总目标,坚决破除各方面体制机制弊端,书写了在新形势下将改革开放不断推向前进的历史新篇章。

【设计意图】以大事年表的方式回顾改革开放历程,培育学生的时空素养;对改革开放过程中的大事进行分类,提高学生分析处理材料的能力;教师的补充,进一步帮助学生建立起对改革开放历史的整体把握，补充教科书的内容。

中国特色社会主义的发展历程

年份	会议	内容
1982年	中共十二大	提出"建设有中国特色的社会主义"
1987年	中共十三大	提出党在社会主义初级阶段的基本路线，制定"三步走"战略
1992年	中共十四大	提出经济体制改革的目标是建立社会主义市场经济体制
1997年	中共十五大	提出党在社会主义初级阶段的基本纲领
2002年	中共十六大	提出抓住战略机遇期，全面建设小康社会
2007年	中共十七大	提出深入贯彻落实科学发展观，转变发展方式
2012年	中共十八大	提出全面深化改革和全面建成小康社会
2017年	中共十九大	提出中国特色社会主义进入新时代

请将中国特色社会主义道路发展历程划分阶段，并指出每个阶段特点。

提示：分析中国特色社会主义的历史发展阶段，可以从两个角度入手：一是从建立和完善的角度来划分。十六大之前的主要历史任务是搭建中国特色社会主义的基本理论、路线、目标和纲领。十六大之后的主要历史任务是通过全面推进各领域改革，完善和发展中国特色社会主义。二是从"富起来"到"强起来"的历史飞跃来划分。改革开放实现了中华民族从"站起来"到"富起来"的历史性飞跃，进入新时代，中国特色社会主义开启了从"富起来"到"强起来"的现代化强国新征程。

【设计意图】 以大事年表的方式回顾中国特色社会主义的发展历程，培育学生时空观念；对中国特色社会主义发展历程大事分段，提高学生分析处理材料的能力。教师的补充，进一步帮助学生建立起对中国特色社会主义的认识，补充教科书的内容。

教师：中国特色社会主义道路，就是在中国共产党领导下，立足基本国情，以经济建设为中心，坚持四项基本原则，坚持改革开放，解放和发展社会生产力，建设社会主义市场经济、社会主义民主政治、社会主义先进文化、社会主义和谐社会、社会主义生态文明，促进人的全面发展，逐步实现全体人民共同富裕，建设富强民主文明和谐的社会主义现代化国家。

中国特色社会主义事业的伟大成为，是全体中华儿女值得骄傲的业绩，也会实现中华民族的团结和祖国的统一奠定了坚实基础。实际上，正是在改革开放新时期，祖国的统一大业实现了历史性的突破。

学习任务三　中国特色社会主义与祖国统一大业

材料一 （一）为了尽早结束中华民族陷于分裂的不幸局面，我们建议举行中国共产党和中国国民党两党对等谈判，实行第三次合作，共同完成祖国统一大业。双方可先派人接触，充分交换意见。

（二）海峡两岸各族人民迫切希望互通音讯、亲人团聚、开展贸易、增进了解。我们建议双方共同为通邮、通商、通航、探亲、旅游以及开展学术、文化、体育交流提供方便，达成有关协议。

（三）国家实现统一后，台湾可作为特别行政区，享有高度的自治权，并可保留军队。中央政府不干预台湾地方事务。

（四）台湾现行社会、经济制度不变，生活方式不变，同外国的经济、文化关系不变。私人财产、房屋、土地、企业所有权、合法继承权和外国投资不受侵犯。

（五）台湾当局和各界代表人士，可担任全国性政治机构的领导职务，参与国家管理。

（六）台湾地方财政遇有困难时，可由中央政府酌情补助。

（七）台湾各族人民、各界人士愿回祖国大陆定居者，保证妥善安排，不受歧视，来去自由。

（八）欢迎台湾工商界人士回祖国大陆投资，兴办各种经济事业，保证其合法权益和利润。

——叶剑英《关于台湾回归祖国实现和平统一的方针政策》（1981年9月30日）

阅读上述材料，归纳"一国两制"的主要内容和特点。

提示：主要内容有，开展国共第三次合作；海峡两岸实现统一，同属一个中国；台湾可以保留高度自治权和既有社会模式。特点是一个国家，两种制度。

教师：叶剑英的这篇《关于台湾回归祖国实现和平统一的方针政策》也被称为"叶九条"，是我国阐述对台实行"一国两制"政策的重要文件。当时虽然没有提出"一国两制"的概念，但按照邓小平的说法，这实际上就是"一个国家，两种制度"。

"一国两制"方针形成后，率先在香港、澳门问题上取得了重大进展。

材料二　香港问题为什么能够谈成呢？并不是我们参加谈判的人有特殊的本领，主要是我们这个国家这几年发展起来了，是个兴旺发达的国家，有力量的国家……粉碎"四人帮"以后，主要是党的十一届三中全会以后，五年多的时间确实发生了非常好的变化。我们国家的形象变了，国内的人民看清了这一点，国际上也看清了这一点。……当然，香港问题能够解决好，还是由于"一国两制"的根本方针或者说战略搞对了，也是中英双方共同努力的结果。

——邓小平《在中央顾问委员会第三次全体会议上的讲话》

依据材料并结合所学知识，分析香港问题的解决与改革开放的关系。

提示：要从三个方面来分析，首先，改革开放提升了中国的综合国力，为香港问题的解决奠定了坚实基础；其次，改革开放后，党和国家领导集体解放思想，推动各领域的理论和政策创新，提出了"一国两制"构想，极大推动了香港问题的解决；最后，改革开放后，以中美建交为标志，中国与西方各国的关系得到改善，为同英国谈判解决香港问题营造了积极的氛围。

【设计意图】整合本课教科书第一、二子目和第三子目，从中国特色社会主义事业和祖国统一大业关系的角度来设计，确保本课主题突出，同时也引导学生深入理解香港回归的根本原因，理解只有取得了中国特色社会主义事业的伟大成就，才能最终实现祖国统一和中华民族伟大复兴。

课堂总结

中共十一届三中全会后，中国共产党领导中国人民开创了中国特色社会主义。在改革开放的伟大实践中，我们不断丰富和发展了中国特色社会主义，取得了举世瞩目的成就。正是在这些成就的基础上，中国人民过上了小康生活，中国的综合国力和国际地位得到提高，祖国的统一大业也有了突破性的进展，中华民族的伟大复兴面临着前所未有的光明前景。

七、教学评价设计

"中国特色社会主义道路的开辟与发展"课堂学生核心素养评价量表

维度	简要描述	水平层次			
		1	2	3	4
唯物史观	运用唯物史观的立场理解和认识中国特色社会主义的形成历程				
	运用正确的观点评价中国特色社会主义道路的历史地位				
	运用科学的方法论解决中国特色社会主义道路的相关问题，如经济基础与上层建筑、生产力与生产关系等				
时空观念	按时序建构改革开放历程的准确度				
	按空间要素建构对外开放格局形成的准确度				
	将时序与空间联系起来理解中国特色社会主义道路的过程				
史料实证	能从网络、图书馆获取有关中国特色社会主义道路的史料并懂得其史料价值				
	能对史料的整理去伪存真、去粗取精				
	通过史料证实改革开放以来取得的巨大成就				
历史解释	能结合大事年表对改革开放重大事件进行分类，对中国特色社会主义道路发展历程划分阶段				
	能结合大事年表概括农村改革和对外开放的特点，阐释中国特色社会主义道路的含义				
家国情怀	将中国特色社会主义道路发展历程史实与现实联系，以人文情怀理解中国特色社会主义道路的地位				
	客观认识当今世界的对外开放，具有国际视野				
	具有正确的世界观、人生观、价值观				
综合等级：□待合格 □合格 □良好 □优秀					
综合评语					

八、板书设计

第28课　中国特色社会主义道路的开辟与发展

一、中国特色社会主义的开创与发展
    1. 中共十一届三中全会实现伟大转折
    2. 邓小平对中国特色社会主义的历史贡献

二、改革开放和中国特色社会主义的发展历程
    1. 经济体制改革与对外开放
    2. 中国特色社会主义理论的发展

三、"一国两制"和祖国统一大业
    1. "一国两制"的提出和内容
    2. 祖国统一大业的历史性突破

九、教学反思

本课的主要优点是以大概念统领，坚持整体化教学。基于两点：

1. 中国特色社会主义理论的内在要求。中国特色社会主义理论体系是一个完整的理论体系，有着内在的逻辑遵循，是整体性逻辑变迁的理论成果。中国特色社会主义理论体系整体性逻辑主要体现在以共同的时代主题和现实国情为逻辑起点，以共同的发展主题和理论品质为逻辑进路，以共同的价值追求和实践任务为逻辑归宿。

2. 统编高中新教科书体系的要求。新的高中历史教科书提纲挈领，用言简意赅的语言，以通史顺序概要叙述中外历史上发生的重大事件。这种编排有着高度浓缩的教学内容和相互跳跃的时空界限，加上众多的学科概念，给课堂教学带来一定挑战，如果不坚持整体教学，很难在短时间内完成课标任务。

本课以中国特色社会主义这个大概念为核心，以中国特色社会主义道路的确立和发展演变为主题，整体取舍教学资源，整体设计教学问题：首先，进行背景分析；其次，回顾改革开放历程，进行分类分段，概括特点，尝试下定义；再次，深入理解中国特色社会主义道路在各阶段的内涵，弄清各理论之间的关系；最后，从多角度分析中国特色社会主义道路的价值和意义。问题围绕主题设计，具有一定思维含量，从易到难，具有阶梯性、连贯性。

存在的问题和改进措施：本课理论性较强，内容较抽象，学生理解起来比较困难，应结合政治课所学和身边所观所感，通俗地讲解，细致地体会，化难为易；本课与政治课联系较为密切，时事性强，切忌讲成政治课，在能体现历史学科本质性的地方用力，如时空要素，史料的分析和阐释等，以培育历史素养。

（北京市丰台二中　陈长锁）

十、点评

本课时间跨度大、知识点多、理论性强，是一节难度较大的课，需要教师精心设计、稳步实施，考验教师的教学智慧。陈老师的课首先是做到了通史背景下新教科书的整体化教学。通过整体的情境设计、连贯性的问题及结构化的板书等，实现了知识的系统化、结构化，改变了单个知识点的记忆和能力的碎片化，注重了事件的逻辑递推，学生在整体学习中体验了知识之

间的联系。其次促进了学生思维的提升和核心素养的落实。思维能力的发展是学生全面发展的重要内容之一。陈老师深入钻研教科书、研透教学，精选材料，精心设计有思维含量的问题，促进学生思维水平的不断提高。改革开放和中国特色社会主义道路发展历程大事年表的运用培育了学生时序素养，改革开放、各阶段中国特色社会主义理论内涵等多则史料的运用，分类、分段，概括特点，推论意义等促进了学生史料实证、历史解释素养的提升。在此过程中感知中国特色社会主义艰巨历程，结合改革开放成就，涵养了家国情怀。当然本课理论性较强，一些概念不易理解，如何与现实生活结合起来，深入浅出地实现化育目标，真正走进学生内心，而不是贴政治标签，还可以在以后的教学实践中进一步探索。

（北京教育学院丰台分院　朱致瑛）

第29课 改革开放以来的巨大成就

一、教科书内容分析

1978年以来，中国进入改革开放和社会主义现代化建设新时期。中国各族人民在中国共产党的领导下，开创并发展了中国特色社会主义，各方面都取得举世瞩目的巨大成就，中国社会生产力、综合国力大幅度提升，科技实力、国防实力显著增强。中国成为世界第二大经济体，人民生活实现了从温饱不足到总体小康的历史性跨越。中国开始富起来了，正在向着全面建成小康社会和实现"两个一百年"奋斗目标迈进。本课的教学内容与时政紧密相连，将有关时政的内容引入课堂，可以引发学生的兴趣和探究的愿望。

二、学情分析

本课授课对象是高一新生。对我国改革开放等相关史实，学生基本耳熟能详，所以不必投入过多精力。然而，如何把改革开放新时期的发展与现代化的探索连接到一起？如何结合本课内容分析历史材料，把所掌握知识转化成解决问题的能力？本课需要在这些方面投入更多精力。所以在本课教学设计上，要以教师为辅，学生为主，通过互动讨论的环节加强学生对本课知识点的理解与思想升华。

三、教学目标

1. 概述改革开放新时期的各领域成就，了解和认识改革开放40年的成就来之不易，并坚定中国特色社会主义现代化建设道路的自信。
2. 认识邓小平理论、"三个代表"重要思想、科学发展观对建设中国特色社会主义的重要指导意义。
3. 认识中国特色社会主义进入新时代的重大意义，认清我国发展新的历史方位。
4. 认识习近平新时代中国特色社会主义思想是全党全国人民为实现中华民族伟大复兴而奋斗的行动指南；形成对中国特色社会主义新道路、理论体系、制度、文化的形成过程及意义的系统认识。

四、教学重难点

重点：改革开放以来的巨大成就。
难点：如何理解改革开放的成就与现代化探索之间的关系。

五、教学设计思路

本课主要讲述了我国在进入改革开放与社会主义现代化建设新时期后，在思想理论体系、综合国力和国际影响力等方面所取得的辉煌成就。由于我国自中共十八大以来，以习近平为核心的新一代国家领导集体下大决心，全面深化改革，本课主要围绕改革开放40年来我国在政治、经济、思想、军事、外交和文化等方面的重大事实，以及深化改革的举措为背景展开教学，通过生动的历史情节，以点带面，梳理中国改革开放后，民众的生活变迁，并向学生传递一种活在当下，不忘初心，不负韶华的正能量。

六、教学过程

2019年的"两会"已经结束，但对"两会"热词的研究却悄然升温。从1978年的中共十一届三中全会以来，改革一词至今热度不减，影响深远。（展示美国《时代周刊》封面）美国《时代周刊》在其网站公布了2018年度全球一百位最有影响力人物名单。中国国家主席习近平再次入选。"改革""变化"也是习近平多次入选年度影响力人物时的关键词。十八届三中全会以来的改革是对1978年改革开放的全面深化。中国为什么要改革开放，改革开放后的中国又取得了哪些方面的重大成就？

【设计意图】以今日之改革导出1978年的改革，同时抛出本课的两条线索：问题倒逼改革、改革逐步深化。让学生带着疑问学习本课。

1. 中国特色社会主义理论体系的形成与发展

改革开放以来，以邓小平为核心的中国共产党人开创了中国特色社会主义理论体系，其重大理论成果包括哪些内容？

提示：邓小平理论、"三个代表"重要思想、科学发展观和习近平新时代中国特色社会主义思想。

（1）中国特色社会主义理论体系的开创——邓小平理论

材料一 当真理标准问题讨论在全国进一步展开、改革开放的呼声越来越高的时候，1978年9月，邓小平到东北三省考察。他自己说，我这是到处点火……当时担任中共吉林省委书记的王恩茂回忆说："……过去有些不敢想的问题，现在敢想了；过去不敢讲的问题，开始敢讲了。"

——摘编自金冲及《二十世纪中国史纲》

邓小平所说的"点火"的含义是什么？为什么以前不"敢"，现在"敢"？

提示：鼓励开展真理标准问题的讨论；提倡解放思想，实事求是；为中共十一届三中全会的召开做了思想准备。

材料二 计划多一点还是市场多一点，不是社会主义与资本主义的本质区别。计划经济不等于社会主义，资本主义也有计划；市场经济不等于资本主义，社会主义也有市场。计划和市场都是经济手段。社会主义的本质是，解放生产力、发展生产力，消灭剥削，消除两极分化，最终达到共同富裕。

改革开放迈不开步子，不敢闯，说到底就是怕资本主义的东西多了，走了资本主义道路。要害是姓"资"还是姓"社"的问题。判断的标准，应该主要看是否有利于发展社会主义社会的生产力，是否有利于增强社会主义国家的综合国力，是否有利于提高人民的生活水平。

——邓小平《在武昌、深圳、珠海、上海等地的谈话要点》（1992年）

有人说"南方谈话"是改革开放的第二次宣言，为什么？

提示：邓小平"南方谈话"是把改革开放和现代化建设推进新阶段的又一个解放思想、实事求是的宣言书。

1997年3月，美国《时代周刊》封面标题：下一个中国。中国能沿着邓小平开辟的道路走下去吗？

（2）中国特色社会主义理论体系的发展

中国特色社会主义理论体系的发展

思想	提出者	解决的问题	确立为党的指导思想
"三个代表"重要思想	江泽民	进一步回答什么是社会主义，怎样建设社会主义；建设一个什么样的党、怎样建设党	十六大
科学发展观	胡锦涛	新形势下实现什么样的发展、怎样发展	十八大
新时代中国特色社会主义思想	习近平	新时代坚持和发展什么样的中国特色社会主义、怎样坚持和发展社会主义	十九大

【设计意图】通过表格展示，引导学生理性认识中国特色社会主义进入新时代的重大意义，认清我国发展新的历史方位，从而形成对中国特色社会主义道路、理论体系、制度、文化的形成过程及意义的系统认识。

2. 综合国力不断提升

（1）国民经济快速增长，国际竞争力持续增强

材料一 1978年改革开放伊始，中国的经济规模仅有3679亿元人民币；而到2017年，中国国内生产总值（名义）已经高达82.71万亿元人民币（相当于12.2万亿美元），已经成为世界第二大经济体，中国经济总量占世界经济的比重由1978年的1.8%上升到2017年的16%，仅次于美国。从经济增速角度看，1978—2017年，中国国内生产总值（GDP）的年均名义增速高达14.5%，剔除年均4.8%通胀率，年均实际增速仍高达9.3%。

——张建平、沈博《改革开放40年中国经济发展成就及其对世界的影响》

（2）基础设施走在世界前列

材料二 我国高速铁路总里程数达到2.2万千米，高速公路13.1万千米，都居世界第一。世界港口吞吐量前10位里面中国占有7席。以"复兴号"为代表的新一代高铁技术、特高压输变电技术、"神威·太湖之光"超级计算机、光量子计算机、蛟龙号载人深潜器、载人航天和探月工程、国产大飞机C919、世界最大射电望远镜FAST（天眼）等，都展示了中国自主研发和制造的实力。中国移动通信技术实现了4G同步、5G引领跨越的快速发展。

（3）文化事业蓬勃发展

材料三 中共十八大以来，全国文化事业费年增速超过10%，老百姓有越来越多的文化获得感。文化产业持续发力，公共文化服务面向基层，均等化、标准化水平明显提升。文化创作弘扬中华优秀传统文化。电视剧数量和图书出版量稳居世界第一。电影票房连创新高，文学艺术唱响主旋律，媒体融合深度发展。中国文化加快走出去步伐，推动文明互鉴，传播中国好声音。

（4）国防军队改革取得历史性突破

材料四 当前，我国形成军委管总、战区主战、军种主建新格局，人民军队组织架构和力量体系实现革命性重塑。中国人民解放军整体实力跃升，向着世界一流军队迈进。解放军坚决维护国家主权、安全、发展利益。划设东海防空识别区，执行钓鱼岛维权斗争、南海常态化战斗巡航，有效进行海上维权、反恐维稳、抢险救灾、国际维和、亚丁湾护航、人道主义救援等重大任务。武器装备加速发展，军事斗争准备取得重大进展。

参考上述材料，结合自身经历，谈谈你所了解到的综合国力不断提升的其他案例，并分析这些成就取得的原因。

【设计意图】引导学生将宏大历史现象与个人经历相结合，培养观察生活、观察社会，联系历史与现实的意识。通过分析身边的事例，更加切实地培育学生对中国特色社会主义的认同，落实家国情怀的培养。

3. 国际影响力不断扩大

（1）全方位开展对外交往，构建新型国际关系

积极开展多边外交

①巩固与加强同发展中国家的关系
②加入世界贸易组织（WTO）
③参与地区性国际组织的外交活动

（2）维护世界和平，构建人类命运共同体

改革开放以来，中国遵循和平发展理念，全方位开展对外交往，积极参与国际事务，努力为全面建设小康社会争取良好的国际环境和周边环境，外交工作取得令人瞩目的成绩。

改革开放以来，我国为维护世界和平，构建人类命运共同体做出哪些积极的努力？

提示：反对霸权主义，维护世界和平；改善和发展同世界大国的关系；促进地区的和平与稳定；促进全球治理体系改革与完善。

外交是智者的游戏，外交是妥协的艺术，外交更是一个国家实力强弱的晴雨表。那么，你认为影响一个国家外交的因素有哪些？

提示：国家利益、国家实力、国际形势、社会制度、意识形态、外交才华……

【设计意图】通过合作探究可以让学生在掌握教科书知识的同时，培养学生的自主学习能力。

中国的改革开放为何能取得成功？

影响改革成败的主要因素：①是否顺应历史发展趋势、潮流，与时俱进；②改革阻力大小；③改革者个人政治素质高低；④改革策略是否得当，改革措施是否得以有效贯彻；⑤内外环境是否有利于改革。

成功的原因：①中国有长期的社会主义建设经验教训；②有眼光远大、具有智慧的领导者；③采取渐进式改革，时机成熟再做决断（摸着石头过河）；④有利的外部环境和对国际形势的正确判断（中美关系正常化、和平与发展是世界的主流的判断）。

经过长期努力特别是改革开放40年来不懈奋斗，中国特色社会主义进入了新时代。党的十九大描绘了决胜全面建成小康社会、夺取新时代中国特色社会主义伟大胜利的宏伟蓝图，进一步指明了党和国家事业前进方向。我们要胜利实现既定战略目标，就要坚定不移坚持中国特色社会主义道路，坚定不移走改革开放这条正确之路、强国之路、富民之路。

七、教学评价设计

近40年改革在推动中国经济腾飞的同时也存在诸多问题，在全面深化改革的今天我们应该吸取哪些经验教训？

【设计意图】历史史实是客观存在的，但看待历史的视角却是主观的、常新的。1978年开始的改革开放虽然推动了中国的腾飞，但是我们绝不能回避问题。在全面推进改革的今天，要更加注重兼顾公平。以开放式的小论文为课后作业，可以充分调动学生的想象力，培养学生的学史意识。

八、板书设计

第29课　改革开放以来的巨大成就

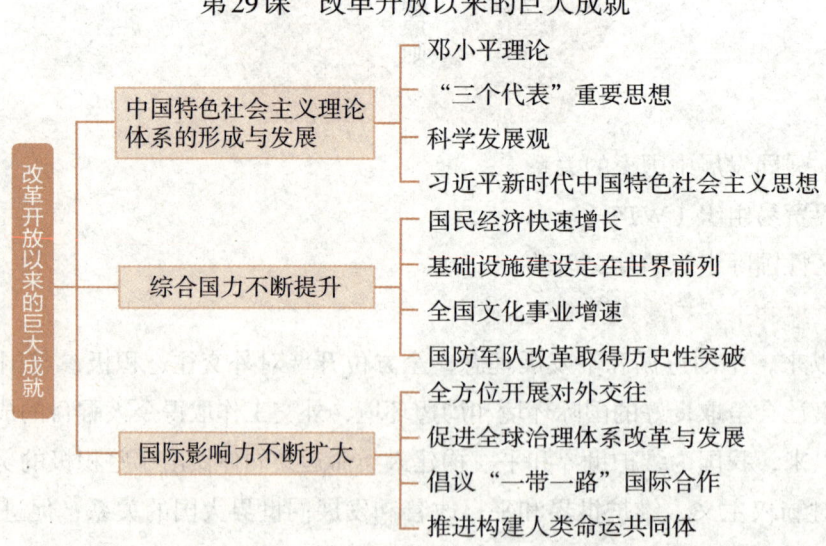

九、教学反思

本课时间跨度较大，从1978年至今，内容涉及思想、政治、军事、经济、外交等各个领域。在教学过程中，教师要引导学生在梳理清晰发展阶段的同时，更应注重基础知识的整合和落实上。只有在基础知识熟练掌握的前提下，才有可能提升学生分析问题和解决问题的能力，因而课后督促学生复习巩固是至关重要的。

本课教学内容有较强的时代感和现实意义。在课堂教学中，我们应立足当今社会，密切联系现实，充分调动学生参与，进行讨论式教学。课前教师要搜集、整理我国社会主义现代化建设涉及诸多领域的材料，为学生从材料中提取有效信息提供帮助。另外，通过设置一些问题，如我国改革开放为何能够成功？其成功之处表现在哪些方面等等，促进学生探究学习。这样，既尊重学生的主体地位，又充分发挥了教师的引导作用，最大限度地促进了师生、生生之间的交流与合作。

本课不足之处是师生互动、交流、对话还不够充分，对教学内容的重新整合方面还有待进一步加强。

（山东省嘉祥县第一中学　张秋萍）

十、点评

本教学设计对教科书、学情分析准确到位，教学目标明确具体，有较强的可操作性。重点难点设置合理，符合高中学生的认知规律；教学环节完整流畅，结构清晰，课堂容量适当，时间布局恰到好处，既能面向全体学生，又注重个性差异，有效进行分层教学；学生参与面广，训练密度和强度合理，很好地突出了学生主体性和教学互动性。

另外，丰富的材料运用是本课教学设计的最大亮点，而理清线索的发展是贯穿全课的关键。当代学生形成了自由开放的性格，这就使他们自身不可避免地对某些历史事件产生偏激的认识，而本课设计恰恰在思想理论层面为学生摆正航向，传播正能量，进而培养了学生的家国情怀。

（山东省嘉祥县第一中学　常攀登）

活动课　家国情怀与统一多民族国家的演进

一、教科书内容分析

本课为活动课，是在完成《中外历史纲要（上）》的教学任务基础上组织展开的主题探究式学习活动。由此，既需要学生运用已有或已学历史知识去探究问题；又需要学生通过搜集整理各种资料，并从"新材料"（学生此前未见到过的材料）中获取新知识、锻炼提升学科能力和水平，实现用已学知识解决未知问题。

在组织探究活动过程中，一是要厘清我国历史上疆域的变迁，认识西藏、新疆、南海诸岛、台湾及其附属岛屿，包括钓鱼岛、赤尾屿等，自古以来就是我国领土不可分割的一部分；厘清统一多民族国家的演进历程，通过对历史事件的进一步学习，深化国家认同和民族认同。二是要基本掌握在唯物史观指导下对材料进行分析的能力。三是要通过综合分析得出一般的历史规律。四是要使学生形成个人命运与国家命运、民族命运紧密结合的价值观念和整体认知，增强学生实现中华民族伟大复兴的中国梦的自信心和使命感。教科书设计初衷是强调多元一体的民族格局，加强全民族的凝聚力和向心力以及认同感，寻找中华民族多元一体格局的历史发展历程。通过搜集整理自古至今英雄人物的主要事迹和名言，深刻认识家国情怀的具体表现，把家国情怀的情感诉求转化为具体行动。

二、学情分析

作为高一年级学生，通过对《中外历史纲要（上）》的学习，已经初步了解和掌握了我国各个重要历史时期的基本情况，能够从宏观上认知各时期的政治、经济、文化、军事、民族政策、对外关系等基本史实。为开展本节活动课做了知识上的初步准备。但作为高一年级学生，历史学科核心素养的能力和水平还有待训练和养成，如史料实证、时空观念、历史解释等核心素养还需要在此过程中加以养成和锻炼。在组织开展探究活动时，教师需要合理分工，积极组织引导，发表指导性的意见。

三、教学目标

1. 以"家国情怀与统一多民族国家的演进"为主题。了解我国统一多民族国家的演进过程，加深对家国情怀的认识和感悟。

2. 梳理、总结统一多民族国家演进的过程。构建系统的时空观念，了解和把握中国历史发展的趋势。认识到统一多民族国家的发展是中华民族历史发展的主流和必然趋势。并掌握运用唯物史观分析解决问题的基本方法和能力。

3. 认识国家统一、民族团结是中国发展的重要基石。树立对祖国、对中华民族的认同感和正确的国家观、民族观是实现中华民族伟大复兴的重要保证。

4. 强化学生国家主权意识、海洋意识、国防意识以及坚决维护国家主权和领土完整，维护国家统一、促进民族团结奋斗和共同繁荣发展的意识。

5. 通过学习英雄人物及其事迹使学生明确自己的责任与担当，培养与国家民族休戚与共的情怀和以百姓之心为心、以天下为己任的使命感，确立积极进取的人生态度。

四、教学重难点

重点：统一多民族国家的演进和中华民族观念认同的发展过程，我国历史上疆域的变迁。

难点：搜集整理资料、探究问题设计、探究解决问题、探究成果呈现方式等。

五、教学设计思路

以"家国情怀与统一多民族国家的演进"为主题开展活动，以探究"统一多民族国家的演进"为主线，并将该探究问题转化为若干个子问题，如下：

1. 探究"中国"一词的本源。
2. 探究"中国"一词词义的发展变化。
3. 比较分析主要历史时期的疆域，探究中国历史上的汉族政权、少数民族政权以及割据政权，谁代表"中国"。
4. 探究中国历史上维系"中国"广大地理范围的有效途径。
5. 探究晚清时期（鸦片战争之后）世人的国家观和民族观。
6. 探究五四运动时期世人国家观念的转变。
7. 探究抗日战争时期对中华民族进行民族重塑和中华民族观的普遍确立。

六、教学过程

1. 组织学生开展主题阅读，摘抄、收集、梳理文献材料，整理出国家认同、民族认同的主要发展阶段。并为深入开展子问题的探究提供理论、材料上的准备。推荐阅读书目如下：

黄兴涛：《重塑中华：近代中国"中华民族"观念研究》，北京师范大学出版社2017年版

葛剑雄：《统一与分裂：中国历史的启示》，商务印书馆2013年版

许倬云：《说中国：一个不断变化的复杂共同体》，广西师范大学出版社2015年版

许倬云：《我者与他者：中国历史上的内外分际》，生活·读书·新知三联书店2015年版

许宏：《何以中国》，生活·读书·新知三联书店2016年版

2. 搜集、梳理中国历史上主要时期的疆域图，并进行综合比较分析。推荐工具书如下：

谭其骧主编：《简明中国历史地图集》，中国地图出版社2008年版

谭其骧主编：《中国历史地图集》（全8册），中国地图出版社1982年版

3. 通过书籍和互联网，搜集、梳理近代以来的重要时期能够反映国家认同、民族认同的文学作品、艺术作品和新闻报道等，如诗歌、歌曲、照片等材料，并进行综合分析。推荐阅读书目如下：

陈占彪编：《甲午五十年（1895—1945）：媾和·书愤·明耻》，生活·读书·新知三联书店2019年版

余凌云：《中国宪法史上的国旗、国歌、国徽》，江苏人民出版社2016年版

4. 将本活动主题拓展为若干探究活动：

（1）探究"中国"一词的本源

通过开展主题阅读，摘抄、收集、梳理文献材料，整理、探究出"中国"一词的本源。如：

识读分析1963年在陕西宝鸡出土的何尊上面的铭文，并搜集其他佐证材料；探究商周时期"中国"的大小和范围。得出"中国"一词的本源及地理范围。

铭文如下：

唯武王既克大邑商，则廷告于天，曰：余其宅兹中国，自之辟民。

最初的"中国"只指周王所在的丰和镐及其周围地区。……到周成王时，……周公……扩建洛邑……位于"天下之中"的交通枢纽，也被称为"中国"。

——葛剑雄《统一与分裂：中国历史的启示》

（2）探究"中国"一词词义的发展变化

利用教科书所给出的历代疆域图或使用相关历史工具书，对中国历史上重要时期的疆域图进行综合比较考察和分析，运用历史地图中的信息说明"中国"地理范围的扩大。认识中国一词原本是指"地处中央的城市国家"经过历史上不断地拓展形成了疆域广阔的集权制国家。

教师引导提示主要内容：

通过观察历史地图，可以特别直观地看到每张历史地图上都不止一种颜色，要到清朝才能看到被一种颜色覆盖。同时，只有2张上面标注了长城，秦朝和明朝。

"联系历史事实来看的话，那就绝对不会只看到简单的色块的变化，而是兴旺与衰落的交替，建设与毁灭的变换，文明与野蛮的较量，梦想与现实的汇合，数千年的干戈与玉帛，数十对仇敌与兄弟，无数次失败与胜利；多少回扩张和收缩，多少次联合与决裂，才终于铸成了这同一颜色的神圣图形。"（摘自《统一与分裂：中国历史的启示》）对于长城，它是修筑在地理界限上的人为界限，长城主要建于秦朝和明朝，是为了抵挡北部的游牧民族南下，但是到了清朝，由于清朝本身是由北方少数民族建立的，长城的功能就消失了。"中国"的范围由起初的长城以内不断扩展。

（3）比较分析主要历史时期的疆域，探究中国历史上的汉族政权、少数民族政权以及割据政权，谁代表"中国"

通过教科书和工具书（如历史地图集）比较各时期的疆域沿革与变迁，探究三国魏晋南北朝、五代十国、宋辽西夏金等分裂时期谁代表中国呢？学生可以搜集补充材料，加以分析，得出结论。

教师引导提示主要内容：

要认识到中国的版图，是几千年来历史发展所形成的。历史时期所有在这个范围之内活动的民族，都是中国历史上的民族，他们所建立的政权，都是历史上中国的一部分。

（4）探究中国历史上维系"中国"广大地理范围的有效途径

古代中国范围的扩大，大多是通过王朝战争，武力征服实现的。那么中国是怎样成为一个在经济、文化上有紧密联系，相互沟通、认同的共同体的？梳理晚清、民国时期对国家认同的概况，说明国家政权在其中发挥了怎样的作用？通过史料实证，探究解决问题。

教师引导提示主要内容：

中国范围是不断扩大的，到清朝已经能够全部覆盖今日中国的疆域。在这过程中，中国各地在经济、文化上的联系越来越紧密，形成了相互沟通、认同的共同体。晚清官吏不问世事，农民为生计而奔波，对于国家，世人多持有一种漠不关心、隔岸观火的心态，或者说是漠视的无所谓的态度。同时，鸦片战争期间存在大量的汉奸。历史上从国家层面颁布统一编订的教科书，如民国成立初期，在国家层面颁布出台体现共和气象的教科书，宣传"提倡民族平等"等。

（5）探究晚清时期国人的国家观和民族观

鸦片战争以清政府的战败，签订不平等条约而告终。但是清政府战败的原因是什么？为什么清政府在家门口的保卫战中输给了远道而来、人数不占优势的英军？是单一的军事武器落后造成的吗？学生通过分析鸦片战争失败的原因，探究晚清时期世人的民族与国家观念。

教师在指导时可以提供以下资料：

即便是当时最有知识……的儒生官吏……不问世事。而占中国人口之绝大部分的农民，整日为生计所困，眼界狭隘于几亩地、几间房、娶妻生子，此外的一切对他们显得如同天际般遥远。

……开战之时，成群的民众躲在远处观看这难得一见的"西洋景"……

中国的历史长达几千年，中国的老百姓在历史的变迁中对诸如改朝换代之类的重大变动都习以为常。……谁当皇上给谁纳粮。

英军虽然有一时的供应不足之虞，……一些民众向他们出售粮食、畜禽、淡水，以图获利，另一些民众为他们充当苦力，从事运输，以求工钱。……在交战区几乎无处不有。

——茅海建《天朝的崩溃：鸦片战争再研究》

民族和国家观念缺失，使得在对外战争中，清政府不能组织一次民族保卫战或国家保卫战，而只能以旧式的王朝战争去应对英国的入侵，武器、交通运输、通信的落后加剧了战败的速度。但抗日战争则是在各方面落后的情况下打败了日本法西斯，根本原因就是抗日民族统一战线的形成。

（6）探究五四运动时期国家观念的凸显

教师引导提示主要内容：

中华民国建立后，把国民作为国家的主体，激发出国民对国家的认同感。有了对国家的认同，国民才会关注国家的事务，所以，学生才会在1919年因为巴黎和会上的国事而罢课，走上街头去游行，去示威。五四运动时期游行人群中，打出"卖国奴曹汝霖"而不是"汉奸曹汝霖"或者"华奸曹汝霖"的标语，正是国家地位的凸显。

（7）探究抗日战争时期对中华民族进行民族重塑和中华民族地位的凸显。学生搜集、整理资料加以说明

教师引导提示主要内容：

抗战期间，大量的广播、小说、抗战歌曲都显示出中华民族是中国各民族一体化的符号，这个观念的传播过程中，最有名的就是《义勇军进行曲》，其中就有"中华民族到了最危险的时候"一句。抗日战争时期，民族意识的凸显，与五四运动时期不同，1919年前后，国家意识只是更加凸显，经历抗战后，民族意识和国家意识才开始易位。

5. 活动展示：通过主题演讲、成果展览、拍摄宣传视频等多种方式展示探究成果。

七、教学评价设计

水平1：能够了解和掌握论从史出、史论结合等唯物史观的基本观点和方法，理解唯物史观是科学的历史观。能够辨识中国不同历史时期的时间空间关系；在叙述史事时能够运用恰当的时间和空间表达方式。能够区分史料的不同类型；在探究问题时，能够尝试从多种渠道获取

与该问题相关的史料；能够从所获得的材料中提取有关的信息。能够辨别教科书和教学中的历史解释；能够发现这些历史解释与以往所知历史解释的异同；能够对所学内容中的历史结论加以分析。能够认识西藏、新疆、南海诸岛、台湾及其附属岛屿（包括钓鱼岛、赤尾屿等），自古以来就是我国领土不可分割的一部分。能够具有对家乡、民族、国家的认同感，理解并认同社会主义核心价值观和中华优秀传统文化，具有对祖国和人民的深情大爱。

水平2：能够了解和掌握论从史出、史论结合等唯物史观的基本观点和方法，理解唯物史观是科学的历史观。能够将某一史事定位在特定的时间和空间框架下；能够利用历史年表、历史地图等方式对相关史事加以描述；能够认识"中国"一词词义与地理范围发展演变的来龙去脉，理解空间和环境因素对认识历史与现实的重要性。能够认识不同类型的史料所具有的不同价值。明了史料在历史叙述中的基础作用在对史事与现实问题进行论述的过程中，能够尝试运用史料作为证据论证自己的观点。能够选择、组织和运用史料并使用相关的历史术语，对个别或系列史事提出自己的解释；能够在历史叙述中将史实描述与历史解释结合越来；能够尝试从历史的角度解释现实问题。能够具有较强的国家主权意识、海洋意识和国防意识，认识到要坚决维护国家主权和领土完整。能够具有对家乡、民族、国家的认同感，理解并认同社会主义核心价值观和中华优秀传统文化，具有对祖国和人民的深情大爱。

水平3：能够将唯物史观运用于历史学习、探究中，并将其作为认识和解决现实问题的指导思想。能够把握相关史事的时间、空间联系，并用特定的时间和空间术语对较长时段的史事加以概括和说明。在探究特定历史问题时，能够对史料进行整理和辨析；能够利用不同类型史料对所探究的问题进行互证，形成对该问题更全面、丰富的解释。能够分辨不同的历史解释；尝试从来源、性质和目的等多方面，说明导致这些不同解释的原因并加以评析。能够把握中华民族多元一体的发展趋势，以及世界历史发展的进步历程，形成正确的世界观、人生观价值观和历史观；能够表现出对历史的反思，从历史中汲取经验教训更全面、客观地认识历史和现实社会问题；能够认识到增强维护国家主权和海洋权益意识，推进国防现代化，是坚决维护国家主权和领土完整的重要基石。能够将历史学习所得与家乡、民族和国家的发展繁荣结合越来，立场为新时代中国特色社会建设、中华民族伟大复兴作出自己的贡献。

水平4：能够将唯物史观运用于历史学习、探究中，并将其作为认识和解决现实问题的指导思想。在对历史和现实问题进行探究的过程中，能将其置于具体的时空框架下；能够选择恰当的时空尺度对其进行分析、综合、比较，在此基础上作出合理的论述。能够比较、分析不同来源、不同观点的史料；能够在辨别史料作者意图的基础上利用史料；在对历史和现实问题进行独立探究的过程中，能够恰当地运用史料对所探究问题进行论述。在独立探究历史问题时，能够在尽可能占有史料的基础上，尝试验证以往的说法或提出新的解释。能够把握中华民族多元一体的发展趋势，以及世界历史发展的进步历程，形成正确的世界观、人生观、价值观和历史观；能够表现出对历史的反思，从历史中汲取经验教训更全面、客观地认识历史和现实社会问题；能够从实际行动上维护国家主权和海洋权益，推进国防现代化，维护国家主权和领土完整。能够将历史学习所得与家乡、民族和国家的发展繁荣结合越来，立场为新时代中国特色社会建设、中华民族伟大复兴作出自己的贡献。

八、活动流程

首先，教师组织学生集体学习，基本了解和掌握中华民族观念形成发展的主要阶段。明确阅读书目和史料类型，提出指导性建议。

其次，根据学生意向进行子问题的分配和分组。为避免过于集中于某一个子问题，教师可适当进行调剂。

再次，教师指导学生利用课余时间进行相关文献阅读、资料搜集和整理。各小组形成初步成果，并与教师进行探讨。

在教师的指导意见下，各小组修改各自成果内容。形成正式文本。

各小组自行讨论决定成果展示形式，如报告（图文）、幻灯片、视频等，并制作完成展示作品。

课上展示与讨论。各小组由报告人做扼要发言，阐释研究子问题的成果。成果展示完毕，其他组或学生进行提问，由报告人回答。

教师做整体点评，并对活动主题进行阐发，引导学生课下进一步学习和研读相关文献。

通过拍照、录制小视频等，记录活动过程。活动课结束后，通过各种形式对活动课进行宣传展示并留念。

九、教学反思

本课为活动课，教师在组织开展活动时，要调动学生的积极性，指导学生开展资料搜集与整理、小组分工与合作、相关知识和问题的学习与探究、探究成果的总结与呈现，活动中学生要运用所学知识进行探究活动，解决探究问题。学生在活动中呈现出来了对开展活动的热情与积极性，但在问题研究的方法与路径设计、成果的总结与呈现上还存在一定的不足，需要进一步的提升与训练。

（天津市静海区大邱庄中学　黄文增）

十、点评

本课是一节以探究统一多民族国家的演进为主题，以强化国家和民族认同为主要目的，以活动探究为主要手段的活动课。活动中，训练和提升了学生的历史学科素养和能力。同时，激发学生爱国、担当的情感意识。高中学生具有很强的可塑性，通过探究活动培养学生论必有据的理性思维和实证精神，将宏大的主题探究转化为若干个子问题进行分组探究，增强了活动的可操作性，培养了学生的分工合作精神。该设计注意从宏观上引导，突出学生的核心作用，取得了理想的效果。

（天津市静海区教育教学研究室　徐颖）